U0534518

项目资助

本书由国家自然科学基金重点项目"面向国家重大需求的研究生教育治理体系"（72134001）资助出版

工程博士
本土化内涵的认知与建构

何爱芬 著

中国社会科学出版社

图书在版编目（CIP）数据

工程博士本土化内涵的认知与建构／何爱芬著. —北京：中国社会科学出版社，2023.12
ISBN 978-7-5227-2881-0

Ⅰ.①工⋯ Ⅱ.①何⋯ Ⅲ.①工科（教育）—博士生—培养模式—研究—中国 Ⅳ.①G643.7

中国国家版本馆 CIP 数据核字(2023)第 241225 号

出 版 人	赵剑英
责任编辑	赵　丽
责任校对	刘　念
责任印制	王　超

出　版	中国社会科学出版社
社　址	北京鼓楼西大街甲 158 号
邮　编	100720
网　址	http://www.csspw.cn
发行部	010-84083685
门市部	010-84029450
经　销	新华书店及其他书店
印　刷	北京明恒达印务有限公司
装　订	廊坊市广阳区广增装订厂
版　次	2023 年 12 月第 1 版
印　次	2023 年 12 月第 1 次印刷
开　本	710×1000　1/16
印　张	17.5
字　数	245 千字
定　价	95.00 元

凡购买中国社会科学出版社图书，如有质量问题请与本社营销中心联系调换
电话：010-84083683
版权所有　侵权必究

序 一

我国的专业学位研究生教育自1991年试点开展以来，经过30余年的探索发展，领域种类趋于完整，培养单位不断增加，基本可以满足经济社会发展对各类高层次应用型专门人才培养的需要。目前面临的核心问题还是专业学位人才培养的质量，也就是获得专业硕士、博士学位的人才是否名副其实，是否能切实解决相应的实际问题，能技术发明、工程创造、应用创新。在育人实践中，首先就是如何针对专业学位人才培养目标，实现专业学位人才与学术学位人才的差异化特色培养。

我国专业学位硕士研究生培养早期，主要依托在职人员具有同等学历申请学位的政策渠道，要求报考者必须具有五年以上工龄，求学者都具有实践经验，有许多是带着工程实践中的工程技术问题进校攻读学位，因此当时与攻读学术型学位的应届生同质化培养，问题不突出，这些学生获得学位返回工作单位以后，很快就能发挥作用，受到单位欢迎。随着社会各行业对工程、应用型高端人才需求量的极速增长，2010年教育部取消了对报考专业学位人员的工作经历要求，大量应届本科生开始攻读专业硕博士学位，带来了对专业学位人才培养内容、培养机制，以及评价办法进行深层次改革的迫切要求。

针对不同类别的专业学位人才培养，许多培养单位进行了机制、体制等多样化改革探索，取得实践成果，培养质量和用人单位满意度不断提高。同时，经实践，一些和学术型学位人才培养差异化不大的

工程博士本土化内涵的认知与建构

专业学位类别，或有些更适合专业学位类别的学术型学科得到调整，使得学科目录的修订更加科学合理。2021年国家多部委联合启动卓越工程师培养计划，推动工程硕博士专项改革，也有力地带动了专业学位人才培养改革的整体发展。在专业学位人才培养改革发展过程中，许多研究人员进行了理念、机制、模式、评价等多方面研究，取得一系列理论和实践成果，专业学位研究生培养的理论体系正在形成。

何爱芬博士对工程博士专业学位教育，以独特的全方位视角，创新性地研究了与其相关的制度设计者、高校管理者和导师三方主体对工程博士本土化内涵的认知，通过大量的访谈话语资料，探寻工程博士本土化实践的历程轨迹，发现不同主体对工程博士概念认知、目标定位和实践预期存在差异，甚至困惑，成为影响博士专业学位科学发展的重要因素。基于此，何爱芬博士提出了专业学位博士内涵的本土化概念框架、类属结构，以及三方主体在专业学位教育实践过程中的互动模式，并对专业学位博士教育的目标定位、培养理念、制度机制、评价体系等方面提出了相应的政策建议。这一研究丰富了专业学位教育理论体系，对进一步深入进行专业学位教育的改革实践具有很好的参考价值，值得战线上的三方同仁一读。

希望更多的教育学专家对专业学位教育进行深入的理论和实证研究，为我国专业学位教育奠定符合规律的理论、政策基础和育人实践指导。

中国工程院院士

2023年4月于北京

序　二

专业学位研究生教育目前是中国研究生教育发展中的一个重点，规模和种类都在迅速增加，同时也面临着一系列问题。其核心问题是，专业学位研究生教育如何能突出自己的特点，成为不同于学术型研究生的另一种研究生培养模式？

在现实的研究生教育中，专业学位研究生和学术性研究生的培养都是在同一院系、同一学科中进行的，而且是在同一学术团队和导师指导下完成的。所以从制度、人员和知识诸方面来看，要严格区分两种研究生培养模式，的确很难。也就是说，如何真正按照专业学位的培养理念来进行人才培养，是目前研究生培养单位面临的一个突出问题。

何爱芬博士选取了工程博士作为研究对象，研究了不同参与方面对工程博士内涵的理解，以期从认知的角度探索工程博士培养所面临问题的根源。其研究运用质性研究方法，对制度设计者、高校管理者、导师三个群体进行了访谈与分析，澄清了他们各自的立场和观点。作者发现，不同的主体在工程博士的培养上各有不同的关注点，而这种认知上的差异，则导致了工程博士研究生教育在实施过程中的种种问题。作者特别关注到各参与方其实代表了三个不同的系统：（1）以知识生产与人才培养为核心的学位制度体系；（2）以学术研究为核心的科研及管理系统；（3）企业生产和运行体系。这三个体系虽然都参与了工程博士的培养过程，但由于基于自身体系的逻辑对工程博士有着不同的期待和不同的解读。这些发现有利于我们从更深的

工程博士本土化内涵的认知与建构

层次理解工程博士教育问题，为我们改善工程博士教育以至整个专业型研究生培养提供了一个很好的视角。

上述三个系统对工程博士培养的认知存在差异，按理说也是正常的。不同的系统必然会有其自身的行动逻辑。问题是，如何能够让三个参与系统在工程博士培养上形成共识和合力，各自做出应有的贡献。如何让三个方面积极参与并目标一致，这是一个挑战，也是关键所在。

关于工程博士的培养，有关的政策一再强调校企合作或产教融合，其目的就是加强不同系统之间的合作，理顺机制，减少不同系统对于工程博士的认知和思维差异。可是，从目前存在的问题来看，工程博士培养似乎更接近学术的逻辑，与企业的期待反而有明显的差距。所谓产教融合，要求大学更加关注企业的需求，更加重视企业的生产逻辑，同时让企业更多地参与和投入，发挥其积极性。我们设立工程博士的初衷，其实就是为经济建设和产业发展服务。企业当然更清楚它们自身的需要，知道需要什么样的人才。产教融合就意味着让企业发挥更大的作用。

何爱芬博士的这项研究，选题视角新颖，创新性地探索了不同主体对工程博士本土内涵的理解和建构过程，运用扎根理论提出了工程博士内涵的概念框架和类属结构，丰富了中国专业学位博士教育的研究视域，以大量鲜活的访谈材料客观呈现了工程博士的真实性存在，发现了各参与方对工程博士的认知差异及其背后系统逻辑的差异，为我们改进工程博士的培养提供了有益的探索和启发。

希望本书的出版，能够推进关于工程博士教育的学术研究与政策的调整。

北京大学中国博士教育研究中心主任、教授

陈洪捷

2023 年 4 月于燕园

目 录

第一章 导论 （1）
第一节 专业学位研究生教育的快速发展 （2）
第二节 专业学位本土化实践的现实困惑 （8）
第三节 文献综述 （11）

第二章 研究设计 （34）
第一节 核心概念 （34）
第二节 理论视角 （43）
第三节 研究方法 （52）
第四节 研究过程 （56）
第五节 信效度解释 （65）

第三章 工程博士教育政策的形成与发展 （68）
第一节 专业学位研究生教育的政策演变 （69）
第二节 工程博士的政策设计 （75）
第三节 工程博士教育发展现状 （84）
小 结 （90）

第四章 以满足社会需求为目的的改制逻辑：制度设计者 （92）
第一节 定位的认知 （93）

第二节　培养过程的认知 …………………………………… (97)
第三节　出口质量的认知 …………………………………… (102)
第四节　建构过程与互动 …………………………………… (104)
小　结 ……………………………………………………………… (115)

第五章　以规范性执行为目的的规制性逻辑：高校管理者 …… (117)
第一节　定位的认知 ………………………………………… (118)
第二节　培养过程的认知 …………………………………… (122)
第三节　出口质量的认知 …………………………………… (128)
第四节　建构过程与互动 …………………………………… (134)
第五节　来自 A 企业的反馈 ………………………………… (150)
小　结 ……………………………………………………………… (153)

第六章　以学术研究为中心的专业逻辑：导师 ……………… (156)
第一节　定位的认知 ………………………………………… (157)
第二节　培养过程的认知 …………………………………… (166)
第三节　出口质量的认知 …………………………………… (170)
第四节　建构过程与互动 …………………………………… (173)
第五节　学生视角的反馈 …………………………………… (188)
小　结 ……………………………………………………………… (191)

第七章　工程博士内涵建构过程的再审视 …………………… (194)
第一节　生成核心类属：工程博士内涵的白描 …………… (195)
第二节　建构的类型化：工程博士内涵深描 ……………… (198)
第三节　专业学位博士内涵定位的形塑特征：双重错位 …… (208)
第四节　建构过程的互动行为模式及面临的困境 ………… (217)

第八章　结论与建议 …………………………………………（230）
　　第一节　研究结论 …………………………………………（230）
　　第二节　政策建议 …………………………………………（234）
　　第三节　研究创新点 ………………………………………（238）
　　第四节　研究的不足与展望 ………………………………（239）

参考文献 …………………………………………………………（241）

附录A　研究对象名录 …………………………………………（258）

附录B　访谈提纲 ………………………………………………（261）

附录C　工程博士学位授权点分布 ……………………………（264）

后　记 ……………………………………………………………（271）

第一章 导论

科学家发现现存的世界,工程师造就未来的世界。
——美国航天之父冯·卡门(Theodore Von Kármán)

专业学位博士作为现代研究型大学的衍生产物,先后在世界多个国家设立,并被赋予了多样化的内涵。① 中国于1998年开始探索设立博士层次的专业学位,先后在医学、教育、工程三个领域设立了临床医学、口腔医学、兽医、教育、工程、中医等13个博士专业学位类别,已成为中国研究生教育的重要组成部分。随着近些年来中国专业学位博士教育规模的逐步扩大,其培养特色及定位问题逐渐受到社会关注,有学者认为,"中国专业学位的专业性在实际执行中遭遇着

---

① 20世纪以来,美国、英国、澳大利亚等国家先后设立职业性质的专业学位博士,有学者根据学位授予特点,将其分为职前(Pre-Service Award)授予学位和职中(In-Service Award)授予学位,统称其为专业学位博士;在实践模式上,专业学位博士形式多样,如项目博士、课程博士、专业实践博士、企业博士等(参见 Kot F. Chiteng, "Emergence and Growth of Professional Doctorates in the United States, United Kingdom, Canada and Australia: A Comparative Analysis," *Studies in Higher Education*, Vol. 3, No. 37, 2012, pp. 345–364; E. Westcott, "A Professional in the Dock," *Times Higher Education Supplement*, Vol. 16, 1997, p. Iii; P. Maxwell, "Towards a Reconceptualisation of the Doctorate: Issues Arising from Comparative Data Relating to the EdD Degree in Australia," *Studies in Higher Education*, Vol. 22, 1997, pp. 133–150; David Scott Abil, *Professional Doctorates: Integrating Professional and Academic Knowledge*, Berkshire England: Society for Research in Higher Education & Open University Press, 2004, pp. 39–56.

概念危机、基础危机和制度危机三重危机"①；有学者通过分析世界各国专业学位的含义，对中国的专业学位与学术学位"两分法"提出了质疑，建议在一些应用性学科较强的领域采取"一体两用"（即一种培养模式两种用途）②；有一项"全国专业学位博士教育质量调查"研究显示，专业学位博士教育存在培养目标定位不清，导师制度流于形式，不注重实践能力培养，欠缺校外力量参与，培养方案依附性强，成果产出偏重论文发表，学生能力提升与发展需求不匹配等现实问题③；还有学者指出，"专业学位博士应在人才培养的素养、能力、知识三个核心教育维度上，与学术学位博士相区分"④。

可以看出，无论在学理层面还是实践层面，专业学位博士的内涵及定位尚存有诸多争论和质疑。工程类博士专业学位（本书简称"工程博士"）在这方面的问题尤其突出，"多数高校尚未将工程博士与工学博士分开，或者仅仅是形式上的分开而实际则如出一辙"⑤。为什么政策阐释清楚的工程博士在实践中变得定位不清？这个问题引起了作者长时期的思考与探索，也逐渐转化成本书的研究选题。

本章主要从选题背景、研究问题及意义、文献综述三个方面进行阐述。

第一节 专业学位研究生教育的快速发展

一 专业学位博士的形成与发展

专业学位博士教育并非近现代以来才产生的新式教育类型。早在

---

① 石中英：《论专业学位教育的专业性》，《学位与研究生教育》2007年第1期。
② 陈洪捷、沈文钦：《全国研究生教育大会专家谈》，《研究生教育研究》2020年第5期。
③ 罗英姿、李雪辉：《中国专业学位博士教育面临的问题与改进策略——基于"全国专业学位博士教育质量调查"的结果》，《高等教育研究》2019年第11期。
④ 杨斌：《专业学位教育的再认识与再进军》，《中国高等教育》2017年第2期。
⑤ 何爱芬、陈洪捷：《工程博士培养模式改革的院校行动：基于文本的计量分析》，《学位与研究生教育》2021年第10期。

中世纪的欧洲，"Doctor"一词的本意是给那些圣经布道者授予的学位，代表其具备圣经布道的资格，"是一种职业的许可"[①]。欧洲国家最初只授予神学、法律和医学领域的博士学位，具有典型的职业性资格认可取向，因此博士学位被认为是具有明确职业方向的学位。[②] 现代意义上的学术学位博士实际上直到19世纪才产生，突出以学术研究为核心。

近现代以来的第一个专业学位博士——Doctor of Education 于1921年诞生于美国哈佛大学[③]，这一开创性举动引起世界其他国家、大学的争相模仿，以图在独尊学术学位博士环境下，开辟另一条新的博士培养天地，将博士教育与社会生产实践紧密连接起来。因此，美国的专业学位博士学位培养经验也成为世界各国争相模仿的学习对象。英国、澳大利亚于20世纪90年代初引入专业学位博士学位教育。英国的专业学位博士于1992年产生，其培养模式高度依赖于传统的、以科研为主导的学术型博士，是一种典型的附属型学位。澳大利亚的专业学位博士，并不像美国那样采取职前培养模式，而是开发了一种"职中"培养的发展路线，即为在职人士提供博士课程，也被称为 Work-Based Professional Doctorate。[④] 中国为了适应经济社会发展对高层次应用型专门人才的需要，于1998年创设了第一个临床医学博士专业学位，随后1999年设立了口腔医学、兽医博士专业学位类型，

---

① P. Miller, A. Selvanathan, G. Meredith, "Introduction" in *Transnational Doctoral Education and Research: An Asian Focus*, Nsw: Southern Cross University Press, 2012, p. 10.

② Kot F. Chiteng, "Emergence and Growth of Professional Doctorates in the United States, United Kingdom, Canada and Australia: A Comparative Analysis," *Studies in Higher Education*, Vol. 3, No. 37, 2012, pp. 345–364.

③ David Scott, Andrew Brown, *Professional Doctorates: Integrating Professional and Academic Knowledge*, Berkshire England: Society for Research in Higher Education & Open University Press, 2004, pp. 39–56.

④ T. Maxwell, "Towards a Reconceptualisation of the Doctorate: Issues Arising from Comparative Data Relating to the EdD Degree in Australia," *Studies in Higher Education*, Vol. 22, 1997, pp. 133–150.

后来于2011年探索建立了工程博士专业学位①，又于2018年将工程博士专业学位类别调整为电子信息、机械、材料与化工、资源与环境、能源动力、土木水利、生物与医药、交通运输八个专业学位类别。② 截至2021年，中国已经设立13种博士专业学位类别，主要聚焦在医学、工程和教育三个领域，招生规模逐年扩大，培养模式和管理方式也在不断创新中。

二 时代发展与研究生教育的变革

随着新一轮科技革命和产业变革的蓬勃兴起，社会对高层次创新型、应用型、复合型人才的需求不断增加，对研究生教育提出了新的变革要求，研究生教育与经济社会发展的联系日益紧密。

首先，知识经济、产业变革、创意社会对高层次知识人才的质量规格提出了新的需求。知识的应用性、实践性特征日益明显，知识创造力的培养由"在一种学科的、主要是认知的语境中进行"开始转向"更广阔的、跨学科的社会和经济情境中创造"③。因此，融合学术性、实践性、应用性特征于一体的专业学位博士研究生教育在世界各国纷纷设立，被视为"21世纪全球高等教育改革的主导模式"④。美国、英国、澳大利亚、德国、日本等国先后建立了与实践应用连接更为紧密的专业学位类型，在教育、医学、工程、工商管理、法律等领域纷纷建立了不同于学术学位的专业学位体系。汤姆·马克斯

---

① 黄宝印、唐继卫、郝彤亮：《中国专业学位研究生教育的发展历程》，《中国高等教育》2017年第2期。

② 国务院学位委员会、教育部：《关于对工程专业学位类别进行调整的通知》，2018年3月，教育部官网（Http://Www.Moe.Gov.Cn/Srcsite/A22/Yjss_Xwgl/Moe_818/201803/t20180326_331244.Html）。

③ [英]迈克尔·吉本斯、卡米耶·利摩日、黑尔佳·诺沃提尼等：《知识生产的新模式：当代社会科学与研究的动力学》，陈洪捷、沈文钦等译，北京大学出版社2011年版，序言。

④ T. Blackman, "The Professional Doctorate and the 21st Century University," *WBL E-Journal International*, Vol. 1, No. 6, 2016, pp. 1–7.

第一章 导论

韦尔①指出,澳大利亚的专业学位博士研究生培养模式已经从"对传统 PhD 高度依赖的附属型培养模式(模式Ⅰ)"到"逐渐探索与知识生产模式Ⅱ相符的新型培养模式(模式Ⅱ)"转变。琼斯认为,目前学术学位博士教育面临学术教职狭窄、雇主需求无法满足等问题,这些将在专业学位博士培养模式改革中得到解决。②

其次,知识生产模式转型对高层次人才培养模式提出新的挑战。迈克尔·吉本斯等人指出,知识生产模式正在经历重大变迁,即由传统的知识生产模式Ⅰ向新型的知识生产模式Ⅱ转变,主要特征表现在以下方面:第一,知识生产由"在学科的、认知的语境中进行"开始转向"以实践问题为中心的跨学科的、应用情境中进行",跨学科特性和知识的应用性更加凸显。第二,知识的社会性弥散和知识生产者的"异质性"特征逐步显现,即知识在大范围、多样化的生产场所和应用环境之中进行传播,其默会部分比明言部分变得更为重要。同时,为了解决实践中的复杂问题,不同的知识从业者通常在不同的地点、围绕不同的问题组合成不同的团队,这样的知识生产团队呈现出很强的"异质性"特征。第三,社会问责的刺激使得知识生产者变得更善于自我反思,即在应用情境下,实践中的问题难以仅仅用科学和技术术语来解决,因此要有不同的可供选择的解决方案和问题定义,由此带来对"什么是值得做的研究"的思考和反思。第四,在质量控制模式上,传统的同行评议方式已不能适应知识生产模式Ⅱ中的知识评价,更加综合的、多维度的、多主体参与的质量控制模式将会出现。③ 在这样的背景下,知识的实践性、应用性功能更加凸显,这种知识人才的培养模式将迎来复杂且深入的系统变革。

---

① T. Maxwell, "From First to Second Generation Professional Doctorate," *Studies in Higher Education*, Vol. 28, No. 3, 2003, pp. 279-291.

② M. Jones, "Contemporary Trends in Professional Doctorates," *Studies in Higher Education*, Vol. 43, No. 5, 2018, pp. 814-825.

③ [英]迈克尔·吉本斯、卡米耶·利摩日、黑尔佳·诺沃提尼等:《知识生产的新模式:当代社会科学与研究的动力学》,陈洪捷、沈文钦等译,北京大学出版社 2011 年版。

三 中国专业学位的快速发展

2020年,《关于印发〈专业学位研究生教育发展方案(2020—2025)〉的通知》指出,"发展专业学位研究生教育,是经济社会进入高质量发展阶段的必然选择,是主动服务创新型国家建设的重要路径,是研究生教育改革发展的战略重点"[1]。该方案明确到2025年,将以国家重大战略、关键领域和社会重大需求为重点,增设一批硕士、博士专业学位类别,将硕士专业学位研究生招生规模扩大到硕士研究生招生总规模的三分之二左右,大幅增加博士专业学位研究生招生数量。这充分说明中国专业学位研究生教育的战略地位日益凸显,将进入快速发展阶段,其培养质量也将日益成为社会关注的重点。

1998年2月,国务院学位委员会经过长时期的论证,探索在医学领域设置医学专业学位,试图建立不同于科学学位的培养体系,以培养高级临床医师、口腔医师、卫生防疫和新药研制与开发的应用型人才为目标。[2] 自此专业学位博士在中国逐步设立。

经过20多年的发展,专业学位研究生教育已成为中国高等教育的重要组成部分。从类别设置上看,中国已设置13个博士专业学位类别,涵盖医学、工程、教育等国民经济和社会发展的三大主干领域。从培养规模上看,2021年,全国专业学位博士研究生招生18115人,占博士总招生规模的14.39%;在学位授予总量方面,截至2021年,中国已累计授予专业学位博士5.5万余人。[3] 按照政策预期,专业学位博士研究生培养规模还将持续快速扩大,同时,随着经济社会

---

[1] 国务院学位委员会、教育部:《关于印发〈专业学位研究生教育发展方案(2020—2025)〉的通知》,2020年9月,教育部官网(Http://Www.Moe.Gov.Cn/Srcsite/A22/Moe_826/202009/t20200930_492590.Html)。

[2] 国务院学位委员会:《关于印发〈关于调整医学学位类型和设置医学专业学位的几点意见〉的通知》,1998年2月,教育部官网(Http://Www.Moe.Gov.Cn/Srcsite/A22/s7065/199802/t19980204_163521.Html)。

[3] 根据教育部官网"教育统计数据"整合而成。

的发展，各行各业科研创新与实践运用的融合程度加深，高新技术产业的核心技术创新越来越需要更多高质量的应用型研究人才。

专业学位博士研究生教育作为集高深知识与实践应用深度融合的高层次、应用型专门人才培养的主战场，是实践应用领域以及国民经济发展主战场上的主要供给源，其人才培养质量将日益成为国家、政府、高校和社会关注的重点。

四 工程博士教育发展面临的挑战

随着战略地位的确立，中国专业学位研究生教育迈入了新的发展阶段，并将在培养规模、培养模式、课程体系、导师结构、培养质量提高等方面迎来新一轮的变革发展。与此同时，新工科建设战略的系统推进，促使学术学位的工学博士也处在加剧变革之中，向着科教融合、产教融合的方向快速发展。那么，基于试图打破传统学术学位与产业分离状况而另起炉灶设立的专业学位工程博士到底是什么定位？该向何方发展？

专业学位工程博士，作为与行业、产业、应用领域连接异常紧密的专业学位类型，自2011年《工程博士专业学位设置方案》发布以来，已经过了10年的探索与发展。2018年发布的《工程类博士专业学位研究生培养模式改革方案》在培养目标、培养方式、培养质量规格等方面作出了进一步的阐释。2021年7月公布的学位授权审核结果公示材料显示，专业学位工程博士的学位授权点显著扩大。这些充分说明，大力发展专业学位工程博士的战略布局正在不断推进。

从需求来看，中国工程领域高层次创新型、复合型、应用型人才的缺口较大。有研究指出，2020年中国机械工程类人才缺口达300万人，电力装备领域人才缺口达411万人，先进轨道交通装备人才缺口为6万人，新材料人才缺口为300万人，生物工程领域人才缺口为25万人。[①]

[①] 王继成、张福军、栾旭：《新工科背景下的工程博士培养模式研究》，《教育教学论坛》2020年第25期。

另外，据国家统计局发布的数据预测，大数据、云计算、物联网人才需求至2050年达1000万人以上，工程师人才需求同比增速将超46%。[1]同时，中国博士毕业生到高校和科研机构任职的比率全国仅为38%[2]，说明已经有很大规模的博士毕业生走上了实践应用性工作岗位。然而，中国的专业学位工程博士招生规模全国仅有2000余名（2018年数据），仅占当年工程领域博士招生总数的5.6%。也就是说，社会发展对应用型人才的需求与工程博士现有规模之间仍有不小的差距。

从以上阐述可以看出，社会发展对工程领域应用型人才的需求很大，但是工程博士的内涵定位及设置特色问题突出。在研究生教育改革发展、提高质量的新阶段，聚焦工程博士内涵进行研究与探讨具有重要的现实意义。

第二节 专业学位本土化实践的现实困惑

从政策初衷来看，工程博士的设置目的是推动教育和产业的紧密结合，满足经济社会发展对高层次应用型人才的需求。因此需要打破单一的纯学术人才培养体系，实现分类定位、分类培养。政策论证者在《研究生专业学位总体设计研究报告》中指出："专业学位教育的设计和培养模式改革，重在加强高校和社会经济发展的结合，办出特色。"[3] 随后，国家制定了一系列政策以推动培养单位进行专业学位研究生教育培养模式的改革，2010年《教育部关于开展研究生专业学位教育综合改革试点工作的通知》指出，要遴选一批院校进行综合改革试点，在培养模式、质量标准和办学管理体制方面进行改革

---

[1] 本报记者：《专业学位研究生教育迈向新征程》，《中国教育报》2020年10月19日。
[2] 本报记者：《专业博士扩招，数量和质量如何保证"并驾齐驱"》，《光明日报》2020年10月21日。
[3] 研究生专业学位总体设计研究课题组：《开创我国专业学位研究生教育发展的新时代——研究生专业学位总体设计研究报告》，中国人民大学出版社2010年版，第79—80页。

与创新①；2013年《教育部、人力资源社会保障部关于深入推进专业学位研究生培养模式改革的意见》提出：在招生环节，专业学位与学术学位分类考试、分类招生；在培养环节，培养方案要根据专门人才的知识能力结构和职业素养要求制定并定期修订；在课程教学方面，要突出课程实用性和综合性，加强案例教学与模拟训练，加强实践基地建设，强化学位论文应用导向。同时还在推进职业资格衔接、加强专业化的教师队伍建设、完善质量保障、开展联合培养等方面提出系列要求。② 2018年国务院学位委员会《关于转发〈工程类博士专业学位研究生培养模式改革方案〉及说明的通知》在校企联合培养、学位论文的选题要求，内部质量保障体系建构，应具备的知识、能力、素质要求等方面提出明确要求。③ 总的来说，一系列的政策文件和改革意见推动着专业学位人才培养体系的建立。

然而，实际上，笔者在调研访谈中发现，工程教育领域的实际参与者对工程博士的理解众说纷纭，有的认为，工程博士是个伪命题，在培养实践中和工学博士无法分开；还有的直接反问道："我们的学术学位工学博士一直和产业有着紧密的联系，这些年也一直在改革中，为什么还要设置一个新的工程博士？"在2018年培养模式改革政策发布后，部分高校与导师对工程博士定位的理解愈加困惑，有受访者直接反问道："本来只有培养对象与学术学位有所区别，现在也要与学术学位一样了，工程博士的定位和特色到底在哪？"还有受访者认为，工程博士如果不向工学博士靠齐根本没法发展，而同时也有受访者认

---

① 《教育部关于开展研究生专业学位教育综合改革试点工作的通知》，2010年5月，教育部官网（Http：//Www. Moe. Gov. Cn/Srcsite/A22/Moe_ 826/201005/t20100507_ 91987. Html）。

② 《教育部、人力资源社会保障部关于深入推进专业学位研究生培养模式改革的意见》，2013年11月，教育部官网（Http：//Www. Moe. Gov. Cn/Srcsite/A22/Moe_ 826/201311/t20131113_ 159870. Html）。

③ 国务院学位委员会：《关于转发〈工程类博士专业学位研究生培养模式改革方案〉及说明的通知》，2018年5月，教育部官网（Http：//Www. Moe. Gov. Cn/s78/A22/A22_ Gggs/A22_ Sjhj/201805/t20180511_ 335693. Html）。

为,工程博士应该进一步扩大规模,逐步取代现有的部分工学博士。

以上问题的存在促使笔者思考:政策阐释清楚的培养目标、培养方式、质量标准为什么却被参与者认为其定位模糊呢?不同参与主体究竟是如何解读专业学位博士内涵定位的?为什么不同个体对其理解存在如此大的差异?通过对研究资料的反复梳理,本书的研究问题被确定为:工程博士的定位在实践中何以模糊?不同参与主体对工程博士内涵是怎样解读或认知的?这种解读或认知是怎样建构而成的?

教育部原副部长赵沁平院士曾一针见血地指出:"研究生教育领域仍需摸着石头过的一条深水河,就是专业学位与学术学位的差异化培养如何实现的问题。"① 工程博士教育作为解决经济发展中关键技术突破、工业制造创新、工程技术领军人才储备的重要支撑,弄清不同参与主体对工程博士内涵定位的认知及建构过程具有重要的意义。具体来讲,这项研究的意义和价值主要体现在三个方面:

第一,理论意义。以专业学位博士内涵的认知建构为研究选题,开启专业学位博士的实然性研究,扩展专业学位博士基础理论研究视域。首先,研究不仅仅局限于显性的政策文本和理论探讨,而是通过工程博士教育不同行动者主体交互场域中的话语符号和文字表征来分析工程博士教育背后的认知逻辑和互动关系,在这样的实际交互过程中,工程博士内涵的建构过程鲜活地呈现出来,为工程博士的实然存在提供了理论性的解释。其次,这一研究领域尚属于处女地,开启这一领域的基础性研究是一次尝试性的开垦,试图扩展专业学位内涵研究领域的理论视域,进一步丰富专业学位博士的理论基础,进而有助于我们对专业学位博士的真实含义有更为全面的整体性认识。

第二,政策意义。工程博士教育规模日益扩大,培养模式改革日益紧迫,如何提高工程博士的质量,建构定位更加清晰、培养路径更

---

① 赵沁平:《研究生教育领域仍需摸着石头过的三条河》,《研究生教育研究》2019 年第 1 期。

加明确、学位质量标准体系更加多元的制度体系,是教育管理部门、行业组织机构、培养单位十分关注的问题。本书以小视角大内容为切入点,一是为工程博士内涵体系的建设提供实践素材,为专业学位博士内涵的建构、培养模式的改革以及质量提升提供政策支撑;二是通过不同主体对专业学位博士定位的认知阐释,理清工程博士定位方面存在的主要困境,继而为进一步改革提供参考;三是呈现不同参与主体对工程博士内涵的认知、行动、建构逻辑,以其所呈现出来的矛盾根源为专业学位教育制度体系的完善提供有价值的参考。

第三,实践意义。以工程博士内涵的建构为切入点,深入实践主体的情境当中,通过对不同主体的话语分析,试图理清工程博士现实困境背后的深层次逻辑,梳理工程博士内涵建构中"主体"人与"客体"环境之间的互动情境,挖掘这一复杂网络中工程博士内涵的形塑特征。一是呈现不同主体建构工程博士内涵的博弈过程,弄清博弈背后的制度困境,继而为解决问题提供思路;二是呈现工程博士内涵建构的结果,客观认识工程博士的真实存在,加强公众对工程博士的认识理解;三是呈现不同主体对工程博士内涵建构的逻辑动机和价值取向,向大众阐释专业学位博士这个"舶来品"在中国是如何被政策吸收、被学校吸纳、被导师使用的,是如何被形塑为"中国特色"专业学位博士的扎根过程的。

第三节 文献综述

从 Eric、Jstor、Ebsco、Wiley、Springer Link、Cnki、万方、读秀、学位论文库以及谷歌学术、百度学术等各类期刊、论文、图书数据库中,以"专业学位博士""工程博士""工学博士""专业学位博士培养/管理""专业学位博士质量"等关键词进行检索,发现美国、英国、澳大利亚等国自 20 世纪 90 年代始就对专业学位博士有持续性的研究,近几年来国内相关研究也逐年增多(文献资料的统计情况见表 1-1 和

表1-2）。总体而言，学界对该问题的研究主要聚焦以下几个方面：

第一，专业学位博士的概念、内涵探析。涉及专业学位博士的含义、定位、发展、设置意义以及与学术学位博士的区别等方面。

第二，专业学位博士研究生培养模式及改革、课程教学等方面的研究。主要涉及专业学位博士研究生培养实践、教学与课程案例、培养模式变革以及职业胜任力培养等方面。

第三，专业学位博士项目的成效评价与质量保障方面的研究。主要涉及专业学位博士项目的绩效问责评价、培养成效评价、毕业生职业发展能力评价、学位论文质量评价等方面。

第四，专业学位博士研究生的职业发展研究，包括专业学位博士职业能力提升、对实践领域的影响、职业资格衔接机制等方面。

在研究方法上，案例研究、比较研究较多，具有定量研究和访谈性质的质性研究较少。

表1-1　　　　　文献资料类型分布情况

题录类型	记录数	占比（245）（%）
报纸文章	1	0.41
专著（纸质/电子书）	9	3.67
专著（书的章节）	6	2.45
专著（译著）	13	5.31
期刊论文	171	69.80
网页	11	4.49
学位论文	21	8.57
政策文本	13	5.31

表1-2　　　　　文献资料年份分布情况

年份	记录数	占比（245）（%）
1994	1	0.41
1997	2	0.82

续表

年份	记录数	占比（245）(%)
1998	3	1.22
1999	3	1.22
2000	2	0.82
2001	3	1.22
2003	4	1.63
2004	4	1.63
2005	1	0.41
2006	5	2.04
2007	2	0.82
2008	10	4.08
2009	10	4.08
2010	10	4.08
2011	4	1.63
2012	11	4.49
2013	15	6.12
2014	5	2.04
2015	13	5.31
2016	25	10.20
2017	15	6.12
2018	29	11.84
2019	17	6.94
2020	1	0.41
未知	50	20.41

一 专业学位博士概念与内涵研究

专业学位博士概念的内涵一直饱受争议，尚没有形成世界范围内统一的认识。英国在引入专业学位博士研究生教育初期，其《政府科技研究政策白皮书》提到："传统学术学位博士在工业实验室学术研

工程博士本土化内涵的认知与建构

究上与外部职业需求不匹配,需要建立与外部需求相匹配的专业学位博士教育,但是,如果传统博士旨在培养学术和职业研究者,那么专业学位博士的内涵是什么呢?"至今为止,围绕这个问题的探讨尚在持续中。瓦斯科特认为,美国大部分的专业博士学位被视为职前学位,而不是职中寻求职业再发展的学位,专业学位博士的核心属性是其职业特征,是步入职业前攻读的职业资格学位。[①] 也有学者认为,虽然专业学位博士与学术学位博士的本质区别很难说得清楚,涉及各国学科、政策、组织等方面的因素,但就目前专业学位博士研究生教育的主要表征来看,它与学术学位博士的区别主要体现在"职业导向、研究领域、研究类型、研究重点、研究起点、学习成果、入口质量与要求、学习模块、职业发展、学习类型"等方面。[②] 纽曼认为,专业学位博士在培养目标、内容、成果、进程四个维度上与学术学位博士具有显著区别[③](见表1-3)。

表1-3　纽曼视角下的学术学位博士与专业学位博士的区别

	PhD	Profdoc
定位 (Orientation)	过程驱动 大学驱动(笨重) 培养新研究员 还原论焦点(研究面聚焦)	结果驱动 学生驱动(灵活) 有经验的实践者(寻求资格) 广泛关注(研究面宽广)
内容/模式 (Content)	知识模式1 探索发现的环境 纪律	知识模式2 应用环境 工作场所

---

① E. Westcott, "A Professional in the Dock," *Times Higher Education Supplement*, Vol. 16, 1997, p. Iii.

② R. Tom Bourner, "Professional Doctorates in England," *Studies in Higher Education*, Vol. 1, No. 26, 2001, pp. 65 – 83.

③ R. Neumann, "Doctoral Differences: Professional Doctorates and PhDs Compared," *Journal of Higher Education Policy and Management*, Vol. 27, No. 2, 2005, pp. 173 – 188.

续表

	PhD	Profdoc
成果 （Outcomes）	成果论文 求新（新知识） 广泛传播	项目 寻求改进（高级实践） 狭隘的传播
过程 （Process）	通过研究进入流程 与大学的联系 研究训练 个人	凭经验进入 与工业的联系 行动研究 协同

资料来源：R. Neumann, "Doctoral Differences: Professional Doctorates and PhDs Compared," *Journal of Higher Education Policy and Management*, Vol. 27, No. 2, 2005, pp. 173–188.

大卫·斯科特等人认为，专业学位博士研究生教育是集职业和学术知识于一体的混合体教育，在知识系统、教学与学习方法、身份与资格方面都有其独特性，专业学位博士的知识系统包括学科知识、技术理性、跨学科知识素养、批判性知识。[1] 石中英认为，专业学位教育的专业性主要体现在"职业性"特征上，这是中国专业学位教育的概念基础。[2] 杨斌认为，专业学位的实质内涵是满足受教育者开展职业活动需要、体现教育项目特色的一套知识、能力和素养的集合……在人才培养的素养、能力、知识三个核心教育维度上与学术学位博士不同，其价值体现在让学生学会学习、发现和解决问题的能力、职业素养的养成方面。[3] 徐铁英认为："专业学位教育具有学科取向与实践取向的双重取向。"[4] 别敦荣等人认为，专业学位是面向特定社会职业的人才需求，是为培养社会高端专业人才而设立的学位类型，"具有

---

[1] David Scott, Andrew Brown, *Professional Doctorates: Integrating Professional and Academic Knowledge*, Berkshire England: Society for Research in Higher Education & Open University Press, 2004, pp. 39–56.
[2] 石中英：《论专业学位教育的专业性》，《学位与研究生教育》2007年第1期。
[3] 杨斌：《专业学位教育的再认识与再进军》，《中国高等教育》2017年第2期。
[4] 徐铁英：《专业学位教育的双重取向：内涵与启示》，《研究生教育研究》2016年第1期。

职业性与学术性相统一、特定的职业指向性、教育的实践依赖性等特征"①。王顶明等人对专业学位教育中的实践性知识特征进行了探索，提出程序性知识和过程性知识分类下的两种专业学位教育类型。②

综上所述，研究者对专业学位的内涵做了各个角度的阐述，相关概念并未形成统一认识。但从阐述视角来看，主要集中在学位功能、培养过程、知识结构层面。

二 专业学位博士培养模式研究

在培养实践方面，斯科特等人在其专著《专业学位博士：专业知识与学术知识的融合》中对专业学位培养过程中的课程教学体系进行了探析，研究认为，在专业学位博士培养过程中，专业学位博士的知识特征、应用性实践、研究范式是培养过程的核心，要通过反思实践中遇到的问题来不断完善其培养体系。③

汤姆·马克斯韦尔论证了澳大利亚专业学位博士研究生培养模式从"对传统 PhD 高度依赖的附属型培养模式（模式Ⅰ）"向"逐渐探索与知识生产模式相符的新型培养模式（模式Ⅱ）"转变的实践案例，体现了专业学位博士研究生培养模式由"依附"到"独立"的发展过程。④

巴斯⑤等人从专业学位项目的管理者视角探讨了教育专业学位博

---

① 别敦荣、赵映川、闫建璋：《专业学位概念释义及其定位》，《高等教育研究》2009年第6期。

② 王顶明、李莞荷、戴一飞：《程序性知识与过程性知识：专业学位教育中的实践性知识》，《北京大学教育评论》2018年第4期。

③ David Scott, Andrew Brown, *Professional Doctorates: Integrating Professional and Academic Knowledge*, Berkshire England: Society for Research in Higher Education & Open University Press, 2004, pp. 39 – 56.

④ T. Maxwell, "From First to Second Generation Professional Doctorate," *Studies in Higher Education*, Vol. 28, No. 3, 2003, pp. 279 – 291.

⑤ R. Buss, D. Zambo, S. Painter, et al., "Examining Faculty Member Changes in an Innovative Educational Doctorate Program," *Innovative Higher Education*, Vol. 38, No. 1, 2013, pp. 59 – 74.

第一章 导论

士项目变革过程中的行动反馈及改进。拉斯特建议应从专业学位博士必要的素质特征出发，注重专业学位博士在复杂现实问题解决中探索知识创造性能力，而不是以培养"专业的学术研究者"的标准来定义博士专业学位论文的学术特征，应形成概念化的专业学位博士学术研究与知识生产标准。①

琼斯指出，目前学术学位博士培养面临着四个冲突：一是学术学位博士毕业生从事学术教职的职业选择越来越窄；二是社会雇主对特定的专业技能和资格要求越来越具有鉴别能力，而传统博士学位没有相应的技能和资格；三是政府和社会都在要求一个更符合商业需要的研究型学位来促进经济的增长；四是大学看到了培养学生所产生的经济价值，并希望与行业产业界建立更紧密的联系。②喀斯特雷讨论了澳大利亚在职专业学位博士的培养过程，它建立了跨学科、以候选人为中心的项目研究和培养中心。③普拉特等人从学生视角探索完善教育博士专业学位的课程建构，提出要根据学生需求创建多样化的课程体系。④

国内学者主要以其他国家专业学位博士研究生的培养实践或经验作为研究内容开展案例研究，主要集中于美国⑤、英国⑥和澳大利亚⑦

---

① S. Lester, "Conceptualizing the Practitioner Doctorate," *Studies in Higher Education*, Vol. 29, No. 6, 2004, pp. 757 – 770.

② M. Jones, "Contemporary Trends in Professional Doctorates," *Studies in Higher Education*, Vol. 43, No. 5, 2018, pp. 814 – 825.

③ C. Costley, S. Lester, "Work-Based Doctorates: Professional Extension at the Highest Levels," *Studies in Higher Education*, Vol. 37, No. 3, 2012, pp. 257 – 269.

④ N. Pratt, M. Tedder, R. Boyask, et al., "Pedagogic Relations and Professional Change: A Sociocultural Analysis of Students' Learning in a Professional Doctorate," *Studies in Higher Education*, Vol. 40, No. 1, 2013, pp. 43 – 59.

⑤ [美] 菲利普·G. 阿特巴赫、别敦荣、陈丽：《美国博士教育的现状与问题》，《教育研究》2004 年第 6 期。

⑥ 姚林、王建梁：《三重视角下的英国专业博士学位教育发展研究》，《清华大学教育研究》2018 年第 4 期。

⑦ 王建梁、姚林：《澳大利亚专业博士的发展、挑战、应对策略——以教育博士项目为例》，《研究生教育研究》2017 年第 5 期。

专业学位博士的形成、实施和经验等方面。黄宝印等人对美国第一职业学位的培养模式、教育特点进行了研究，指出美国第一职业学位是职业领域的一种学位类型，不同于学术学位博士，具有鲜明的职业导向、行业深度参与、职业准入资格等典型特点，是从事某种职业的首要学位或唯一学位。① 赵世奎等人以护理和理疗专业为例，对美国第三代专业博士的演进过程进行了分析，阐述了专业学位博士多样化的形成路径，如从研究型博士中分离、硕士升格等。② 吴敏、胡莉芳等人指出，美国专业学位博士的学科群以应用型为主，专业学位规模随着人口经济等因素影响增长得较快。③ 魏玉梅研究了哈佛大学教育博士项目的设置经验，从学位制度、课程、培养、教学设计等方面进行了阐述。④

在中国专业学位博士研究生培养案例及问题方面，有研究指出，"中国专业学位博士存在培养目标不清，不注重实践能力培养、校外力量欠缺"等现实问题⑤；在临床医学博士培养过程中，存在"轻临床，重科研"、课程体系陈旧、临床训练不足等问题⑥；教育博士与教育哲学博士在入学标准、培养目标、课程设置、论文要求及评价标准等方面趋同⑦；工程博士试点在培养目标、招生对象、联合培养、课

---

① 黄宝印、陈艳艳：《美国第一职业学位的培养模式及特点》，《中国高等教育》2007年第11期。

② 赵世奎、郝彤亮：《美国第三代专业博士学位的形成与发展：以理疗、护理专业博士为例》，《北京大学教育评论》2014年第12卷第4期。

③ 吴敏、姚云：《美国专业博士学位的学科与规模特点研究》，《学位与研究生教育》2018年第8期；胡莉芳：《美国专业学位研究生教育规模变迁研究（1971—2012年）》，《中国高教研究》2016年第2期。

④ 魏玉梅：《美国教育领域专业博士学位制度设计及其启示——以哈佛大学"教育领导博士"专业学位项目为例》，《研究生教育研究》2016年第2期。

⑤ 罗英姿、李雪辉：《中国专业学位博士教育面临的问题与改进策略——基于"全国专业学位博士教育质量调查"的结果》，《高等教育研究》2019年第40卷第11期。

⑥ 邓锐：《医教协同下临床医学博士专业学位研究生培养模式的思考》，《中国高等医学教育》2017年第3期。

⑦ 熊倪娟、袁本涛：《教育博士培养模式：问题与变革》，《高等工程教育研究》2015年第4期。

程设置等方面有所创新，但在实际执行中面临着培养目标笼统、招生范围狭窄、不同高校对学位标准要求差别较大等问题①，个别学校以学生个性化为核心在培养模式方面进行了一定的创新。②

在人才培养理念方面，舍恩在《反映的实践者》③和《培养反映的实践者》④两本论著中，理论性地阐释了专业实践者在行动中反映的共通模式，指出实践者在"与情景的反映性对话"中行动反映的共通元素包含四个方面：(1)实践工作者用来描述现实与进行实验的媒介、语言和资料库；(2)实践者用于问题设定、探究历程以及反映性对话中的评鉴系统；(3)实践者赋予现象意义所采用的通盘理论；(4)实践者用来设定自己在任何情景中的角色框架。舍恩还提出了行动中反映的教育模式，以反映的行动者为中心设计相应的环境、课程、辅导模式、评价等（反映性实践课体系）并配以行动中反映的教授技艺。托尼·比彻指出：

> 对于提高专业从业者的隐性知识（比如发展特定的实践技能）的有效性来说，正式学习可能不如非正式学习，专业从业者的非正式学习活动有四种：基于资源的、基于实践的、基于实践相关的和基于人际的。这四种活动在各个专业的学习中都有所体现，但不同的专业对这四种学习活动的侧重程度有所不同。例如在信息获取方面，医学、药学、法律、会计的专业人员主要通过期刊论文、教材、手册、指南等出版物获取专业发展的前沿信息，而工

---

① 钟尚科：《完善中国工程博士专业学位教育制度与措施之探讨》，《高等工程教育研究》2013年第4期。
② 于爱国、梁德东、刘一心：《工程博士专业学位研究生培养的探索与实践——以吉林大学先进制造领域为例》，《科教导刊》（下旬）2017年第7期。
③ [美]唐纳德·A. 舍恩：《反映的实践者——专业工作者如何在行动中思考》，夏林清译，教育科学出版社2007年版，第63—215页。
④ [美]唐纳德·A. 舍恩：《培养反映的实践者：专业领域中关于教与学的一项全新设计》，郝彩虹、张玉荣等译，教育科学出版社2008年版，第41—72页。

程、建筑的专业人员获取信息更多依靠观察建筑物、实体，而非阅读书面材料。①

在培养模式改革方面，王丽萍对英国和美国的工程博士培养模式进行了详细论述，指出英国模式的主要特点是成立全国的工程博士研究中心，由工程与自然科学学研究委员会实施管理、监督、评价与资助，建立起高校与产业的联盟模式，同时建立了课程认证和职业资格衔接的外部保障体系；美国的工程博士相较于英国，其培养过程更加灵活，但是其与产业协作的密度不如英国，因而影响了产学结合的深度和广度。② 陈希对澳大利亚的专业学位博士研究生培养模式进行了论述，指出澳大利亚的博士专业学位培养模式经历了渐进式的变革：由第一代的"课程+论文"模式，到第二代的"职业导向下的三方协作模式"，即专业学位博士的培养活动场所由专业、工作场所和大学三部分组成，三者以特定的方式组合在一起，共同促进专业学位博士的发展，通过论文包的方式进行培养质量的评价"；再到第三代"以实践者为中心的研究性与职业性融合"的培养模式（特点是以实践者需求为中心，依托实践场域需求知识架构来进行跨学科式的课程、教学、评价等）"③。吴卓平结合英国、美国、荷兰三国的院校实施经验对中国工程博士培养的内涵、大工程理念、存在问题及路径优化进行了论述。④ 罗英姿等人研究指出专业学位博士教育存在培养目标定位不清等问题⑤，提出专业学位博士培养模式改革的双元性创新

---

① T. Becher, *Professional Practices: Commitment and Capability in a Changing Environment*, Routledge, 1999, pp. Xiii – Xiii.
② 王丽萍：《工程博士培养模式国际比较研究》，硕士学位论文，天津大学，2016 年。
③ 陈希：《澳大利亚专业博士教育发展研究》，硕士学位论文，华中师范大学，2016 年。
④ 吴卓平：《工程博士培养模式研究》，博士学位论文，大连理工大学，2016 年
⑤ 罗英姿、李雪辉：《中国专业学位博士教育面临的问题与改进策略——基于"全国专业学位博士教育质量调查"的结果》，《高等教育研究》2019 年第 40 卷第 11 期。

路径：对内纠正对学术学位博士研究生培养的多方因袭①，对外摒弃对国外专业学位研究生培养的盲目模仿等改革路径。②

根据以上论述可以看出，在世界范围内，专业学位博士研究生培养模式的变革路径具有典型的阶段特征：第一阶段的特征是：与学术学位混同培养。即培养过程与学术学位"异曲同工"，同样的教学、师资与管理，仅仅在培养结果考核方面，其标准要求稍低于学术学位，被称为是学术的"次学位"；第二阶段的特征是：试图剥离对学术学位博士培养的路径依赖，强调知识的应用性研究，形成高校、行业企业、社会共同参与的培养模式，在招生、课程、教学、毕业质量等方面与学术学位具有明显的区别，因此也产生了多样化的专业学位类型，比如在职专业学位（Work-Based Professional Degree）、实践型专业学位（Practice-Based Doctorate）、项目型专业学位（Program-Based Degree）等；第三阶段的特征是：形成多元主体参与、多学科交叉培养的专业学位独特模式，其特征是与行业、企业深度融合，与社会需求紧密连接，多主体共同参与，建立了自上而下的组织系统，将高校与行业企业、培养与职业资格有效地链接在一起，形成独特的培养体系与组织管理体系。比如英国的工程博士教育，从体制机制上已建立了一种新的模式。

在培养质量方面，学术界对专业学位博士项目质量的讨论主要聚焦于政府导向的质量问责以及质量评价上。Mcsherry 等人③设计了"360 度利益相关者评估方法"（见表 1-4），该方法中的利益相关者覆盖了个人、组织、专业和雇主等，贯穿专业学位博士研究生培养的

---

① 罗英姿、李雪辉：《专业学位博士研究生培养的路径依赖及其优化》，《学位与研究生教育》2018 年第 5 期。

② 李雪辉、顾剑秀、罗英姿：《专业学位博士生培养模式的双元性创新》，《中国农业教育》2019 年第 20 卷第 3 期。

③ R. Mcsherry, J. Bettany-Saltikov, E. Cummings, et al., "Are You Measuring the Impacts and Outcomes of Your Professional Doctorate Programme?", *Studies in Continuing Education*, Vol. 41, No. 2, 2018, pp. 207–225.

整个过程，以内外结合的评价方式对专业学位博士研究生教育的影响和成果进行评价，结果的多样性为后续的改革行动提供了有益参考。

表1-4　专业学位博士项目360°利益相关者评估方法示例（360°Pdpe）

时间表	影响和结果测量
项目开始前	职业身份，职位，等级，薪水，职业资格
第1—4年	设计评价方法和日常表现数据调查
第5年	考试顺利情况和独立设置的研究计划
项目结束后2年	尊重与认可 对发表成果、会议报告、职业规定、学位授予等进行外部同行评价

资料来源：R. Mcsherry, J. Bettany-Saltikov, E. Cummings, et al., "Are You Measuring the Impacts and Outcomes of Your Professional Doctorate Programme?", *Studies in Continuing Education*, Vol. 41, No. 2, 2018, pp. 207-225.

有研究基于传统的心理、动机概念框架，探索了文化视角下的教育专业学位博士学位的形成性评估制定和理论化，采用案例学习方法，利用参与者观察，在线语篇分析、讨论论坛和电子邮件反馈情况，构建了形成性评估概念框架。[①] 研究结果表明，社会文化观点下的形成性评估能够支持多元化的博士生实际情况，强调过程中的互动关系。有研究者从学生的动机和身份出发，以身份形成过程中的相关要素作为监督元素，构建博士专业学位的监督评价模式。[②] 由英国教育资助委员会委托研究的《英国专业学位博士质量报告》指出，由于缺乏质量保证机制，并且与学术学位博士的区别不够清晰，专业学位博士项目面临着诸多矛盾，对专业学位博士是什么、它们所做的贡献

[①] B. Crossouard, J. Pryor, "Becoming Researchers: A Sociocultural Perspective on Assessment, Learning and the Construction of Identity in a Professional Doctorate," *Pedagogy, Culture & Society*, Vol. 16, No. 3, 2008, pp. 221-237.

[②] C. Philpott, "The Importance of Students' Motivation and Identity when Supervising Professional Doctorate Students a Reflection on Traditional and Professional Routes," *Practitioner Research in Higher Education*, Vol. 1, No. 9, 2015, pp. 59-66.

以及它们通过专业实践带来的价值感到有些困惑，这将影响专业学位博士研究生教育的未来可持续发展，尤其是在教育博士专业学位方面。①

在学位论文质量评价方面，孙友莲建议"由校内导师和校外导师共同指导学生选题、成果形式、写作、论文修改、论文评审、答辩等环节"②。R. Winter 等人从学术导师调查数据中得出博士学位应具有的"学术"研究标准，并将其与专业学位博士提交的行动研究、实践报告、应用研究等进行对比分析，探索它们之间的关系及其存在的问题等。③

三 工程博士教育研究

1995 年，美国国家科学、工程与公共政策委员会发布的一项报告④拉开了工程领域研究生教育模式改革的序章，让人们了解了新时代科学家和工程师的主要职业途径及变化趋势，开始对工程领域研究生教育结构、模式与功能等方面进行深入探索。21 世纪以来，随着科学与技术的高速发展，经济和社会需求的不断变化，世界各国的教育行政部门、工程行业协会、高校都意识到工程教育改革的重要性，逐步推出一系列的工程教育改革措施。

美国于 20 世纪 60 年代开始探索设置和发展工程硕士和工程博士项目，底特律大学、加州大学、哥伦比亚大学纷纷实行工程博士计划，培养具备开发、设计和管理的专业型工程人才。⑤英国于 20 世纪

---

① C. Robinson, "The Landscape of Professional Doctorate Provision in English Higher Education Institutions: Inconsistencies, Tensions and Unsustainability," *London Review of Education*, Vol. 16, No. 1, 2018, pp. 90 – 103.

② 孙友莲：《实践中的质量保证：教育博士"专业性"》，《教师教育研究》2014 年第 26 卷第 5 期。

③ R. Winter, M. Griffiths, K. Green, "The 'Academic' Qualities of Practice: What Are the Criteria for a Practice-Based PhD?", *Studies in Higher Education*, Vol. 25, No. 1, 2000, pp. 25 – 37.

④ 工程与公共政策委员会、国家科学院、国家工程院等：《重塑科学家与工程师的研究生教育》，徐远超等译，科学技术文献出版社 1999 年版。

⑤ 陈学飞：《西方怎样培养博士——法、英、德、美的模式与经验》，教育科学出版社 2002 年版，第 234—235 页。

工程博士本土化内涵的认知与建构

90 年代尝试启动了工程博士学位项目，并建立了英国第一个工程博士中心，为高校和企业搭建了工程博士项目国家级平台。[①] 相比较而言，英国的工程博士培养特色较为鲜明，工程博士项目和企业链接较为紧密，通过成立国家级工程博士中心为高校和企业搭建联合培养实践平台，工程博士项目培养成效显著，规模逐渐扩大；而美国的工程博士在各高校设置方式多样，培养形式多样，与企业的合作多采取间接方式，紧密性弱。总体而言，英美两国在其培养目标、课程、实践、模式等方面存有一定的差异（见表 1-5 所示）。

表 1-5　　　　　　　主要国家工程博士教育基本情况

国家	产生时间	培养目标	培养模式及课程体系	实践方式
美国	1967 年 名称多样 D. Eng/ D. Eng Sc / Eng. Sc. D	工程领袖人才，各大学描述不同	方式：全日制和在职兼顾 培养过程：课程、实践、论文 导师：校内/企业导师 课程：学科交叉，注重知识宽度	实践活动至少一年，要求有实践报告；学生自行联系或导师联系实践企业
英国	1992 年 （D. Eng）	工程领袖（作为获得工程师资格的途径）	方式：全日制 培养过程：课程教学、专业实践和学位论文 导师：校内/企业导师 课程：多所大学合作参与，围绕研究方向开设专业特色课程	根据企业公布的研究课题招收学生，企业实践占据75%
中国	2011 年 （D. Eng）	高层次工程技术人才	方式：全日制和在职兼顾 培养过程：课程、实践、论文 导师：校内/企业导师 课程：模块化，基础课、专业课、实践课、选修课等	导师或学校负责实践企业：高校实践基地、导师横向课题企业等 实践时长不定

资料来源：J. Parnaby, The Engineering Doctorate, A Serc Working Party Report to Theengineeting Board of the Science and Engineering Research Council, 1990, pp. 12-13；王丽苹：《工程博士培养模式国际比较研究》，硕士学位论文，2015 年。

[①] Chancellor of the Duchy of Lancaster, "Realizing Our Potential—a Strategy for Science, Engineering and Technology," A Report Presented to Parliament by the Chancellor of the Duchy of Lancaster, 1993, p. 60.

第一章 导论

在培养模式设计方面，Edward F. Crawley 等人基于长期的研究和实践，开发和创立了工程领域人才培养的理论体系 CDIO[①]，提出由工程教育利益相关者（个人、行业、政府、社会）来设定培养目标，将工程教育建立在构思、设计、实施和运行产品、过程及系统的背景环境基础上，在教学模式的设计上，深化学生工程技术基础和工程实践能力的二元学习经验，使学生能够深入掌握技术基础知识，领导新产品、过程和系统的建造与运行，理解研究和技术发展对社会的重要性和战略影响，进而实现理论与实践相结合的培养目标。

舍恩用"行动中反映"这一核心概念作为实践知识与实践行动发生的理论基础[②]，并基于这一理论提出"行动中反映的教育模式"。作者认为，专业人员的部分知识是内隐于行动中的，能做但说不出来，这部分知识的升华需要行动者不断"对行动反映"和"在行动中反映"[③]。在培养专业人员方面，作者提出应建立"反映性实践课"（做中学）核心课程，以不断丰富和升华专业人员的学科知识和内隐知识，架起理论与实践的沟通桥梁。然而，将"反映性实践课"作为核心课程的改革却面临着现实困境：现有高校的标准化课程依赖于将学科应用于工具性问题的特权知识，这些特权知识被划为领土单元，每个领域的主要内容就是一个系科的领土。在这种学术领域也是政治领土的组织模式下，要培养专业人员技术能力中实践部分知识很困难。[④]

[①] Edward F. Crawley, Johan Malmqvist, Soren Ostlund 等：《重新认识工程教育：国际 CDIO 培养模式与方法》，陆小华、顾佩华等译，高等教育出版社 2009 年版。

[②] ［美］唐纳德·A. 舍恩：《反映的实践者——专业工作者如何在行动中思考》，夏林清译，教育科学出版社 2007 年版，第 63—215 页。

[③] ［美］唐纳德·A. 舍恩：《培养反映的实践者：专业领域中关于教与学的一项全新设计》，郝彩虹、张玉荣、雷月梅等译，教育科学出版社 2008 年版，第 41—72 页。

[④] ［美］唐纳德·A. 舍恩：《培养反映的实践者：专业领域中关于教与学的一项全新设计》，郝彩虹、张玉荣、雷月梅等译，第 277—310 页。

工程博士本土化内涵的认知与建构

迈克尔·波兰尼在其专著《个人知识——迈向后批判哲学》中指出,任何知识实际上都融入了个人能动行为,个人的识知能力包含着一套经验的技能,科学家正是通过行使自己的经验技能而造就了自己的科学知识。在技能方面,"一门本领的规则是可以有用的,但这些规则并不决定一门本领的实践,规则只有跟一门本领的实践知识结合起来才能作为本领的指导"①,并且"技能无法被按其细节进行充分解释……技艺也不能通过规定流传下去,只能通过师傅教徒弟这样的示范方式流传下去……当今科学中的可言述知识在世界各大学中被成功教授,但科学研究中不可言述的技艺知识却并未渗透到大学中"②。波兰尼将这些无法言述的知识称为"默会知识"。工程技术高端创新人才的培养不仅仅要提升其创新科学知识能力,更重要的是提升其在实践技能中不可言述的"默会知识"的能动性和创造性。波兰尼的个人知识系统为工程博士培养提供了一种更广阔的视角。

在工程博士培养实践方面,较少有直接以工程博士为对象的相关研究,大多是在探讨学术学位工学博士的基础上进行的相关研究。世界各国基于本国实际提出了相应的培养理念,有研究认为,博士职业的面貌已经发生变化,在传统 Stem 博士培养期间发展职业认同的学徒制方法——"学科知识+研究技能+科学规范=专业科学认同"模式已不能适应未来复杂的职业生活,并提出"超越知识和技能"理念下的 Stem 博士生职业认同新模式——"跨学科知识+研究和可转移技能+反思+职业经验=知识工作者"。基于此,该研究提出三项改革措施:一是为博士生提供跨学科讨论空间;二是加强博士生对政治、经济、社会结构、伦理问题等方面的反思性教育,而非仅限于学科知识;三是为博士生提供校外科技知识生产和应用场所的参与经

---

① [英]迈克尔·波兰尼:《个人知识——迈向后批判哲学》,许泽民译,贵州人民出版社2000年版,第74页。
② [英]迈克尔·波兰尼:《个人知识——迈向后批判哲学》,许泽民译,第75—79页。

第一章 导论

验,树立职业抱负。①

有研究者提出通过课程改革来重塑"文艺复兴时期精神"的新型工程师培养模式,释放博士生潜力来促进思想革命和艺术与科学的繁荣。② 研究者认为,课程改革的关键是增加博士课程的灵活性,打破目前单一的学科教学模式,为学生提供范围更广和灵活性更强的课程,并且各相关利益主体(大学、政府、工业行业)都深度参与其中。

吴卓平结合中国工程博士培养现状,提出工程博士的培养目标是能引领工程技术实现跨越式进步和产业创新发展,并从知识、技能、职业价值观等层面阐释了工程博士的胜任力内涵,建议在招生、课程、校企协同、文化育人方面构建工程博士培养的支撑体系。③

整体而言,由于各国工程博士培养体系及所处发展阶段的不同,国内外关于工程博士培养实践方面的研究聚焦点存在着明显差异。国外研究集中在校企合作和以学生为主体的培养成效方面,主要包括工程博士培养与企业行业合作的经验及影响因素、工程博士培养成效评价④、攻

---

① S. Hancock, E. Walsh, "Beyond Knowledge and Skills: Rethinking the Development of Professional Identity during the Stem Doctorate," *Studies in Higher Education*, Vol. 41, No. 1, 2016, pp. 37 – 50.

② A. Akay, "A Renaissance in Engineering PhD Education," *European Journal of Engineering Education*, Vol. 33, No. 4, 2008, pp. 403 – 413.

③ 吴卓平:《工程博士培养模式研究》,博士学位论文,大连理工大学,2016 年。

④ 这类研究主要阐述企业和大学合作培养过程中的知识交叉实践、质量监督经验以及合作方式的创新等内容(参见 A. G. Roberts, "Industry and PhD Engagement Programs: Inspiring Collaboration and Driving Knowledge Exchange," *Perspectives: Policy and Practice in Higher Education*, Vol. 22, No. 4, 2018, pp. 115 – 123; Lidia Borrell-Damiana, T. Brownb, A. Dearing, et al., "Collaborative Doctoral Education: University-Industry Partnerships for Enhancing Knowledge Exchange," *Higher Education Policy*, Vol. 23, 2010, pp. 493 – 514; K. Grimm, "Assessing the Industrial PhD: Stakeholder Insights," *Journal of Technology and Science Education*, Vol. 8, No. 4, 2018, pp. 214 – 230; R. Bhamidimarri, A. Liu, *Engineering and Enterprise: Inspiring Innovation*, Switzerland: Springer International Publishing, 2016, p. 127)。

读工程博士学位的动机[①]、工程博士论文评价特征[②]、工程博士的就业与职业发展[③]等方面。而国内研究则集中在工程博士培养实践的经验探索、实际操作及其改革对策[④]等方面，主要包括工程博士的教育定位、课程设置、校企合作培养、学位标准、培养规模等方面。此外，国内很多研究聚焦于英国、美国、澳大利亚等国家的工程博士培养实践经验分析，在此基础上对中国培养模式改革提出建议。[⑤]

四 文献小结

综上所述，国内外学界对专业学位博士研究生教育领域的相关问题进行了多方面探索，为我们提供了基本认知和有益参考。

在专业学位博士内涵与定位方面，各国具有不同视角的解读与实

[①] 这类研究主要通过学生调查获取学生攻读工科博士的动机及影响因素，继而探索工科博士的社会价值（参见 Jeremi S. London, Monica F. Cox, B. Ahn, "Motivations for Pursuing An Engineering PhD and Perceptions of Its Added Value: A U. S. -Based Study," *International Journal of Doctoral Studies*, Vol. 9, 2014, pp. 205 – 227; M. E. Brazziel, W. F. Brazziel, "Factors in Decisions of Underrepresented Minorities to Forego Science and Engineering Doctoral Study: A Pilot Study," *Journal of Science Education and Technology*, Vol. 10, No. 3, 2001, pp. 273 – 281）。

[②] Elena Prieto, A. Holbrook, S. Bourke, "An Analysis of Ph. D. Examiners' Reports in Engineering," *European Journal of Engineering Education*, Vol. 41, No. 2, 2015, pp. 192 – 203.

[③] Throy Alexander Campbell, M. Adamuti-Trache, "Science and Engineering Doctorate Recipients Entering the Labor Market: Income Disparities for Underrepresented Minorities," *Career and Technical Education Research*, Vol. 41, No. 2, 2016, p. 85.

[④] 这类研究聚焦中国专业学位工程博士在实施过程中，在定位、培养等方面的一些经验做法及实际问题（参见黄国勤、朱才朝、林超《工程博士专业学位研究生培养实践案例分析》，《教育教学论坛》2019年第7期；靳冬欢、吴丹、杨俊《工程博士学位标准制定的探索及建议》，《高等教育研究学报》2018年第41卷第2期；王征《工程博士教育试点办学的基本探索与改革建议——基于浙江大学的案例分析》，《学位与研究生教育》2016年第2期；汪志强《中国工程博士研究生教育发展问题研究》，硕士学位论文，华东师范大学，2018年；于爱国、梁德东、刘一心《工程博士专业学位研究生培养的探索与实践——以吉林大学先进制造领域为例》，《科教导刊》（下旬）2017年第7期；赵兴祥《基于Eip-Cdio理念的应用型工程人才培养模式探索》，《管理（理论探索）》2018年第22期）。

[⑤] 参见王丽苹《工程博士培养模式国际比较研究》，硕士学位论文，天津大学，2016年；罗英姿、陈尔东《欧洲博士培养新动向及启示：基于Esf实证研究的思考》，《中国高教研究》2019年第10期；王亚杰、田华、陈岩《工程博士中心的定位及影响力——基于英国产业博士中心的分析》，《高等工程教育研究》2016年第5期；肖凤翔、张宇、赵美蓉《英国工程博士研究生招生经验及其教育效果》，《高等工程教育研究》2015年第5期。

践（见表1-6）。在功能上，各国普遍认为实践性、应用性和职业特征是专业学位博士的核心功能；在培养过程及制度规范上，由于各国政策环境的异同，各自形成了相对独立的培养模式和发展体系，其培养目标、培养方式、课程设计、毕业要求等呈现出多元化特征；在知识结构上，专业学位博士呈现出很强的依附于学术学位博士的路径依赖特征，知识生产模式Ⅱ的弥散性[①]并不明显，已有研究对此的阐述多停留在"集学术性与应用性于一体"的论述上。

总之，专业学位博士的内涵定位尚未形成一套统一的概念、理论与系统化的知识体系，也没有在国际范围内形成统一的认知标准或框架。

表1-6　　　专业学位博士概念内涵的文献资料矩阵

视角	主要观点	主要特征	
知识类型	实践性知识	专业实践者的知识获得：基于资源、实践、人际	
	默会知识	无法言述，通过某种技艺表现出来	
	过程性知识	认知特征的过程性	
	程序性知识	认知特征的程序性	
培养定位	在培养目标、培养模式等方面应该与学术学位博士有区别	ProfD	PhD
		目标：有资格的实践者	研究人员
		模式：知识生产模式Ⅱ（应用）	知识生产模式Ⅰ
		成果：项目、改进	论文、新知识
		传播：狭隘的传播	广泛传播
		过程：行动研究（协同）、与工业联系	研究训练（个人）、与大学联系
属性特征	"实践性"与"学术性"	既包含学科、跨学科知识，也包括技术实践与创新	

---

① 弥散性概念来源于迈克尔·吉本斯在其专著《知识生产的新模式：当代社会科学与研究的动力学》，主要指知识在大范围、多样化的生产场所和应用环境中传播，其边界模糊，弥散特征明显。

工程博士本土化内涵的认知与建构

在专业学位博士的培养方面（见表1-7），各国根据实际尝试多样化的培养模式，经历着从模式Ⅰ代（即高度依赖学术学位博士培养路径）到模式Ⅱ代（即试图通过某种组织化的变革实现高校与产业、企业的协同或联合），再到模式Ⅲ代（即形成与知识生产模式Ⅱ特征相适应的，高校、产业联动的跨学科培养模式。例如英国工程博士中心及其组织EPSRC的探索与实践）的变化过程，政府、高校、产业持续性地协调着它们的联盟或协同关系，共同推动着专业学位博士教育的发展。已有研究更多地阐述了专业博士发展过程中的实践与经验，但对专业学位博士发展变革背后的制度变迁、参与者行动特征等方面的研究较少。

表1-7　专业学位博士在各国的产生、发展及多样化模式

国家/地区	产生时间	第一个学位项目	概念模式	发展
欧洲	中世纪	博士	神学、法律、医学领域的"职业许可"	19世纪后在洪堡理念基础上形成现代意义上的学术学位博士
美国	1921年	教育博士	针对在职教育者提供的一种博士训练项目	多样化类型，"职业学位""实践型博士"等，涉及领域包括教育博士、工商管理博士、法学博士等
澳大利亚	1984年	创意艺术博士	针对在职人员的培养计划	规模增长迅速，政策支持（道金斯改革），设立教育博士、工商管理博士、公共行政博士、法学博士、公共卫生博士等
英国	1989年	临床心理学博士	"在职人员"项目	行业组织和政府支持促进了专业学位博士的发展，主要设有教育博士、医学博士、临床心理学博士、工商管理博士、工程博士等

第一章 导论

续表

国家/地区	产生时间	第一个学位项目	概念模式	发展
加拿大	1994年	教育博士（doctor of pedagogy）	依附于学术学位博士培养，是学术学位博士的一种类型	争议较大，缺乏政府支持和资助，一些项目终止
中国	1998年	临床医学博士	依附于学术学位博士培养	涉及教育、医学、工程三个领域13个类别，规模不断增大，政策支持

在专业学位博士质量方面，各国对专业学位博士质量危机的探讨不断，其主要焦点在于专业学位博士定位的模糊，与学术学位难以分开，以及专业学位博士在学术质量、知识创造方面与学术学位的差距。有研究探讨了培养过程中的形成性评价，注重学生个体体验、实践能力提升等。但对专业学位博士质量内涵、专业学位博士对实践领域的贡献、专业学位博士在实践中的"默会知识"评价等方面的研究较少。

在工程博士教育方面，美国、英国相继建立了独特的培养体系，培养模式的核心在于高校、行业企业、政府之间的联动和协同，围绕生产—需求—培养—生产建立了多样化的合作模式。这种变革不仅仅是在专业学位领域，也包含了学术学位工科博士领域。总之，各国工程博士的学位内涵不断丰富，已有研究主要聚焦于工程博士的培养模式变革、实践问题、行业企业深度合作机制效能等方面（见表1-8）。

表1-8　工程领域专业学位博士相关理论与实践的资料矩阵

视角	主要观点
理念层面：基于实践者特征的培养模式设计	1. 工程CDIO模式* 2. 四个教学元素：实验的媒介、语言与资料库；反映性对话的评鉴系统；对现象意义采用的通盘理论；角色框架 3. 设计与行动者反映相配套的环境、课程、辅导模式与评价 4. 反映的实践者（知识过程）

续表

视角	主要观点
培养模式：英国工程博士国家组织及培养模式	1. 《帕纳比报告》：设置了面向产业需求的工程博士项目框架和培养体系：25%的时间进行课程学习，75%的时间在企业开展研究项目 2. 设置工程博士中心，建立高校与产业联盟（产业博士中心IDCS）来培养工程人才；通过工程博士中心设立专门的资助机制 3. 工程博士被定位为研究型工程师 4. 质量规格：具备学术型博士的学术水平，强化工程管理、技术的培养与训练，能够适应产业需求
改革模式：澳大利亚专业学位博士（不限于工程）培养模式的改革	第一代："课程+论文"模式，依附于学术学位博士 第二代："职业导向下的三方协作模式"（指专业学位博士的培养活动场所由职业系统、工作场所和大学三部分组成，通过论文包的方式进行培养质量的评价） 第三代："以实践者为中心的研究性与职业性融合"的培养模式（特点是以实践者需求为中心，依托实践需求来进行跨学科式的课程、教学、评价等）

* CDIO 代表构思（Conceive）、设计（Design）、实现（Implement）和运作（Operate），是由美国Mit等四所高校创立的工程教育模式，提出由工程教育利益相关者（个人、行业、政府、社会）来设定培养目标，是将工程教育建立在构思、设计、实施和运行产品、过程及系统的背景环境下进行培养的教育模式。

综上所述，现有文献已呈现出较为丰富的研究视野和宽度，为后续研究奠定了坚实基础，但对以下几点尚缺乏深入系统的研究，有待继续探索：

第一，在基础理论方面，有研究对专业学位博士的属性进行了学理性探讨，但较少有研究对专业学位博士所表征的高深知识系统结构进行深入的研究，特别是在专业学位博士的实践知识特征和知识生产的独特性内涵方面还缺乏深层次的理论探讨。

第二，在内涵定位方面，已有研究多从学理或经验层面对专业学位博士的功能与价值、与学术学位博士的区别、培养实践特征等方面进行探讨，鲜见对不同参与者在认知和行动上如何理解和建构专业学位博士的"实然"内涵进行研究的文献。

第三，在培养模式与实践方面，虽然在培养理念、培养模式改革、培养实践问题等方面有大量的研究,但对专业博士和学术博士培养同质化问题背后的组织层面挖掘不够,特别是对影响专业学位博士培养模式变革的影响要素和动力机制方面的研究还比较少。

第四,在知识生产系统方面,鲜见有对专业学位博士知识生产系统建构方面的研究。学术学位博士知识生产的循环系统是"知识—生产—知识",是在以"学科"为单位的组织模式上进行的;而专业学位博士的知识生产系统更加复杂,多是"知识/经验—生产—产品/应用/默会知识(技艺)/知识",是相对开放多元的一种模式。知识生产模式的重构将对专业学位博士和现有学术学位博士的培养产生重要影响。

第二章 研究设计

研究方法本身并不存在"对"与"不对","好"与"不好"之分,只有与研究的问题以及研究过程中其他因素相联系时才可能衡量其是否"适宜"

——陈向明[1]

第一节 核心概念

本书的核心概念是"专业学位工程博士内涵"。为了阐释这一整体性概念,笔者尝试做如下努力:一是对这一整体性概念中的重要概念,比如专业学位、工程博士、内涵等,进行分头阐述和辨析;二是通过文献整理厘清整体性概念的基础,为"内涵"的理解寻找理论资源;三是通过对访谈资料的扎根理论分析,获得这一整体性概念的本土阐释框架。除此之外,书中出现的其他个别二级概念将在行文中直接做注释性说明。

一 概念的基础

为了厘清"专业学位工程博士内涵"这一概念,需要对这一整体概念中的关键概念进行阐释,世界上不同国家对这些概念的理解丰富

---

[1] 陈向明:《质的研究方法与社会科学研究》,教育科学出版社2000年版,第2页。

第二章 研究设计

多样,非常有必要对这些基础概念进行梳理并划定边界范围。

(一) 工程博士

在名称上,本书中的工程博士是对中国政策术语"工程类博士专业学位"的简称。在具体论证语境中根据情境的不同,具有"工程博士学位""工程博士教育""工程博士生"三个层次的含义。

在定义层面,工程博士在不同的国家有不同的理解。在美国,工程博士主要指高级工程管理和技术人才,并且具备较强的实践应用、商务管理等综合能力,有 D. Eng、DES、DESc 等几种缩写方式。[①] 英国自然与科学研究委员会1992年开始设置工程博士学位,并对其进行了统一的界定:"工程博士学位旨在为那些想要在企业中谋求职业的学生,提供一个相对于传统哲学博士的另一个选择,四年制的工程博士学位包括一系列教学课程和一个博士层次的研究项目,学生需要花费75%的时间进入企业开展研究工作。"[②] 统一称其为 Eng. D。澳大利亚研究生院长委员会认为"专业博士是指通过研究和高级学习,为所从事的专门职业领域内的知识和实践作出独创性贡献的候选人"[③]。

中国2012年发布《工程博士专业学位设置方案》,旨在培养工程技术领军人才。该方案要求:工程博士由授权高校与企业联合培养,学位获得者应具有相关工程技术领域坚实宽广的理论基础和系统深入的专门知识,具备把握产业和工程技术发展方向、规划和组织实施工程技术研究开发工作的知识与能力,在推动产业发展和工程技术进步方面做出创造性成果。[④] 有媒体报道:"工程博士是跳出书本型、理论

[①] 钟尚科、张卫刚、姚训等:《美国工程博士专业学位研究生教育的研究》,《学位与研究生教育》2006年第8期。

[②] Epsrc,"Engineering Doctorate," Online (Https://Www. Epsrc. Ac. Uk/Skills/Students/Coll/Engdoctorate).

[③] CADGS, "Guidelines on Professional Doctorate," Australia: CADDGS (Council of Australian Deans And Directors of Graduate Studies), 1999.

[④] 国务院学位委员会:《关于印发〈工程博士专业学位设置方案〉的通知》,2011年3月,教育部官网(Http://Www. Moe. Gov. Cn/Srcsite/A22/Moe_ 833/201103/t20110308_ 117376. Html)。

型框架,直指实践、面向应用的新型博士学位,因此要求企业实质性地参与进来。"[1]

在学界,肖凤翔等人认为,工程博士是培养应用型、复合型、高层次工程管理人才和工程技术人才的一种专业学位。[2] 赵美蓉等认为,工程博士重在培养具有实践创新能力和组织管理能力的高层次应用型人才,从培养类型的角度来看,工程博士培养要突出专业实践的本质,重在培养实践能力,为企业培养高层次应用型的专门人才。[3] 邹香云等指出,工程博士要具备在专业领域的领导、组织和沟通能力,并能够适应市场,具备对企业生产发展的改革能力。[4] 仇国芳等提出工程博士的培养目标除了要使被培养者具有领导、组织等能力之外,还应具有原创性、实用性的独立研究能力,能够对相应的工程领域的技术进步与企业发展做出贡献。[5]

不同国家、学者、官员对工程博士的定义和含义解读是多角度的,包括学位功能角度、学位内涵角度、培养对象角度。本书中的工程博士是以中国政策文本为基础、在学位类型上以职业取向为目标、在培养过程中注重校企联合、在知识结构上注重应用实践性的工程博士学位,其全称是工程类博士专业学位,英文简称 D. Eng。按照中国的《学位授予和人才培养学科目录(2018 年 4 月)》,工程博士主要包含八个类别领域,分别为电子信息、机械、材料与化工、资源与环境、能源动力、土木水利、生物与医药、交通运输。

---

[1] 本报记者:《让企业成为工程博士的摇篮》,《经济日报》2012 年 4 月 16 日。
[2] 肖凤翔、张永林:《基于"双元经验"的工程博士创新能力培养研究》,《高等工程教育研究》2017 年第 3 期。
[3] 赵美蓉、潘峰、武悦等:《工程博士专业学位研究生培养方案的创新探索与实践》,《天津大学学报》(社会科学版)2015 年第 1 期。
[4] 邹香云、程宜:《工程博士培养质量保障体系初探——以华中科技大学机械学院为例》,《继续教育》2013 年第 27 卷第 8 期。
[5] 仇国芳、张文修:《工程博士专业学位设置初探》,《学位与研究生教育》2004 年第 5 期。

第二章 研究设计

(二) 专业学位

中国《学位与研究生教育大词典》指出:"专业学位是学位类型之一,也称职业学位。专业学位在培养目标、教学方法、授予要求及标准等方面与学术性学位均有所区别,对所授予的专业学位学生进行高水平的专业训练,使之掌握扎实的专业理论知识,并具有从事某种专门职业业务工作的能力。"[1] 刘国瑜提出,专业学位是为培养特定职业高层次专门人才而设置,职业性、学术性、研究性是其三大基本特征。[2] 邓光平认为,专业学位教育的性质依赖于对应职业的成熟度,为社会重要行业培养急需的高层次应用型人才,是专业学位设置的真正价值。[3] 翟亚军、王战军认为,职业性是专业学位的基本属性,是专业学位区别于其他学位类型的本质特征。[4] 别敦荣认为,专业学位是专业教育的文凭证书。[5]

在国际上,《西方教育词典》把专业学位定义为在专业学科中获得的学位,如法律、教育、会计和医学等。[6] 联合国教科文组织发布的《国际教育标准分类》将高等教育划分为 5A、5B 两种类型。其中,5A 类主要提供理论性的、为研究做准备、进入知识或高技术行业要求的专业课程,以传授基础学科知识或应用科学知识,例如医学、法学等,以达到具有进入高级研究领域或以从事高技术要求的专门职业为目标;5B 类则提供技术型人才规格的特殊课程,主要使学生获得某一特定职业或职业群所需的实际技术和专门技能。根据这种分类法,研究生层次的专业学位教育属于 5A 类,5B 类在中国主要指

---

[1] 秦惠民:《学位与研究生教育大辞典》,北京理工大学出版社 1994 年版。
[2] 刘国瑜:《论专业学位研究生教育的基本特征及其体现》,《中国高教研究》2005 年第 11 期。
[3] 邓光平、郑芳:《"专业"与专业学位设置》,《江苏高教》2005 年第 5 期。
[4] 翟亚军、王战军:《中国专业学位教育主要问题辨识》,《学位与研究生教育》2006 年第 5 期。
[5] 别敦荣、赵映川、闫建璋:《专业学位概念释义及其定位》,《高等教育研究》2009 年第 30 卷第 6 期。
[6] [英] 德·郎特里编:《西方教育词典》,上海译文出版社 1988 年版。

高等职业教育体系。专业学位教育在知识的层次、技术的要求以及人才的规格等方面都与高等职业教育有显著的区别。①

英国学者彼特在其专著《专业教育》②中指出，专业教育的目标是培养能够胜任专业工作的实践者。首先，专业教育所培养的学生应该具有专业伦理观念，对什么是完美的实践和服务应有深刻的理解。指出"专业"词源本是"Profess"，意思是"向上帝发誓，以此为职业"，如医学界著名的"希波克拉底誓言"就是以敬业精业、道德自律为中心思想的医学伦理。其次，专业教育应为专业新手提供足够的知识与技能，这关系到他们执行专业任务的能力。最后，专业教育要发展学生的批判性思维和意识，因为专业人士在复杂情境下进行何种实践、采取何种措施，不仅依赖于他所掌握的各种理论或实践知识，而且依赖于他的评价和判断能力。

从上述论断可以看出，东西方对专业学位的含义有着不同的认识和理解，并且不同群体对其的解释也是多元化的，他们分别从学位性质、培养类型、组织模式、质量规格等视角提出了不同的定义。总的来说，专业学位因其知识的应用性、实践的复杂性、职业的专门性等要求，具备了不同于学术学位教育的特征。

本书所界定的"专业学位"概念，融合学位性质、组织模式、培养类型和质量规格为一体，即以高层次应用型人才培养为目标，依托相关学科和行业资源，由高校和企业联合参与培养，能够对接行业产业专门职业人才需求而设立的一种学位类型，学位获得者应在相关领域具有系统而深入的专门知识、实践应用的综合能力、职业发展的基本资格。

（三）内涵与定位

"内涵"在《现代汉语词典》中的解释是"一个概念所反映的事

---

① 徐铁英：《专业学位教育的双重取向：内涵与启示》，《研究生教育研究》2016年第1期。
② P. Jarvis, *Professional Education*, London: Croom Helm Ltd., 1984, p. 25.

物的本质,是概念的具体内容"①。"定位"是指确定方位,确定事物的名位,确定场所或界限,出自《韩非子·扬权》"审名以定位,明分以辨类",也即"通过分析名的含义来确定事物的位置,明确事物的界限,找出事物之间的差异,进而把它们归为不同的类"②。本书在核心概念的表述中之所以使用"内涵"而非"定位",一是因为在教育领域的话语体系中,两者有着不同的内容和含义;二是因为内涵是本研究的明线,定位是本研究的暗线,实则两者相辅相成,不可分割。

内涵是中性词汇,一般用于阐述一个概念的含义,例如大学的内涵、专业学位的内涵,回答的是"这一概念的具体内容是什么",带有一定的整体观。而"定位"的概念来源于经济营销学中的定位理论,是竞争中的一种营销概念,其核心思想是"重构人们的认知,在顾客的心智中建立某个商品想要的独特位置"③。定位的本质是打通某个事物与人们心智的无障碍链接,让事物进入心智成为唯一,这个事物的定位就由此而生④。简明扼要地讲,"定位"关注的是关键特征,而"内涵"体现的是整体内容。

本书探讨、关注的是人们对"专业学位工程博士"这一概念的整体性认知,而不仅仅是对这一概念的核心特征的认知。与此同时,在研究过程中并不是将两者完全区别开来而否认它们之间的联系,相反,工程博士内涵的建构过程包含了对工程博士定位的认知。从某种意义上说,工程博士内涵其实是对工程博士定位的整体性解释,同时,工程博士定位也是对工程博士内涵的本质性阐释。因此在行文中,本书多处使用定位一词来表述工程博士的核心特征,是内涵体系

---

① 中国社会科学院语言研究所词典编撰室:《现代汉语词典》,商务印书馆2016年版。
② 彭漪涟、马钦荣:《逻辑学大辞典》,上海辞书出版社2010年版,第42页。
③ [美]杰克·特劳特、阿尔·里斯:《定位——有史以来对美国营销影响最大的观念》,谢伟山、苑爱东译,机械工业出版社2011年版,第2页。
④ [美]杰克·特劳特、阿尔·里斯:《定位——有史以来对美国营销影响最大的观念》,谢伟山、苑爱东译,第15页。

中的一个重要子概念。

工程博士的定位既是本书中的一条暗线,又是工程博士内涵的核心特征。随着理论编码的形成,这一概念的真正含义将逐渐显现。为什么"定位"一词会在教育系统中被广泛运用且给人留下深刻印象?主要是由于高等教育系统内部是分层的,不同类型的大学行使不同的功能,这就需要对不同类型大学的功能进行定位。因此大学定位、办学定位是教育领域的常用概念,按照定位理论观点,"高等学校的定位是高等学校在社会大众的脑海中形成的有利的位置,且这种有利位置能够促进高等学校自身的创新性改变"[①],因此也就有了大家耳熟能详的大学定位、层次定位、特色定位、办学定位等概念。

本书中的"内涵建构"主要是指工程博士教育过程中的主要参与主体根据其所处的情境和认知系统,对工程博士教育过程中产生的教育信息进行主动的选择、加工和处理,从而获得对工程博士存在意义的阐释,继而在实践中完成对工程博士内涵的理解与建构。

二 概念的本土化

在上述阐释的基础上,"专业学位博士内涵"这一核心概念的确立还需要两步才能完成。第一步,需要通过梳理已有文献资料来建立这一概念的基础,在已有研究基础上,设计相应的访谈提纲,展开质性研究;第二步,使用扎根理论分析访谈资料,建构这一核心概念的解释框架。也就是说,核心概念的界定过程需要结合文献资源和访谈调查两个步骤来展开。

通过前面文献综述可以发现,不同国家对专业学位博士内涵有多元化的阐释,不同学者对其也有多视角的解读,概括起来主要体现在三个维度上:一是对学位功能的阐释,主要论证专业学位博士的价值体系和本质特征,各国学者普遍认为实践性、应用性和职业特征是专

---

① 杜才平:《地方本科院校的发展逻辑》,吉林大学出版社2017年版,第2—3页。

业学位的核心功能。例如大卫·斯科特认为："专业学位博士是集职业和学术为一体的混合体，主要是为了满足社会应用领域职业发展的需求。"① 二是对培养过程的阐释，主要论证制度层面的操作规范性问题，比如专业学位博士的培养目标、培养方式、课程设计、学位论文等。例如，杨斌认为："专业学位的实质内涵是为了满足职业活动需要，因此要在人才培养的素养、能力、知识三个维度上与学术学位区分开来。"② 三是对知识结构的阐释，主要论证专业学位博士的高深知识特征。例如，斯科特认为："专业学位博士的知识系统包括学科知识、技术理性、跨学科知识素养、批判性知识。"③ 王顶明等人认为："专业学位的实践性知识包括程序性知识和过程性知识，根据具体职业实践特点，应进一步把专业学位类型细化。"④

根据对文献资料的梳理，"专业学位内涵"普遍概念的基础框架初步建立（见图2-1）。但本书的核心概念"专业学位博士内涵"的本土概念还需要进一步通过扎根理论建构而成。

基于文献梳理的初步框架，笔者与30多位访谈对象进行了反复深入的互动，形成近30万字的访谈文字资料。按照扎根理论操作方法，对访谈资料进行深入分析发现，初步的概念框架已不能完全适应本研究的需要，经过初始编码、聚焦编码和轴心编码的梳理⑤，专业学位博士本土化内涵的类属及维度逐步清晰（见图2-2）。可以看出，初步概念中的类属"在学位体系中是什么"演变成为"定位是

---

① David Scott, Andrew Brown, *Professional Doctorates: Integrating Professional and Academic Knowledge*, Berkshire England: Society for Research in Higher Education & Open University Press, 2004, pp. 39–56.
② 杨斌：《专业学位教育的再认识与再进军》，《中国高等教育》2017年第2期。
③ David Scott, Andrew Brown, *Professional Doctorates: Integrating Professional and Academic Knowledge*, Berkshire England: Society for Research in Higher Education & Open University Press, 2004, pp. 39–56.
④ 王顶明、李莞荷、戴一飞：《程序性知识与过程性知识：专业学位教育中的实践性知识》，《北京大学教育评论》2018年第16卷第4期。
⑤ 操作方法参见［英］凯西·卡麦兹《建构扎根理论：质性研究实践指南》，边国英译，重庆大学出版社2009年版，第58—90页。

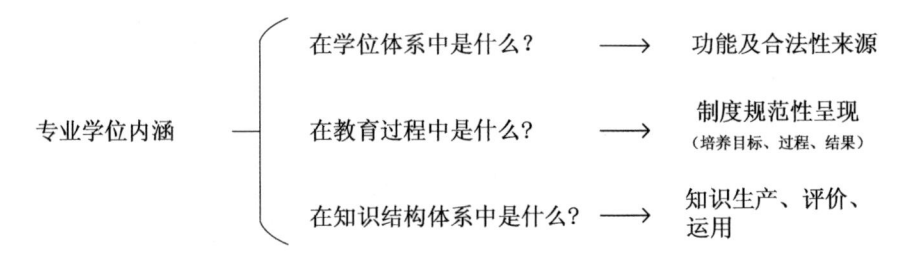

```
                    ┌─ 在学位体系中是什么？    ──→  功能及合法性来源
                    │
专业学位内涵 ───────┼─ 在教育过程中是什么？    ──→  制度规范性呈现
                    │                                （培养目标、过程、结果）
                    │
                    └─ 在知识结构体系中是什么？──→  知识生产、评价、
                                                     运用
```

图2-1 初步的专业学位博士内涵概念框架

什么",内容更为丰富全面,不仅包含制度范畴的学位属性,还包含实践范畴的功能和价值属性。初步概念中的类属"教育过程"转化为具体的"培养对象"和"培养方式"两个类属以及若干个更加细化的关键维度。变动最大的是初步概念中的类属"在知识结构体系中是什么",这在本土化的概念中并未编码成为一个类属,而是被丰富具体化为"出口质量",所包含的两个维度"知识体系"和"判断标准"更加具体、聚焦,与实践链接更加紧密,可能的原因在于,专业学位博士的知识结构在当下中国的制度体系中还高度依附于学术学位,并未发展到能从知识结构角度重构教育过程的阶段。

在后期的研究中,通过理论编码逐渐发现了"专业学位博士内涵"这一概念的核心类属,即"专业学位博士内涵性质"包含独特性和功能性两个核心属性。独特性主要是指专业学位博士能够独自成类、区别于其他类型学位的唯一性能;功能性主要是指专业学位博士的价值规定性,即专业学位博士能够与产业需求链接的特殊属性,"独特性"与"功能性"两个属性互为支撑。

综上所述,通过文献综述和实证分析,本书的核心概念"专业学位博士内涵"的本土化定义已然清晰,专业学位博士作为中国一种新型的学位类型,其核心属性是独特性和功能性,人们通过对其定位、培养过程、出口质量的理解与建构形成本土化内涵体系,影响着专业学位博士的形成与发展。

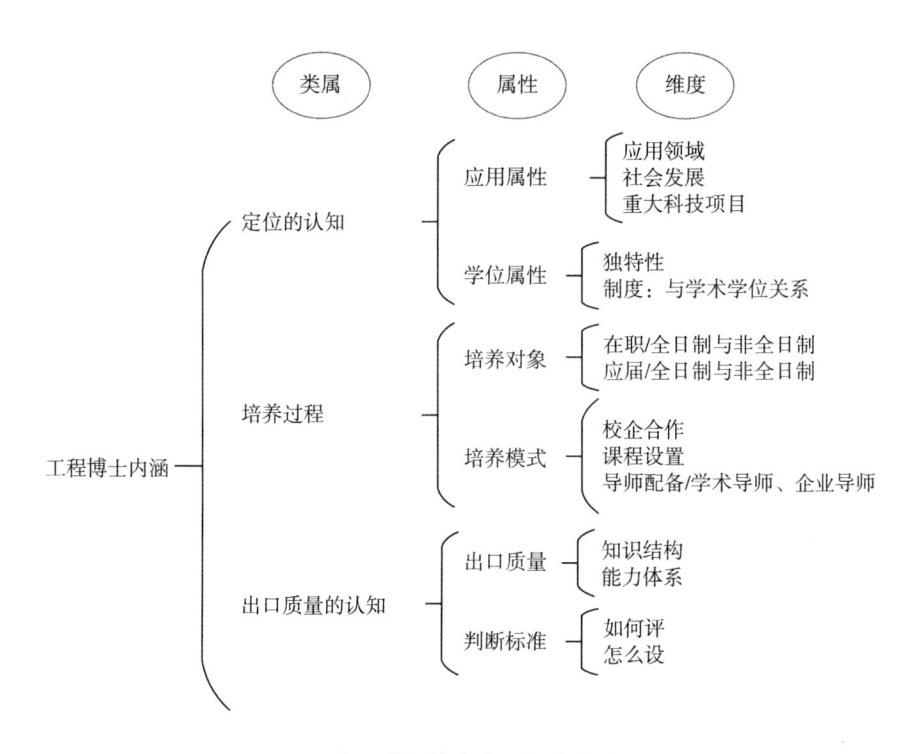

```
                              ┌ 应用领域
                     应用属性 ─┤ 社会发展
               ┌              └ 重大科技项目
               │     
       定位的认知┤              ┌ 独特性
               │     学位属性 ─┤ 
               └              └ 制度：与学术学位关系

               ┌     培养对象 ─┌ 在职/全日制与非全日制
               │              └ 应届/全日制与非全日制
工程博士内涵 ─── 培养过程┤      ┌ 校企合作
               │     培养模式─┤ 课程设置
               └              └ 导师配备/学术导师、企业导师

               ┌     出口质量 ─┌ 知识结构
               │              └ 能力体系
       出口质量的认知┤          ┌ 如何评
               └     判断标准─└ 怎么设
```

（类属　属性　维度）

图2-2　专业学位博士内涵概念的编码结果

第二节　理论视角

专业学位博士内涵的建构涉及制度环境、认知—文化、权力资本等各方面，建构的主体和社会结构要素之间究竟是如何互动的？是什么逻辑塑造着这些建构主体的认知与行动？弄清这些问题，需要对制度与组织的相关理论进行分析，探寻可使用的理论视角。

在制度理论领域，早期的制度与组织理论视角主要有三大流派[①]，第一大流派是在马克斯·韦伯科层制基础上发展起来的莫顿与塞尔

---

① ［美］W. 理查德·斯科特：《制度与组织——思想观念与物质利益》，姚伟、王黎芳译，中国人民大学出版社2010年版，第26—30页。

兹尼克的制度模型，主要探讨组织规则影响力、科层制中官员行为过程以及组织价值观的形成过程；第二大流派是塔尔科特·帕森斯的文化—制度理论视角，关注组织与环境的关系，认为个体行动者通过内化共同规范使之成为个体行动的基础；第三大流派是赫伯特·西蒙和马奇的组织管理行为理论，聚焦组织管理与个体行为之间的关系研究，认为组织通过"执行程序"来指导个人的习惯性行为。

20世纪70年代后，社会科学领域重新发现了制度分析在解释现实问题中的地位和作用，逐渐形成了新制度主义分析范式。新制度理论"建立在根源于认知心理学、文化研究、现象学和常人方法学的思想框架之上，更强调认知性而非规范性框架"[1]，研究者将个体行动逐渐与组织环境、意义系统建构链接起来，更加关注制度的出现、维持和变迁，强调组织环境中的认知、文化和信念体系，研究的维度和视角更加宽广。

一 认知制度主义

新制度理论的突出特点是，由过去关注制度规范和组织内部过程的研究范式开始转向"通过个体认知来考察揭示制度的发生与变迁过程"，这种分析范式被称为"认知制度主义"[2]。认知制度主义的核心观点是，制度的发育与演化是人们的认知与环境互动调整和互为塑造的结果。而个体认知是个体用来解释和应对周围世界的内在知识体系，是一个不断发展变化着的心智体系。

（一）认知—制度关系理论

在认知与制度演化的关系方面，道格拉斯·诺斯认为："人们的认知与信念意识决定了制度结构，是制度变迁中路径依赖的关

---

[1] [美] W. 理查德·斯科特：《制度与组织——思想观念与物质利益》，姚伟、王黎芳译，中国人民大学出版社2010年版，第43—53页。

[2] 宋妍：《从个体认知调整理解制度变迁过程》，《制度经济学研究》2013年第5期。

键变量。"① 个体的认知演化是理解经济变迁的基础。路径依赖类似于物理学中的惯性，人们的认知体系一旦被制度化，就会在以后的发展中不断自我强化，当建构新的制度时，以认知为核心的路径依赖就会产生。诺斯运用以认知为核心的路径依赖理论对经济变迁过程进行了创造性研究，也因此使路径依赖理论声名远播，同时开启了路径依赖理论由运用于技术领域转向制度领域的进程。② 威廉姆·斯维尔称路径依赖为"前一阶段发生的事件对后来发生的事件产生影响"，强调"历史重要性"③。路径依赖除了受过去历史因素的影响外，还强调路径变更的成本，即新的路径虽然是更加优化的对策，但高昂的转换成本使摆脱旧路径变得困难，布莱恩·亚瑟用"报酬递增"概念来表述路径变迁的自我强化过程。

保罗·皮尔森等学者指出在政治社会现象领域运用路径依赖理论有以下几个关键的因素。④ 第一，集体行动的问题，经济领域制度变迁主要考虑成本交换的问题，而政治制度领域的制度变迁是一种集体行动，需要动员多人并不断用高额的投资成本协调人们之间的人际关系，由于投资费用的客观存在，因此使得推动变迁的制度组织具有相对稳定持续的特征。第二，权力不均衡问题，在制度变迁过程中，掌权者基于自身利益而不断通过制度使权力变得更为强大，随着时间的推移，不同权力之间的差别就会拉大，权力的不均衡特征造成分配差距的增大，掌权者就会隐藏使用权力的理由，"造成权力本身的不外现特征"。第三，现实的复杂性和认知制约，制度中的行为者付出很多的努力和费用形成了相对固定的认知框架，规范和影响着人们的价

---

① [美]道格拉斯·诺斯：《理解经济变迁过程》，钟正生、邢华、高东明等译，中国人民大学出版社2013年版，第12页。
② 刘汉民：《路径依赖理论及其应用研究：一个文献综述》，《浙江工商大学学报》2010年第2卷第101期。
③ 转引自[韩]河连燮《制度分析：理论与争议》，柴宝勇、李秀峰译，中国人民大学出版社2014年版。
④ [韩]河连燮：《制度分析：理论与争议》，柴宝勇、李秀峰译，第91—92页。

值、认知和偏好,在制度变迁过程中,除了技术和经济因素外,行为者的认知至关重要,诺斯强调"制度与行为者心智构念之间复杂的互动关系对路径的选择起着重要的影响"①。第四,制度的粘附性,即政策和制度一旦形成,就不易改变,由于自身的惯性使得制度难以因为情景而发生变化。第五,制度的互补性,由于制度是多种要素的复合体,制度要素在重组过程中存在协作效用,如专业学位与学术学位的协作特性,因此制度变迁是渐进缓慢的,呈现出路径依赖的特征。

当代法国著名的社会学家皮埃尔·布迪厄和美国学者华康德用"惯习"概念来表述行动者认知体系的动态性能。他们提出,在场域体系中行动者的认知"惯习"不断塑造着场域的结构,影响着场域的发展。所谓场域,就是"在各种位置中间存在的客观关系的一个网络,或一个构型,在这个网络中,各要素之间为了占据位置必然存在斗争"②。他用"场域"概念生动地阐释了社会实践中的磁场体系和主客观互动的实践逻辑。

简明地说,"惯习"其实就是动态的认知体系,强调的是认知与环境的互为塑造能力。布迪厄等认为:"惯习是社会化了的主观性,但惯习不是习惯,而是深刻地存在性情倾向系统中的、作为一种技艺存在的生成性能力,是完完全全从实践操作意义上讲的某种创造性艺术。"③ 惯习是一种内化的、具体化的社会结构,表现在行动者的价值判断、生活品味或性情倾向等方面。实际上,惯习是个人社会建构的结果,在支配人以实践建构社会的同时不断建构自己。在场域逻辑中,场域一方面塑造着惯习,使惯习遵循场域的规则行动;另一方面,惯习也把场域建设成一个满足主体需要、具有建构性、能动性的

---

① [美]道格拉斯·诺斯:《理解经济变迁过程》,钟正生、邢华等译,中国人民大学出版社2013年版,第3—4页。
② [法]皮埃尔·布迪厄、[美]华康德:《实践与反思——反思社会学导引》,李康、李猛译,中央编译出版社1998年版,第134页。
③ [法]皮埃尔·布迪厄、[美]华康德:《实践与反思——反思社会学导引》,李康、李猛译,第165—170页。

意义世界，也就是一个被赋予了感觉和价值、值得行动者去奋斗的世界。人们在惯习的指引下，运用各种可得资本，通过实践不断形塑、建构起场域，并且在这个过程中不断地创造和再生产出惯习本身。惯习又受到场域的制约，是场域在个体主观世界中的内化，场域通过塑造惯习而制约着实践，故实践既是能动的又是受动的。

在制度与组织领域，沃尔特·W. 鲍威尔等人认为，制度的文化—认知性要素构成了关于社会实在的性质的共同理解，他们严肃地对待和深入地研究了人类存在的认知维度，认为"认知是外部世界刺激与个人机体反应的中介，作为被创造者的人的所作所为，在很大程度上是此人对其所处环境的内在表象的一个函数"[1]。因此，认知—文化要素被认为是制度内涵最关键的基础性要素[2]，与规制性、规范性要素共同构成制度的内涵体系。

综上所述，已有研究逐步将"认知要素"纳入制度分析框架中。这表明在制度分析中越来越重视制度的认知内涵，体现了"制度研究方法在朝着经验检验的方向发展，从个体认知和决策行为中探寻制度发育、演化的过程，它代表了一种认知与制度互动的、建构的制度观"[3]，这为本书中专业学位博士内涵的建构过程提供了本体论和方法论的启示。

（二）认知—行动关系理论

认知与社会行动之间的关系也是社会学的一个经典理论命题。塔尔科特·帕森斯在吸纳前人理论基础上以"单位行动"为分析实体，指出一项行动在逻辑上的分析要素包括：（1）当事人，即行动；（2）行动目的（认知），即该行动过程所指向的未来事态；（3）行动处

---

[1] 转引自［美］W. 理查德·斯科特《制度与组织——思想观念与物质利益》，姚伟、王黎芳译，中国人民大学出版社2010年版，第65—66页。

[2] ［美］W. 理查德·斯科特：《制度与组织——思想观念与物质利益》，姚伟、王黎芳译，前言。

[3] 晏鹰：《基于个体认知调整的自发扩展制度发育及演化研究》，博士学位论文，南京理工大学，2010年。

境，处境包含两类成分：一是行动者不能控制或改变的各种"条件"，二是行动者能够控制的行动"手段"；（4）行动过程中成分之间的关系及行动的"规范性"①。

乔纳新·特纳对行动理论做出进一步分析，指出行动者是基于一定的认知动机和价值观定位于情景中的。其中，动机分为三种：认知的、情感的和评价的。对应的价值观也分为三种②：认知的（按照客观标准进行的评价）、鉴赏的、道德的。行动者的这种取向模式特征表明，任何行动者都可能是"工具性的行动（行动定位于有效地实现既定的目标）""表意性的行动（行动定位于实现情感上的满足）""道德上的行动（定位于非标准）"类型中的一种。简言之，行动者将根据某种最强的动机和价值观，采取上述三种中的某种基本方式行动（见图2-3）。

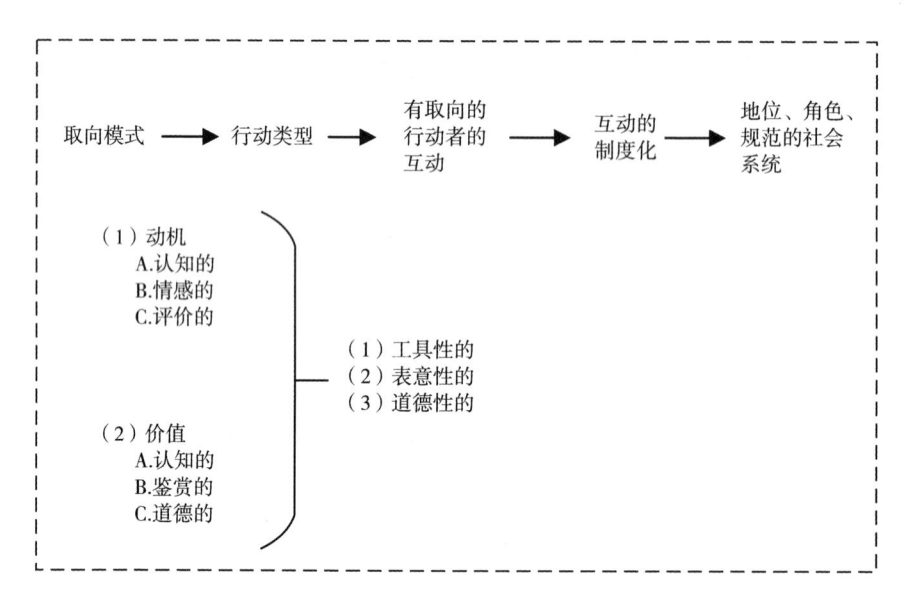

图2-3 乔纳新·特纳关于行动、互动和制度化的概念

---

① ［美］塔尔科特·帕森斯：《社会行动的结构》，张明德等译，译林出版社2003年版，第49—50页。
② ［美］乔纳新·特纳：《社会学理论的结构》（上、下），邱泽奇等译，华夏出版社2001年版，第32—38页。

第二章 研究设计

安东尼·吉登斯认为:"行动并不是一些行为的组合,也不能脱离身体来探讨行动,实践的连续性是以行动者的认知反思性为假设前提的……行动中自我分层的模式,就是将对行动的反思性监控、理性化及动机激发过程视作根植于行动中的一系列过程。"[①] "行动的反思性监控"是日常行为的惯有特性,它不仅涉及个体自身的行为,还习以为常地监控着自己所处情景的社会特性与物理特性。"行动的理性化"是指行动者对自身活动的根据始终保持"理论性的理性"。"行动的动机"是激发行动的需要,激发过程并不与行动的连续过程直接联系在一起,动机在大多数情况下提供的是通盘的计划或方案。

综上所述,"认知要素"在制度分析中愈加重要,体现了"制度研究方法在朝着经验检验的方向发展,从个体认知和决策行为中探寻制度发育、演化的过程,它代表了一种认知与制度互动的、建构的制度观"[②],这为本书中专业学位博士内涵的建构过程提供了本体论和方法论的启示。

(三) 制度逻辑视角

上述认知—制度关系以及认知—行动关系理论为本书提供了这样一个分析视角:在专业学位博士教育制度生成过程中,需要探讨不同参与主体是如何对其内涵进行认知并进行意义建构的,在从个体认知到制度生成过程中,行动个体是如何塑造、建构并影响制度的产生与发展的。与此同时,笔者思考的问题是:行动者个体的认知是如何形成的,其后受着什么影响?以下制度逻辑视角为笔者解决这一问题带来了可参考的分析框架。

所谓制度逻辑视角,是"一个元理论框架,用于分析制度、个体和组织在社会系统中的相互关系,用于分析多重制度系统中,个体与

[①] [英] 安东尼·吉登斯:《社会的构成:结构化理论大纲》,李猛等译,生活·读书·新知三联书店1998年版,第62—63页。

[②] 晏鹰:《基于个体认知调整的自发扩展制度发育暨演化研究》,博士学位论文,南京理工大学,2010年。

组织行动者是如何被他们的多种制度影响的"①。结合本书实际，不同参与者并非脱离于社会系统单纯地对专业学位博士内涵进行认知建构，而是根植于他们所在的制度环境，他们的认知来源于环境，也改造着环境。简言之，行动个体作为制度生成与变迁过程中的"核心枢纽"，一方面建构着即将形成或正在形成的新的制度内涵，另一方面也受现有多重制度体系的影响；而作为行动者个体"核心枢纽"的认知体系具有典型的"被塑造"和"主动塑造"的能动性、动态性特征。

制度逻辑视角不同于制度理论，制度逻辑视角"认为个体与组织是处于制度环境中的，而正是环境中的动态变化影响了个体与组织的注意力、认知与行动，而且制度环境是由多重制度系统所塑造的"②。制度理论中的认知制度主义强调个体认知对制度发展和变迁的影响与能动性建构，解释的是个体认知如何影响制度、塑造制度、建构制度；与此路径相反，制度逻辑视角解释的是现有制度环境如何影响个体认知、塑造个体或组织。两者解释视角不同，但互为联动，专业学位博士内涵的认知建构过程既涉及专业学位教育制度形成过程中的个体认识建构，又潜隐着现有多重制度系统对个体认知的塑造和影响。

帕特里夏·H.桑顿、威廉·奥卡西奥和迈克尔·龙思博提出了制度逻辑的跨层级分析模型③，跨越多重制度和层级效应，建构了多层级系统的分析模型。在宏观的社会层级层面，利用制度逻辑来分析制度中的社会结构与行动的关系、制度场域的定义以及权力与能动性之间的关系等；介于微观与中观之间的个体与组织层级层面，提出了制度逻辑分析视角的微观基础，用来解释宏观层级的制度逻辑如何被

---

① ［法］帕特里夏·H.桑顿、［加］威廉·奥卡西奥、［加］龙思博：《制度逻辑：制度如何塑造人和组织》，汪少卿、杜运周等译，浙江大学出版社2020年版，第2—4页。
② ［法］帕特里夏·H.桑顿、［加］威廉·奥卡西奥、［加］龙思博：《制度逻辑：制度如何塑造人和组织》，汪少卿、杜运周等译，序言。
③ ［法］帕特里夏·H.桑顿、［加］威廉·奥卡西奥、［加］龙思博：《制度逻辑：制度如何塑造人和组织》，汪少卿、杜运周等译，第18—22页。

个体和组织获取并利用；在个体与社会层级（微观—宏观）层面，探讨了制度逻辑的可获取性和可利用性理论，并用案例阐释了如何运用多重制度系统来分析制度变迁，以及这些变迁对个体和社会所产生的影响，试图说明个体可以通过转换不同制度秩序中的同一类别元素，或者通过混合和隔离不同制度秩序中的不同类别元素，来重组多个制度逻辑；在组织与制度场域层级（中观—宏观）层面，探索了制度逻辑、实践和组织身份的互动，打通了组织和制度之间的联结，将组织身份和实践两个概念作为连接制度逻辑与组织内部过程的关键环节；在制度场域与社会层级（中观—宏观）层面，分析了制度逻辑的演化，区分了两种截然不同的变迁：涉及逻辑替换、混合和隔离的转型变迁，以及逻辑同化、细化、扩展和收缩的发展变迁。

二　研究解释框架

从认知制度主义和制度逻辑视角可以深入阐释社会实践中个体与制度之间关系的三个关键要素：个体认知、制度环境、行动策略之间的互动与塑造关系，这为专业学位博士内涵建构提供了分析视角。首先，在认知方面，特纳的认知动机类型、布迪厄的"惯习"概念、亚历山大的"解释"过程、诺斯的认知—路径依赖原理，都为专业学位博士内涵建构中不同主体的认知建构分析带来了可参考的视角；其次，在制度环境方面，制度逻辑的微观—宏观层级视角，制度文化—认知框架，规制性和规范性要素，场域中的权力资本对个体认知的形塑、个体—制度关系的分析视角等，为阐释工程博士内涵建构主体与环境的互动提供了分析素材；最后，在行动方面，行动者策略手段的算计、行动手段与制度条件、认知模式的协调互动为本书提供了分析方式。也正是基于认知制度主义视角，本书围绕个体认知、制度环境、行动策略三个维度和若干个要素，构建本书之"怎么建构工程博士内涵"的理论解释框架，其具体逻辑关系如图 2-4 所示。

需要说明的是，这些理论或概念的使用不是在研究中全盘照搬用以验证理论框架或促进理论的发展,而是运用这些理论视角和相关概念去阐述笔者的研究问题,帮助笔者更好地建构属于本研究自洽的、能够更好地阐释客观现实的理论体系。

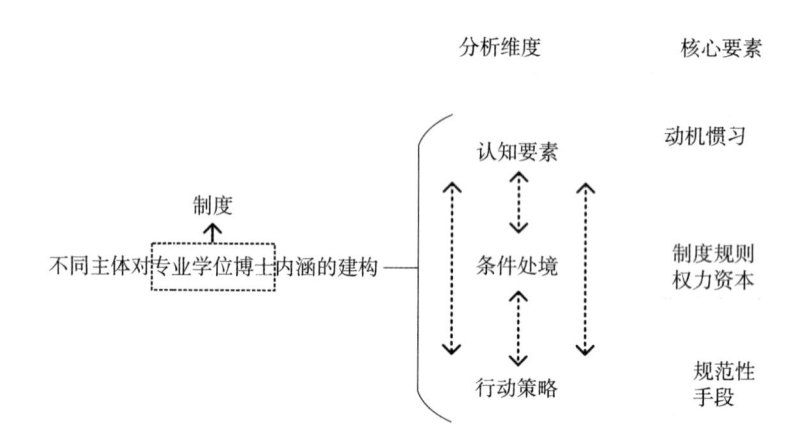

图2-4 认知制度主义视角下专业学位博士内涵建构的理论解释框架

如图2-4所示,认知要素、条件处境、行动策略三个维度以相互交织且相互强化的方式,构成本书的分析空间,既能容纳并展现工程博士内涵建构背后的结构性力量,同时又具有一定的弹性和包容性。

第三节 研究方法

约翰·W. 克雷斯维尔认为:"研究方案的设计,首先要考虑三个基本要素:采用什么样的知识观或认识论、采用什么样的方法论和研究策略、采用什么样的方法收集分析数据和写作。"[①]

---

① [美] 约翰·W. 克雷斯维尔:《研究设计与写作指导:定性、定量与混合研究的路径》,崔延强译,重庆大学出版社2007年版。

第二章 研究设计

在知识观和认识论层面，本书注重实用目的，更关注"行动、情景、结果及解决问题的办法"。带着这样的目的，本书指向真实的世界，探讨特定历史时期不同主体对工程博士内涵的认识、看法和行动的真实状态，试图寻求工程博士定位困惑的症结，继而为政策的完善提供参考。在研究策略上，本书遵循"基于客观事实的主观性分析"架构，采用定性的方法进行研究。在资料收集与分析方面，本书主要通过访谈、文献、实地参与、扎根理论等方法进行。

一 质性研究

"研究方法必须适合研究问题，而且研究者必须有能力实施这个方法。"[1] 工程博士的内涵建构是一个涉及领域较广的复杂体系，研究方法的选择既要适合研究问题，又要具有可实施的条件和基础。由于能够公开获取的工程博士教育公共数据非常有限，而且本书问题主要聚焦的是内涵建构层面的研究，因此采取量化研究方法存在一定的限制。再者，由于工程博士教育参与主体有着丰富的认知体系、价值观念、情感体验等，这些内容很难通过问卷方式深入、直观地表达出来。因此，结合所研究的问题、笔者的研究条件以及理论储备状况，本书采用质性取向的研究方法。希望能够通过质性分析挖掘出不同主体对工程博士内涵的真实理解，从中探寻其建构的背后逻辑，继而阐释人们对工程博士定位产生困惑的真正原因，为政策的进一步完善提供有益的参考。

质性研究有多种范式，例如个案研究、现象学、民族志、扎根理论等，但是它们都在某种程度上遵循同一种目标，即"从参与者的角度理解被研究者"[2]。笔者曾深度参与专业学位评估项目的实施工作，

---

[1] [美]理查德·沙沃森、[美]丽萨·汤：《教育的科学研究》，曹晓楠、程宝燕译，教育科学出版社2006年版，第3页。
[2] [美]罗伯特·C.波格丹、[美]比科伦·萨利·诺普：《教育研究方法：定向研究的视角》，钟周、李越、赵琳译，中国人民大学出版社2008年版。

与工程博士教育的参与者有过多次正式或非正式的交流互动,在很多问题上进行了反复的沟通交流,前后持续时间较长,为笔者以参与者的视角进行研究提供了基础条件。

二 扎根理论

本书主要采用扎根理论并从认知制度主义视角对研究问题进行阐释(见图2-5)。扎根理论作为研究手段被运用于专业学位博士内涵认知过程的阐释,探究不同主体究竟是如何理解工程博士内涵的。认知制度主义视角主要运用于内涵建构过程的阐释,即探究不同主体在工程博士内涵建构的背后认知、制度、行动之间究竟如何相互塑造的问题。这两种研究手段都是以访谈对象的话语资料为根基而展开分析的。

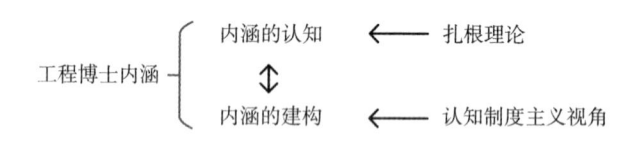

图2-5 研究方法与思路

扎根理论最早是由美国学者巴尼·格拉泽和安塞尔姆·施特劳斯提出的[1],作为一种解释框架开始在社会科学研究中被广泛使用,在西方社会科学界产生了巨大影响。随后,施特劳斯和他的学生朱丽叶·科宾提出了一种程序化水平更高、编码过程更加系统严格的扎根理论操作流程和方法并编印出版[2],此后本书再版了三次,并有中文译本刊出。[3]

---

[1] B. G. Glaser, A. L. Strauss, *The Discovery of Grounded Theory: Strategies for Qualitative Research*, Chicago: Aldine Publishing Company, 1967, p. 364.

[2] A. Strauss, J. M. Corbin, *Basics of Qualitative Research: Grounded Theory Procedures and Techniques*, Sage Publications Inc., 1990.

[3] [美]朱丽叶·M. 科宾、[美]安塞尔姆·L. 施特劳斯:《质性研究的基础:形成扎根理论的程序与方法》,朱光明译,重庆大学出版社2015年版。

第二章 研究设计

20世纪30年代是现代思潮涌动的时代，受建构主义和后现代思潮的影响，格拉泽和施特劳斯的学生凯西·卡麦兹颠覆了他们"发现而非建构"的方法论立场，对扎根理论进行了建构主义的重构，提出"建构扎根理论"是研究者实践的一门手艺。①

扎根理论实际上是"经过系统化收集和分析关于某一现象的资料，从中发现、生成并反复验证理论的研究方法"②。扎根理论是一套系统化的、自下而上理论的操作程序和方法，而不是特指某种理论，其目的是生成理论。研究者"在进行研究前一般没有理论假设，直接从系统收集的原始资料中归纳出社会现象的概念和命题，然后通过在概念间建立联系而上升到理论"③。不同于传统经验研究范式的操作方法，它先提出研究假设，再开展实证研究，最后验证得出结论；也不是一般的逻辑推理和演绎，扎根理论是从某一现象的研究资料出发，运用系统化的程序从中生成新的概念与理论。

本书主要采用的是凯西·卡麦兹的建构主义扎根理论操作程序和方法，同时也参考了部分科宾、施特劳斯的某些操作范式。本书之所以采用扎根理论来作为工程博士内涵理解的探索框架，一是因为学术界关于工程博士教育的研究缺乏对"专业学位工程博士内涵"这一核心概念的明确界定，采用质性的扎根理论方法对近30万字的访谈资料进行系统性分析，建构性地生成"专业学位工程博士内涵"的内容维度和概念，不是经验理论，不是凭空堆砌，而是践行了以实践者为中心的建构模式；二是因为本书的目的是挖掘专业学位博士定位困惑背后的障碍以及深层次逻辑，研究来源于实践最终反馈于实践，而对实践真实状态的探索，没有一种方法比应用扎根理论更深入和直接了。

---

① ［美］凯西·卡麦兹：《建构扎根理论：质性研究实践指南》，边国英译，重庆大学出版社2009年版，第12—14页。
② ［美］朱丽叶·M. 科宾、［美］安塞尔姆·L. 施特劳斯：《质性研究的基础：形成扎根理论的程序与方法》，朱光明译，重庆大学出版社2015年版，第23页。
③ 陈向明：《质的研究方法与社会科学研究》，教育科学出版社2000年版，第327页。

第四节 研究过程

研究过程包括访谈对象的抽样、资料的收集、进入访谈、备忘录撰写、资料分析与编码、理论建构、质量检验、撰写成稿等过程。其中，最为关键的是抽样、资料收集、编码过程。以下对这三个过程进行阐释

一 抽样

在扎根理论中，抽样的最终目标是要达到理论饱和，也就是通过初始抽样、理论抽样，"逐渐形成类属的属性，直到没有新的属性出现，达到类属饱和，最后通过分类整合生成理论"①。初始抽样是开始的地方，理论抽样是指引要去的地方。

（一）初始抽样

基于研究问题及文献综述提炼出的专业学位博士内涵的相关内容，笔者选择了6名访谈对象，开始第一轮访谈。访谈对象包括工程博士导师1名，高校负责专业学位的管理者5名，分别来自5所不同的大学。由于当时并未把研究主体确定为多个参与群体，因此访谈的对象主要来自高校。

通过访谈发现，在开放性的问答中，导师和高校管理者对工程博士内涵的理解是有差异的，两者的出发点完全不同。比如，导师主要从培养角度出发，讨论的是培养名额分配、学位的学术质量、培养过程中的困境等问题；而高校管理者主要从建章立制的角度出发，关注的是如何让政策和学校的实际情况协调落实，更注重学位的定位和国家对应的资助体系。两者之间的共同点表现在两个方面：一是对工程

---

① ［美］凯西·卡麦兹：《建构扎根理论：质性研究实践指南》，边国英译，重庆大学出版社2009年版，第122—154页。

第二章 研究设计

博士定位的困惑;二是政策理想和学校实际之间存在的矛盾张力。

基于上述情况,笔者进一步完善访谈对象范围和抽样原则:

在访谈对象范围方面,将工程博士教育所涉及的三个核心参与主体纳入其中。(1)制度设计者,即政策的设计和论证者,他们是工程博士产生及发展的核心推动者,主要包括教育部门政府官员、教指委委员、工程院相关人员以及高校参与工程博士政策论证的部分领导,这些是工程博士教育的主导群体;(2)高校的管理者,即负责工程博士教育具体落地实施的管理者,主要是高校负责分管专业学位的校领导,培养办、学位办的相关人员以及相关院系的主要领导;(3)高校导师,即主要培养者。除此之外,为了阐释不同主体互动语境中的深层次验证,还选择了少量企业人员、在校学生作为访谈对象。

在抽样原则方面,一是根据研究问题采取"目的性抽样"原则,即抽取那些能够为研究问题提供最大信息量的人。二是样本的代表性原则,主要统筹考虑院校类型,专业类别领域,访谈对象层级、年龄三个方面。在院校类型方面,访谈对象既包括综合性大学,也包括工科院校,由于工程博士点主要分布在双一流建设高校,因此未根据高校层次进行抽样;在专业类别方面,尽可能涵盖工程类博士专业学位的八个类别;在访谈对象方面,选取政府官员、教指委委员、校级领导、研究生院培养办负责人、院系培养办负责人、工程博士导师等主要参与群体进行访谈。三是可行性原则,即能够访谈到相关人员,并且能够提供相应信息。

基于抽样原则和研究对象的范围,笔者拟订了初步的访谈计划,开始进行更广范围的深度访谈:

1. 专业学位制度设计参与者10人左右,包括政府官员2—3位,工程专业教指委委员2—3位,工程博士授权高校分管专业学位或研究生教育领域的领导,如研究生院院长、工程博士中心主任等2—3位。

2. 工程博士授权高校专业学位管理部门负责人或参与人10位左

右，如高校培养办、学位办领导，专业学位办公室人员，院系负责培养工作的领导或相关人员等。

3. 工程博士导师 10 人左右。

(二) 理论抽样

理论抽样完全不同于初始抽样。理论抽样的主要目的是加工完善理论构成类属，直到没有新的属性出现，是寻找更多的相关数据来发展并生成理论的策略性的、具体的、系统的过程。[①]

随着研究的进展和对初始抽样访谈资料的分析，笔者发现：

第一，在初始抽样之后，在类属层面，不同群体对工程博士内涵理解的角度和认知的重点不同，因此在属性、维度层面，还需要按照"轴心编码"的需求进一步补充样本。

第二，制度设计者群体对工程博士内涵的理解比较偏向政治性，和政策阐述内容的一致性较高，关注的核心是改革和执行的问题。因此，为了实现研究目的，笔者需要扩大制度设计者的资料收集方式，由直接访谈开始转向"访谈 + 文献 + 讨论纪要 + 间接访谈观点"等。文献资料主要包括政策设计者以及前期参与工程博士论证的教指委委员或专家发表的与工程博士教育相关的学术成果、研究报告、政策解读等；讨论或会议纪要方面主要收集了以工程博士为主题的讨论会议资料，所邀请官员或教指委委员的发言内容；间接资料主要是一些媒体报道中的采访记录。

第三，不同年龄、级别的导师对工程博士内涵的理解存有差异。比如在访谈中，发现新晋的年轻工程博士导师，中年以上的副教授级别的导师，以及接近退休的教授级别的导师对工程博士的理解存在意见相左的情况，并且不同专业类别、院系研究传统差异也影响着导师对工程博士内涵的理解。因此，为了实现研究目的，笔者按照年龄、

---

① [美] 凯西·卡麦兹：《建构扎根理论：质性研究实践指南》，边国英译，重庆大学出版社 2009 年版，第 122 页。

职称级别、专业类别等进一步补充了访谈对象。

综上所述,在理论抽样环节,笔者围绕工程博士内涵的生成这一主题进行样本的查漏补缺,进一步扩大了抽样数量和资料收集的范围,直至出现理论饱和,也就是随着样本的增多,类属结构不再扩展,且访谈内容出现重复。

二 资料的收集

本书资料收集的数据主要来源于以下几个方面:访谈、会议记录、公开文件(包括政策、方案、办法、规定、通知、解读等)、学术成果、媒体报道、问卷等,主要采用了访谈和文本分析的方法对资料进行收集和分析。

(一) 文本

社会文本"不仅仅反映预先存在于社会世界和自然世界中的物体、事件和范畴,而且,它们积极地建构这些事物的面貌"①。文本作为静态的材料,其内容跨越时空、跨越地域、跨越个体,是本书除访谈材料外的重要数据。其主要模块包括政策、学校制度、文件解读或报告、会议记录、问卷、学术发表等。

在政策方面,笔者梳理了自1990年以来所有的专业学位相关政策,并对其发展过程、社会意涵进行梳理,针对工程博士的政策文本,笔者利用理论图形化的分析方法对政策的因果关系及意义进行了深入的阐述。

例如,在高校工程博士的制度文件方面,对中国41所工程类博士专业学位授权高校(不含2021年学位授权审核结果)的招生简章、培养方案、培养过程管理、毕业要求等文件进行收集分析,涉及文本77个,相关报告14个(具体见表2-1所示)。

---

① [英]乔纳森·波特、[英]玛格丽特·韦斯雷尔:《话语和社会心理学:超越态度与行为》,肖文明译,中国人民大学出版社2006年版。

表2-1　　　　　　高校工程博士文本数据结构统计

类型	要素	数量
输入（招录方式）	招生类别条目（包含字段：学习形式/方式、录取类别等）	38
	招考条件条目（包含字段：报考条件/申请条件/报名条件等）	38
	招考程序条目（包含字段：招考程序、选拔程序、申请程序等）	38
过程（培养方案）	培养目标条目	31
	培养方式条目（包含字段：导师指导、校企合作、实践要求等）	31
	培养环节条目（包含字段：培养要求/体系、关键环节要求等）	31
	课程设置与学分要求条目（包含字段：课程学习、课程设置、学分要求等）	32
	导师认定（含校内导师和校外导师认定办法）	5
结果（毕业要求）	学位授予要求条目（包含字段：学位论文要求、成果要求等）	27

在会议记录方面，主要收集了三场专业学位专题研讨会资料，涉及相关领域专家十余名，可用于研究的观点十余条，并针对部分观点向专家追要了支撑文件或材料。在问卷调查方面，主要收集了政府委托课题"毕业生离校调查"中工程博士毕业生的调查结果数据。

在其他文本方面，主要是政府官员、教指委委员、专业学位设置论证者所发表的工程博士设置、发展与相关观点的公开文本，按照访谈编码原则对其进行了编号（具体内容如表2-2所示）。

表2-2　　　　　　　　文本资料中的关键讲话或观点

序号	编号	身份	数据来源
1	ZF-8	时任政府管理部门领导	文本
2	ZF-9	时任政府管理部门领导	讲话
3	ZF-10	工程博士设置论证者	文本
4	ZF-11	时任科技管理部门领导	媒体报道
5	ZF-12	工程博士设置论证者	文本

（二）访谈

进入访谈是研究的开始。笔者并未在高校工程博士一线工作过，与访谈对象的关系属于工作互动和熟人圈层，这些客观条件表明笔者具备"局外人"的特征，会存在与对方访谈时缺乏足够的"共通性"，对话语体系理解有一定的"距离感"，对谈话中隐含的微妙含义理解困难等问题。但是，笔者一方面具有在工科院校攻读硕士学位的经历，对工科高校的运作体系有一定的感性认识；另一方面具有对全国高校专业学位情况长时期调研论证的经历，所接触到的领域专家和广泛材料使笔者对研究问题有着更为广阔的视角和敏感度。这种关系的客观状态是一把双刃剑，需要笔者利用好这个"距离感"和"敏感度"，用心投入研究当中。

访谈的进展是循序渐进的，初始的访谈对象和访谈内容较为松散，基本采用粗线条式的访谈提纲，主要对工程博士的理解进行开放性的交流；随后，在初始访谈对象材料分析的基础上，进一步完善访谈提纲，扩大访谈范围，开始逐渐围绕工程博士学位定位、培养过程、知识结构、出口质量方面进行半结构化访谈。在访谈过程中，一方面根据访谈提纲展开交流，另一方面根据实际交流情况进行追问，同时也鼓励受访者提出问题，整个访谈过程较为灵活。

根据抽样设计和研究进展需要，笔者先后与31名访谈对象进行了深度交流，主要是工程博士制度设计者、高校管理者以及工程博士导师，另有2名学生和1名企业人员作为访谈互动中某个话题的补充信息收集。

三 编码及分析过程

质性编码是对数据内容进行定义的过程,"编码意味着对数据片段用一个简短的名称进行归类,同时也对每部分数据进行概括和说明"①。在本书中,编码与抽样和访谈是相互交织、共进的过程。笔者按照建构主义的扎根理论编码程序,先后经历了初始编码、聚焦编码、轴心编码和理论编码四个阶段。

初始编码是开放性质的编码,按照格拉泽的说法,"在进行初始编码的时候,头脑中不能有任何预先形成的概念"②,保持开放性是激发研究者思考和产生新的想法的利器,可以避免过于依赖先前的概念。初始的代码是临时性的,要不断修改提高其契合度③,在策略上主要是运用比较的方法,逐词逐句地对访谈文本进行分析和比较。笔者通过对初始抽样访谈资料进行分析和比较,通过"贴标签"的方式不断给意义片段命名。这时才发现,初始代码处于比较散乱的状态,每个受访者的谈话角度都不一样,只能不断扩大抽样范围,在群体特征和个体特征上同时兼顾,加入了导师、政策设计者群体的访谈。通过对26名访谈对象的材料进行初始编码后,笔者开始对"类属"概念有了极强的敏感性,逐渐进入"聚焦编码"阶段。

聚焦编码就是对出现频繁、指向性更加明确的初始编码进行更广范围的整合,将散乱的初始编码围绕某一个意义中心聚集起来,形成类属。这个阶段需要聚焦某个主题进行反复比较分析,逐渐明确这一主题的代码。比如,在本书中,多名受访者都谈到工程博士的应用价值,把其看成是解决实践应用需要的学位类型,于是就形成了"工程

---

① [美]凯西·卡麦兹:《建构扎根理论:质性研究实践指南》,边国英译,重庆大学出版社2009年版,第56页。
② [美]凯西·卡麦兹:《建构扎根理论:质性研究实践指南》,边国英译,第61页。
③ 在凯西·卡麦兹看来,契合度是指代码所能抓住并浓缩意义和行动的程度。

博士的应用性功能"这一聚焦编码(见表2-3)。在这一环节中,聚焦编码随着范围的逐步扩大,类属结构也逐渐形成,工程博士的内涵最终被编码为"工程博士定位""工程博士培养过程""工程博士出口质量"三个类属结构。

表2-3 本书中的聚焦编码摘录

聚焦编码 (类属)	初始编码 (贴标签)	访谈文本
应用性	企业需要 用得上	摘录一:DS-2 那些企业来的博士,我本身招他就是因为有合作的企业项目,他不研究这个项目他干啥,他对自己企业的需求很清楚,研发出来的东西得能用得上,这不就是工程博士吗?
	实际操作的 不能模拟的	摘录二:DS-5 我带的工程博士我要求他们就给我做一件事,就是把现在交通里边的一些实际参数给我,给我弄得实际一点……学术博士的话你可以弄个模拟参数,模拟场景啥的,但这个不行,你得给我弄(汽车)跑起来的具体参数
	为工程、 企业服务	摘录三:GLZ-1 工程博士的本原,其实就是他到底为谁服务的问题,他不是服务导师的,也不是服务学校的,他是为工程、为企业服务的,从这个角度考虑的话,设立工程博士是有其合理性的……

其后就进入了轴心编码。轴心编码"就是把类属指向亚类属,使类属的属性和维度具体化,重新排列初始编码中的分散数据,给生成的分析一种连贯性"[①]。简明地说,就是将初始编码的数据分散为不同等级和不同类型的编码,通过轴心编码,使得分散的数据成为故事连贯的规整要素。也就是形成扎根理论中的"属性"和"维度"。"属

---

① [美]凯西·卡麦兹:《建构扎根理论:质性研究实践指南》,边国英译,重庆大学出版社2009年版,第77页。

性"其实就是类属的关键特征,"维度"是属性的连续编码。在本书中,通过更广层次的分析后所形成的"工程博士的应用性功能"并未最终成为工程博士内涵的类属,而是成为一种属性。也就是说,所有的初始编码、聚焦编码,最后都需要经过理论编码的梳理和整合。

最后是理论编码。理论编码是整合性的概念,其核心目的是形成理论类属结构。简言之,"理论编码就是让聚焦编码中形成的类属之间可能的关系变得具体化,把支离破碎的故事重新聚拢在一起,使分析性的故事具有连贯性。理论编码不仅会使实质代码之间的关联形式概念化,也会使分析性的故事开始变得理论化"①。在理论编码阶段,需要对之前形成的较为机械和松散的类属结构进行重新梳理。以工程博士内涵的第一个类属"工程博士定位"为例,在进行类属结构具体化分析时发现,工程博士的应用功能性和学位属性之间是相互关联和相互渗透的,是可以进一步上升为更高一个层次的,于是就形成了"工程博士的定位"这一类属。

随着研究的推进,工程博士内涵概念的显性结构逐渐呈现出来,形成了"工程博士定位""培养过程""出口质量"三个类属。这三个关联类属使得工程博士内涵的阐释变得更加连贯、具体。随着对类属分析的逐步深入,笔者对工程博士内涵显性结构之上更为抽象的核心类属也变得愈加敏感,三个显性类属之间的关联变得更加清晰:工程博士的价值规定性,即应用属性,以及工程博士的独特性能,即学位属性,这两个核心类属共同影响着工程博士的定位、培养过程、出口质量。至此,工程博士内涵的核心类属"应用性"和"独特性"逐渐清晰起来,两个核心类属统领着工程博士在人们心目中的定位判断、培养过程和出口质量,整个工程博士内涵概念得到了理论升华。

---

① [美]凯西·卡麦兹:《建构扎根理论:质性研究实践指南》,边国英译,重庆大学出版社2009年版,第80页

第二章 研究设计

第五节 信效度解释

在质性研究中，信效度的检验不像定量研究那么清晰、确定，一般用"真实性""可信性""可靠性""准确性"等词来表述，效度的验证类型有描述型、解释型、理论型、推论型、评价型等。[①] M. B. 迈尔斯等人从五个主要的议题上综合判定质性研究的质量：论文的客观性、可靠性、内在效度、外在效度和应用性。[②] 在客观性方面，研究者应表明研究结论是否基于研究对象与情景而得，而不是基于研究者而得，需要回答"是否明白且详细地说明该研究的一般方法与程序"；在可靠性方面，要确保研究步骤的一致性，需要回答"研究问题是否清晰，研究设计是否适合，研究者的角色是否说明"；在内在效度方面，研究者是否能够确保研究内容的真实性，也就是研究发现是否合理、是否具有内部的一致性；在外在效度方面，要考虑研究发现是否具有更广的现实意义，需要回答"是否对该研究的类推范围和界限做了界定"；在应用性方面，研究发现是否刺激了读者"尚在酝酿中的假设"，进而引导他们下一步的行动。

为了确保研究的可信度和有效性，笔者从研究设计开始就将迈尔斯的五个议题验证方法作为指导，在每一个环节的论证过程中，不时抽身事外，以客观冷静的态度不断反思、修改与完善研究。具体而言，笔者通过以下几个方面来确保研究的质量。

第一，力求研究的客观性。首先，在处理研究者身份究竟在多大程度上影响了研究结果方面，笔者处于"局外人"和"研究工具"的身份角色，在进行研究的过程中，一方面谨慎对待研究对象话语中

---

① 陈向明：《质的研究方法与社会科学研究》，教育科学出版社2000年版，第389—397页。
② [美] Matthew B. Miles, Huberman A. Michael：《质性资料的分析：方法与实践》，张芬芬、卢晖临译，重庆大学出版社2008年版。

的隐含意义，在理解困难问题时，做到"不懂的及时追问、把握不准的及时查阅"。比如，在访谈中，某一访谈对象在谈到工程博士的招生时，提到通过"科研博士"渠道获取招生名额问题，笔者及时询问其内在的含义，并事后查阅相关高校的政策脉络以及背景，弄明白"科研博士"是基于科研项目经费的"非财政拨款"模式下的招生配置方式。另一方面，作为研究工具，在个人能力和素质是否具有能提供科学研究的可能性方面，笔者在选题过程中就清醒地认识到自身的专业背景、现有条件和理论储备，所选择的研究问题也是基于个人的基本条件而确定的，因此就确保了研究的可行性问题。其次，笔者严格遵守质性研究的一般操作程序和方法，做到程序上的规范、科学。通过研读质性研究方法相关的书籍，向导师请教访谈策略，以及选修质性研究课程来夯实自己的质性研究能力。

第二，力求研究的可靠性及内在效度。笔者采用的技术手段包括：首先，在研究问题的确立方面，经历了长达两年的酝酿和反复修订，在阅读大量文献和开展20人次访谈的基础上，逐步将研究问题与研究设计相融。其次，在资料收集过程中，为引导访谈对象真实呈现深层想法，达到"所言即所想"的效果，笔者采取不断调适访谈问题、同一个问题使用多种问法、连续追问等方式避免其出现"所言所想不一致"的状况，继而提高访谈话语的可靠性。同时，笔者对所有访谈材料在第一时间进行录音转录，及时进行关键词编码，形成要点及备忘录文稿。对未授权录音的访谈人，笔者采用"记录关键点后征求访谈对象意见"的方法，确保访谈记录与阐述内容一致。最后，在研究成稿过程中，根据需要对部分口语表述进行了适当删减与修正，又再次将成稿文字反馈给访谈对象进行确认。经过上述多种方法，不但与访谈对象就关键问题的文字表述一致性进行了验证，也对内容进行了进一步补充和修正，有力地确保了访谈资料和分析过程的有效性。

第三，力求研究结果的实用效度。本书的选题目的是为解决实践中的难题，弄清专业学位博士定位为何屡屡被质疑的问题，探讨"是什么"与"为什么"的实践命题，其实用价值明显。本书呈现的工程博士实践中的真实场景和内容，向读者传递了工程博士的真实存在，促使读者群体获得对工程博士的普遍性认识和理解。

第三章 工程博士教育政策的形成与发展

> 社会文本不仅仅反映预先存在于社会世界和自然世界中的物体、事件和范畴，而且，它们积极地建构这些事物的面貌。
> ——乔纳森·波特 & 玛格丽特·韦斯雷尔[①]

制度是理解工程博士本土化内涵的基本工具，也是弄清工程博士原貌的重要途径。国家层面的制度主要通过政策文本呈现，政策文本有"作为文本的政策"和"作为话语的政策"两个阐释层面，前者强调对文本信息特征系统、客观、量化的内容进行分析，后者强调对文本语言规则及其背后隐含的权力因素进行揭示、批判。[②] 文本分析和话语分析是对工程博士真实存在的两个不同却又互补的建构视角。本章主要集中于工程博士政策文本的分析，探讨的是静态概念中的工程博士存在，后续几个章节将从话语分析方面探讨工程博士内涵的动态存在。

[①] [英] 乔纳森·波特、玛格丽特·韦斯雷尔：《话语和社会心理学：超越态度与行为》，肖文明译，中国人民大学出版社2006年版。

[②] 陈学飞、林小英、茶世俊：《教育政策研究基础》，人民教育出版社2011年版，第276—281页。

第一节　专业学位研究生教育的政策演变

一　酝酿与试点阶段

1984年，中共中央《关于经济体制改革的决定》指出，经济体制改革和国民经济发展迫切需要大批既有现代化经济、技术知识，又有革新精神，能够开创新局面的经营管理人才，特别是企业管理干部，要造就一支社会主义经济管理干部的宏大队伍。随之，中共中央发布《关于教育体制改革的决定》，提出要根据经济建设、社会发展和科技进步的需要，对高等教育的结构进行调整和改革，加强高等学校同生产、科研和社会其他各方面的联系，使高等学校具有主动适应经济和社会发展需要的积极性和能力。①

1984年底，清华大学、西安交通大学等11所高等工科院校在西安召开培养工程类硕士生研讨会，讨论并向教育部提出《培养工程类型硕士生的建议》，提出在工学硕士生中招收工程类型的硕士生，以培养适应工矿企业和应用研究单位需要的、能够独立担负专门技术工作的高级工程科技人才。教育部原研究生司同意并转发该建议的通知，正式开启改革研究生培养和管理办法的第一步。②

1986年，国家教委、卫生部发布《培养医学博士（临床医学）研究生的试行办法》的通知，提出对临床医学研究生教育进行改革，突出临床医学特点，把医学门类博士研究生的培养规格分成两类：一类以培养科学研究能力为主，一类以培养临床实际工作能力为主，培养更多更好的高层次临床医学专门人才。

1988年，国家教委发布《货币银行学、国际金融两个专业硕士

---

① 黄宝印、唐继卫、郝彤亮：《中国专业学位研究生教育的发展历程》，《中国高等教育》2017年第2期。
② 黄宝印：《中国专业学位教育发展的回顾与思考》（上），《学位与研究生教育》2007年第6期。

生（应用类）参考性培养方案)》的通知，提出培养能胜任金融部门中级业务经营与管理工作，并具备将来从事高级经营、管理工作基础的人才，以提高和改善金融部门中、高级管理干部的素质。

1989年，国家教委发布《关于加强培养工程类型工学硕士研究生工作的通知》，指出调整工科研究生的培养目标、知识结构和培养方式，面向厂矿企业、工程建设等单位，培养工程类型工学硕士研究生，并指出这是研究生教育的一项重要改革，也是办学思想上的一次转变。[①]

这一阶段专业学位教育政策的主要思路是：在学位条例框架和原有学位标准下，以加括号标注的方式进行不同人才规格培养的探索，通过差异化的培养目标、招生对象，丰富完善原有单一的人才培养体系。但总体而言，制度层面的专业学位并没有脱离学术学位，处于应用型人才培养的初步探索阶段。

二　制度确立与探索阶段

1990年，国务院学位委员会第九次会议专门讨论"关于设置专业学位调研工作的情况汇报"，提出设置专业学位十分必要，国家经济社会发展对应用学科高层次人才的需求越来越迫切，应发挥学位制度的积极作用，主动适应社会需要，多途径培养高层次应用型人才，一方面促进应用学科的建设和发展，另一方面改变中国学位规格单一的现状，实现学位的多规格化发展。此次会议同时审议通过了中国第一个专业学位设置方案《关于设置和试办工商管理硕士学位的几点意见》，开启中国专业学位教育的先河。

1992年，国务院学位委员会第十一次会议批准通过"按专业授予专业学位证书的建议"，试行按照专业学位类型授予学位。这一试行是中国学位制度史上的一次重大突破，专业学位正式登上历史舞

[①] 黄宝印：《中国专业学位教育发展的回顾与思考》（上），《学位与研究生教育》2007年第6期。

台。至此，中国学位类型由单一的学术学位转变为学术学位和专业学位并存，学位授予方式转变为"按学科门类授予的学术学位"和"按专业类别授予的专业学位"两种类型。

1996年，国务院学位委员会第十四次会议审议通过《专业学位设置审批暂行办法》[①]，指出设置专业学位的目的是完善学位制度，加速培养经济建设和社会发展所需要的高层次应用型专业人才；专业学位是具有职业背景的一种学位，专门为培养特定职业高层次专门人才而设置；专业学位分为学士、硕士和博士三级；在设置程序上，先由行业主管部门或高等学校联合行业主管部门提出需求，国务院学位委员组织专家论证、审批。这一办法的发布对中国专业学位教育规范化发展起到了保障作用。

1997—1999年，国务院学位委员会先后审批通过了《临床医学专业学位试行办法》《口腔医学专业学位试行办法》和《兽医专业学位设置方案》，这三个类别均包括博士专业学位层面，标志着专业学位教育开始实质性地向博士层面拓展。随后于2008年，增设了《教育博士专业学位设置方案》，至此专业学位博士覆盖了四个类别领域。

2002年，国务院学位委员会办公室发布《关于加强和改进专业学位教育的若干意见》，指出专业学位与学术学位处于同一层次，要充分认识发展专业学位教育对国家经济发展、高等教育体系完善、学位与研究生教育改革发展的重要性，统筹规划专业学位教育，扩大专业学位培养单位数量，调整和优化地区布局；在制度改革层面进一步深化，改革专业学位招生制度、优化培养方案和课程体系、改进教学方法、正确把握专业学位论文的规格和标准，培养方式有全日制和非全日制两种；充分发挥专业学位教育指导委员会的作用；建立和完善专业学位教育评估制度等。这次的政策文件对专业学位教育的进一步

---

① 教育部：《专业学位设置审批暂行办法》，1996年4月，教育部官网（Http：//Old. Moe. Gov. Cn//Publicfiles/Business/Htmlfiles/Moe/Moe_ 621/200410/2752. Html）。

深化发展奠定了基础。

整体而言,这一阶段专业学位发展的核心特点有两个:一是制度上的突破和完善。首先,在学位概念上,打破了单一学位类型的限制,基于分类理念提出学术学位与专业学位两种类型的学位概念;其次,在学科门类上,提出单独设置专业学位类别领域,按照专业学位类别进行学位授予,打破现有的学科门类边界。二是专业学位的重要地位不断加强,新的专业学位类别不断涌现,截至2008年,先后设立了19种专业学位类别,并且在层次上向博士层次拓展,在四个类别领域率先开展博士层次的专业学位教育。

三 制度完善与稳步发展阶段

2010年,《关于印发〈硕士、博士专业学位研究生教育发展总体方案〉、〈硕士、博士专业学位设置与授权审核办法〉的通知》下发。[①] 其中的总体方案指出,专业学位的发展目标是,到2020年实现中国研究生教育从以培养学术型人才为主转变为学术型人才和应用型人才培养并重,专业学位教育体系基本完善,研究生教育结构和布局进一步优化,培养质量明显提高。为实现这些目标,总体方案规定要从人才选拔改革、授权审核制度完善、与职业资格衔接、人才培养模式改革、质量保障体系建设等方面提供政策保障;在授权审核办法上进一步明确了专业学位类别的相关条件、审核程序和组织实施,并第一次制定了硕士、博士专业学位目录,作为授权审核、学位授予、人才培养和统计分类的依据。随后,《教育部关于开展研究生专业学位教育综合改革试点工作的通知》[②] 下发,批准清华大学等64所高校开

---

① 教育部:《关于印发〈硕士、博士专业学位研究生教育发展总体方案〉、〈硕士、博士专业学位设置与授权审核办法〉的通知》,2010年9月,网络信息(Http://Www.Cdgdc.Edu.Cn/Xwyyjsjyxx/Gjjl/Zcwj/268313.Shtml)。
② 《教育部关于开展研究生专业学位教育综合改革试点工作的通知》,2010年5月,教育部官网(Http://Www.Moe.Gov.Cn/Srcsite/A22/Moe_826/201005/t20100507_91987.Html)。

展试点，积极探索和创新专业学位培养模式和管理机制，更好地适应经济社会发展需要。

2011年，《关于印发〈工程博士专业学位设置方案〉的通知》①发布，开启了工程博士层面的专业学位研究生教育，该设置方案明确工程博士专业学位研究生由高等学校与企业联合培养，实行多学科交叉培养和导师团队联合指导。这是继教育、临床医学、口腔医学、兽医四个类别之后又一个新的专业学位博士层次教育的拓展。

2013年，教育部、人力资源社会保障部发布《关于深入推进专业学位研究生培养模式改革的意见》②，指出改革目标是建立与经济社会发展相适应、具有中国特色的专业学位研究生培养模式，并在招生制度、培养方案、课程教学、实践基地、论文应用导向、职业资格衔接、研究生主动性、教师队伍建设、联合培养等方面明确改革的内容和措施，开启了专业学位培养模式的全面改革时期。随后在《关于开展增列硕士专业学位授权点审核工作的通知》中，首次明确不以学术学位授权点作为增列专业学位授权点的必要条件，并鼓励培养单位在总量不变的情况下自主调整硕士专业学位授权点，并把培养模式改革作为授权审核的重要依据。

2014年，随着住院医师规范化培训制度的推进，《关于医教协同深化临床医学人才培养改革的意见》提出构建"5+3"为主体的规范化临床医学人才培养体系，在培养过程中完成住院医师规范化培训，在毕业时达到相应条件就可以获得执业医师证、住院医师证和硕士学历学位证，率先实现了教育、学历学位、临床医师培养的全面对接。这是中国专业学位研究生教育领域的重大突破，也充分凸显出中

---

① 国务院学位委员会办公室：《关于印发〈工程博士专业学位设置方案〉的通知》，2011年3月，教育部官网（Http://Www.Moe.Gov.Cn/Srcsite/A22/Moe_833/201103/t20110308_117376.Html）。

② 教育部、人力资源社会保障部：《关于深入推进专业学位研究生培养模式改革的意见》，2013年11月，教育部官网（Http://Www.Moe.Gov.Cn/Srcsite/A22/Moe_826/201311/t20131113_159870.Html）。

国专业学位研究生教育的特色化。

2015年，教育部发布《关于加强专业学位研究生案例教学和联合培养基地建设的意见》，强调案例教学和实践基地对专业学位教育的重要作用，并通过政策支持，为案例教学和实践基地建设提供必要的条件保障。

2018年，国务院学位委员会办公室先后发布《关于对工程专业学位类别进行调整的通知》和《关于转发〈工程类博士专业学位研究生培养模式改革方案〉及说明的通知》。[①] 一是将工程领域的硕士、博士专业学位统一调整为电子信息、机械等八个类别领域。二是明确工程博士培养模式改革的方向，以及在培养目标、培养方式、招生对象、学位质量内涵、论文要求等方面的具体要求。其中校企联合培养、招生对象范围变化，工程博士应具备的知识、能力和素质要求是改革十分突出的特点。

这一阶段，专业学位研究生教育得到了快速发展，各类政策文件促使相关制度不断完善。总结起来有两个特点：一是类别领域设置不断丰富，硕士层次的专业学位研究生培养规模快速扩大。截至2018年底，设置硕士专业学位类别47个、博士专业学位类别13个。在培养规模上，2018年专业学位硕士招生数量占硕士研究生招生总量的57.68%，超过学术性硕士，占据半壁江山。二是制度体系不断完善。建立了与学科目录对应的专业学位类别领域，形成了专业学位授予、授权、人才培养所依托的单位体系；更加深化专业学位与学术学位的分类培养模式，注重专业学位与社会生产实践的连接。

四 新发展阶段

2020年，《国务院学位委员会 教育部关于印发〈专业学位研究生

[①] 国务院学位委员会办公室：《关于转发〈工程类博士专业学位研究生培养模式改革方案〉及说明的通知》，2018年5月，教育部官网（Http://Www.Moe.Gov.Cn/s78/A22/A22_Gggs/A22_Sjhj/201805/t20180511_335693.Html）。

教育发展方案（2020—2025）〉的通知》指出：中国专业学位研究生教育进入了新的发展阶段，发展专业学位研究生教育是经济社会进入高质量发展阶段的必然选择、是服务创新型国家建设的重要路径、是研究生教育改革的战略重点。①

从发展方案中可以看出，在未来一个时期里，专业学位研究生教育的发展将在培养规模、培养模式、培养质量提高上进入快速发展阶段。到2025年，硕士专业学位招生规模将扩大到硕士研究生招生总规模的三分之二左右，博士专业学位的授权点和招生数量将大幅增加；在培养模式上，加大行业企业参与力度，实施产教融合的培养机制，专业学位与职业资格衔接更加紧密，不断提升培养质量；在改革方向上，强调优化结构，完善专业学位类别设置和授予标准；在导师队伍建设上，补充实践领域专家上讲台的要求；在评价机制上，将在论文标准和导师职称评价上进行破局。总之，专业学位研究生教育已经迈入新的发展阶段，将在改革与提高质量的主线中实现专业学位研究生教育的快速发展。

第二节　工程博士的政策设计

政策分析领域的代表人物威廉姆·邓恩②提出用"理论图形化"方法帮助分析者把政策文本中所隐含的因果或因果推论的关键假设加以明确化，并对之进行排列，这个分析技术可以用来分析政策文本隐含的四种因果推论：收敛的、发散的、序列的及循环的。收敛推论是指用两个或两个以上的原因假设来支持一个结论或意见；发散推论是

---

① 《国务院学位委员会 教育部关于印发〈专业学位研究生教育发展方案（2020—2025）〉的通知》，2020年9月，教育部官网（Http：//Www. Moe. Gov. Cn/Srcsite/A22/Moe_826/202009/t20200930_492590. Html）。

② ［美］William N. Dunn：《公共政策分析导论》，谢明等译，中国人民大学出版社2002年版。

指用单一的假设来支持一个或多个结论；序列推论是指将一个结论作为假设来支持一系列进一步的结论或意见；循环推论是指序列中的最后一个结论与最初的结论相连。

"理论图形化"的操作方法包含以下几个关键步骤：（1）将每个假设分开并编号；（2）将表示观点的词（"因此""所以"）或用来保证观点的假设（如"由于""为了"）加上下画线；（3）把遗漏的明确词语但有暗示的部分，用括号标上适当的逻辑符号；（4）将编号的假设和观点用带箭头的图加以排列，以说明因果推理或理论结构。

笔者以工程博士的两个关键文件《工程博士专业学位设置方案（2011）》和《工程类博士专业学位研究生培养模式改革方案（2018）》，以及这两个政策的补充文件如"答记者问"和"有关说明"为分析文本，采用威廉姆·邓恩的理论图形化方法，梳理工程博士教育政策文本的因果推论，试图提炼出政策文本措辞的语义集群。

一 设置方案（2011）

首先，从政策文本中提取出表达工程博士内涵的主要内容，依据上下文关系，将逻辑推理、因果表述等关系词语标记出来。

【为了】适应创新型国家建设需要，【为了】完善中国工程技术人才培养体系，【所以】设置工程博士专业学位，【并且】工程博士与学术学位工学博士属同一层次，没有高低之分，只有规格不同、培养目标不同、质量评价标准侧重不同，【因此】工程博士是培养具有相关工程技术领域坚实宽广的理论基础和系统深入的专门知识，具备解决复杂工程技术问题、进行工程技术创新以及规划和组织实施工程技术研究开发工作的能力，在推动产业发展和工程技术进步方面做出创造性成果的工程技术领域领军人才。【由于】试点阶段，工程博士培养必须紧密结合国家科技重大专项开展，【所以】所招收的工程博士研究生必须实质性地参与国家科技重大专项的研究，招生对象一般应已获硕士学位，并具有较好的工程技术理论基础和较强的工程实践能力，具备成为工程技术领域领军人才的潜质。【为了】坚持校企结合，切实解决教育、科技、产业相互脱节的问题，【所以】工程博士经由授权的高等学位与企业联合培养，【并且】要求试点单位让企业实质性地参与到工程博士招生、培养的各个环节工作中来，推进高校和企业在招生工作、培养方案制定、导师团队建设、课程教学和实践训练、学位论文工作等方面实现全面合作。【为了】有效实现这一结合，【所以】在试点单位遴选上，明确提出将承担国家科技重大专项作为申报试点的必要条件；在设置工程博士招生领域时，把国家科技重大专项所涉及的电子与信息、先进制造、能源与环保、生物与医药四大板块设为工程博士招生领域。【因此】试点单位要面向国家科技重大专项招收和培养工程博士，在培养中使用，在使用中培养，实现技术创新与人才培养的相互促进。【并且】工程博士的学位论文应与解决重大工程技术问题、实现企业技术进步和推动产业升级紧密结合，学位论文能反映学位申请者的贡献及创造性成果。

其次，将文本中的每个假设分开编号，将每种陈述及其依据加以完善使得表述更为清楚，将政策文本凝练为以下11条陈述：

1. 适应创新型国家建设需要。

2. 完善人才培养体系。

3. 设置工程博士专业学位，培养工程技术领域领军人才。

4. 工程博士与学术学位工学博士属同一层次，没有高低之分。

5. 通过校企结合，解决教育、科技、产业相互脱节的问题。

6. 工程博士需经由国务院学位委员会授权的高等学位与企业联合培养。

7. 试点开展，紧密结合国家科技重大专项。

8. 所招收的工程博士必须实质性地参与国家科技重大专项的研究。

9. 授权高校申报的必要条件是承担国家科技重大专项，要面向重大专项培养工程博士。

10. 要求试点单位让企业实质性地参与到工程博士招生、培养的各个环节工作中来。

11. 学位论文应与解决重大工程技术问题、实现企业技术进步和推动产业升级紧密结合。

最后，依据逻辑关联词，将政策文本的因果推论类型加以明确，通过因果关系结构矢量图清晰地展示工程博士设置文件的理论逻辑结构（如图3-1所示）。

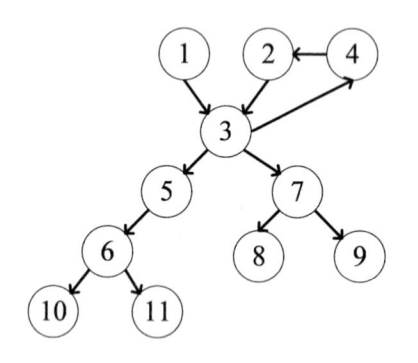

图3-1 设置工程博士政策文本的理论逻辑：因果关系结构矢量图

说明：图中标号表示前述政策文本的11条陈述；矢量图中存在四种推论：收敛推论（1, 2, 3）；发散推论（3, 5, 7）（7, 8, 9）（6, 10, 11）；序列推论（3, 5, 6）；循环推论（2, 3, 4）。

从图3-1中我们可以看出，设置工程博士的最终目标是满足国家建设需要、完善人才培养体系，具体目标是培养工程技术领域领军人才。

为达成这一目标，一方面要进行校企结合，建立教育、科技、产业融合体系，解决传统学术学位工学博士人才培养脱离社会生产实践的矛盾，主要通过"让企业实质性地参与工程博士人才培养过程"，以及"学位论文选题应与工程实践结合"的方式来实现。可见，这一方面的政策落脚点有两处：一是强调培养过程中的校企合作；二是强调学位论文选题的实践性。

另一方面，要紧密结合国家科技重大专项，以重大专项为依托，实现技术创新与人才培养的相互促进。这一政策设想主要通过两个抓手形成落脚点：一是把承担国家科技重大专项作为工程博士点授权审核的必要条件，试图从授权审核的角度把握工程博士的培养依托底线；二是要求工程博士生要实质性地参与国家科技重大专项的研究，试图在培养过程中把握住工程博士的培养方向。

通过矢量图中的理论逻辑结构，我们可以看出设置工程博士的因果逻辑是：为满足国家建设需要，进而改革人才培养体系；要改革人才培养体系，需要分类设置专业型工程博士和学术型工学博士；要设置具有独特性的专业型工程博士，需要通过校企合作方式和以国家科技重大专项为依托来实现。可见，这一核心逻辑体现出来的是"分类逻辑下的制度改革模式"。

这一政策文本所表达的语义集群以发散推论为主，即用单一的假设来支持多个结论，例如图形中的3、5、7，假设"设置工程博士专业学位，培养工程技术领域领军人才"为政策要实现的目标，那么跟着就会有"校企合作"和"以国家重大科技专项为依托"的政策指向结论。因此可以推断出，这一政策的典型特征是以"统一指向"和"发散试点"作为政策的理念。工程博士也正是在这样的理念下取得其合法位置的。

二 改革方案（2018）

首先，从政策文本中提取出表达工程博士培养模式改革的主要内容，依据上下文关系，将逻辑推理、因果表述等关系词语标记出来。

【为了】更好推动工程博士专业学位研究生教育发展，响应《制造业人才发展规划指南》，【因此】工程教指委启动了工程博士培养模式改革方案的制定工作，【并且】结合产业变革和未来中国工程科技人才特征，研究工程博士的培养方向、目标、路径、措施等。【为了】切实做好改革方案的制定工作，【因此】教指委委托工程博士研究与工作组，通过专题研究、会议研讨、广泛征求试点院校意见，形成改革方案。

【为了】贯彻落实国家发展改革委、财政部印发的《关于深化研究生教育改革的意见》，【为了】进一步完善工程技术人才培养体系，培养工程技术领军人才……【为了】紧密结合经济社会和科技发展需求，【因此】面向企业（行业）工程实际，培养高层次工程技术人才（培养目标），为造就工程技术领军人才奠定基础。【为了实现这一目标】工程博士采取校企合作方式进行培养，【因此】可采用全日制和非全日制两种学习方式；【因此】工程博士学位论文应紧密结合相关领域重大、重点工程项目，紧密结合工程实际，培养工程技术创新能力；【因此】应采取校企导师组的方式，聘请企业（行业）具有丰富工程实践经验的专家作为导师组成员。【因此】招生对象一般应已获得硕士学位，并具有较好的工程技术基础和较强的工程实践能力。【因此】工程博士学位获得者应具备……知识……能力和……素质。【因此】工程博士必须完成学位论文，【并且】论文选题来自工程实践；【并且】研究内容应与工程实践结合；【并且】成果形式可以是学术论文、发明专利、行业标准等；【并且】建立相应的学位论文评价体系。【为了保障质量】培养单位应建立内部保障体系，工程教指委发挥指导与监督作用。

通过编号、画线，将政策文本的理论逻辑凝练为以下9条陈述：

1. 进一步完善工程技术人才培养体系。

2. 贯彻落实国家《关于深化研究生教育改革的意见》，紧密结合发展需求。

3. 培养高层次工程技术人才，为造就领军人才奠定基础（培养目标）。

4. 采取校企合作方式进行培养（培养方式）。

第三章 工程博士教育政策的形成与发展

5. 可采用全日制与非全日制两种学习方式。
6. 应采取校企导师组的方式。
7. 应具备……知识……能力……素质。
8. 学位论文应紧密结合工程实践,成果形式多元,建立相应评价体系。
9. 建立内部保障体系与监督体系。

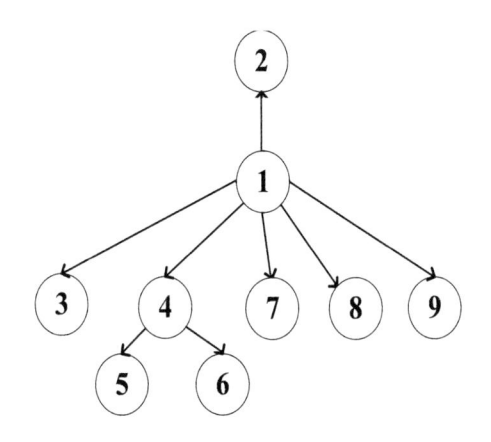

图3-2 工程博士培养模式改革政策文本的理论逻辑:因果关系结构矢量图

说明:图中标号表示前述关于政策文本的9条陈述;矢量图中主要是发散推论(1,3,4,7,8,9)(4,5,6)。

从政策文本的因果关系结构矢量图(见图3-2)我们可以看出,工程博士培养模式改革的最终目标是服务社会发展需求,具体目标是进一步完善工程技术人才培养体系。

为达成这一目标,政策文本以发散推论的模式提出五个方面的改革措施:

第一,进一步丰富工程博士的培养目标。明确为"培养高层次工程技术人才",为造就领军人才奠定基础,相比于2011年的"培养工程技术领军人才"有了实质性的变化。

第二,进一步丰富工程博士的培养方式。除了2011年设计的采取校企合作方式外，进一步明确在培养方式上可以采取全日制与非全日制两种学习方式、校企导师组共同参与、工程博士生的学位论文选题紧密结合工程实际，强调培养工程博士生的工程技术创新能力。相比于2011年的政策进一步丰富了学习方式、导师组成及培养重点。

第三，明确工程博士的培养质量规格。指出工程博士应在知识、能力和素质方面达到的具体要求。知识上强调应掌握的基础理论知识、前沿知识、管理知识、外国语能力等；能力上强调解决复杂问题、技术创新、组织研发、沟通协调、国际视野等方面。

第四，进一步丰富工程博士学位论文的具体要求。在论文选题、研究内容、成果形式、水平评价四个方面明确了具体要求。

第五，明确质量保障与监督体系。强调培养单位自身建立内部质量保障体系以及工程教指委的监督与指导作用。

通过2018年政策文本矢量图中的理论逻辑结构，可以看出工程博士培养模式改革政策文本的因果逻辑是：进一步完善工程技术人才培养体系，需要进一步明确工程博士的培养目标、培养方式、培养质量规格、学位论文要求以及质量保障体系；发散推论的理论逻辑表明了政策的"强规范性"，即试图通过政策来进一步统一规范工程博士教育的发展方向。

三 政策变化特征

通过比较2011年政策与2018年政策中的语义集群变化，发现工程博士教育的政策体系经历了"模糊粗放"到"相对具体"的语义变迁（见表3-1）。具体来看，主要在三个层面进行了大的调整：一是培养目标的调整，由培养工程技术领军人才调整为培养高层次工程技术人才，为造就领军人才奠定基础；二是培养方式的调整，由非全日制培养模式调整为全日制与非全日制两种方式；三是招生对象的调整，由仅面向国家科技重大专项参与人员调整为广义上具有较好工程

第三章 工程博士教育政策的形成与发展

技术理论基础和工程实践能力的人群。

表3-1　2011年工程博士政策文本与2018年政策文本变迁
（含答记者问及说明文件）

	2011年政策文本	2018年政策文本	变化
目的	适应创新型国家建设需求；完善工程技术人才培养体系	进一步完善工程技术人才培养体系	深化
政策目标	设置工程博士专业学（试点）	培养模式改革（发展）	深化
层次	与工学博士属同一层次，没有高低之分	—	—
培养目标	工程技术领域领军人才	高层次工程技术人才，为造就领军人才奠定基础	由直接到间接
培养方式	授权高校与企业联合培养 1. 课程体系根据培养目标和培养对象特点设计 2. 多学科交叉培养和导师团队联合指导	校企合作方式培养 1. 全日制与非全日制两种方式 2. 结合工程实际培养工程技术创新能力 3. 校企导师组联合培养	培养类型多样化
招生对象	面向国家科技重大专项招收和培养工程博士，在培养中使用，在使用中培养	获得硕士学位，并具有较好工程技术理论基础和较强工程实践能力	对象范围扩大
质量规格	1. 具有工程技术领域的专门知识 2. 具备解决复杂问题、技术创新、组织实施研发的能力 3. 在推动产业发展和技术进步上做出创造性成果	1. 基本素质：社会责任感，服务发展，工程伦理 2. 基本知识：工程技术领域基础知识、发展前沿、管理知识、外国语 3. 基本能力：解决复杂问题、技术创新、组织研发及沟通协调能力、国际交流能力	具体化

续表

2011 年政策文本	2018 年政策文本	变化
学位论文	应与解决重大工程技术问题、实现企业进步和推动产业升级紧密结合，反映贡献及创造性成果	1. 论文选题来自重大、重点工程项目，具有应用价值 2. 研究内容：应与重大工程技术问题、企业技术进步和产业升级紧密结合 3. 成果形式：学术论文、发明专利、行业标准等 4. 水平评价：学术水平、技术创新水平、经济效益，着重评价创新性和实用性	具体化
质量保障与监督	成立工程教指委对工程博士教育进行指导	1. 建立内部质量保障体系 2. 工程教指委发挥指导与监督作用	具体化

第三节　工程博士教育发展现状

一　授权点分布

2011 年 2 月国务院学位委员会第二十八次会议审议通过了《工程博士专业学位设置方案》。经学校申请、专家评审，批准清华大学等 25 个学位授予单位开展工程博士专业学位授予工作，并于 2012 年正式开始招生。2012 年中国首批工程博士招生集中在电子信息、生物医药、先进制造、能源环保等领域（见表 3-2）。首批工程博士招生人数为 178 人，占博士专业学位研究生招生总量的 8.15%。

表 3-2　2012 年中国首批工程博士授权点及所设领域

高校	领域
1. 北京大学	"电子与信息"和"生物与医药"领域
2. 清华大学	"电子与信息""先进制造"和"能源与环保"领域

续表

高校	领域
3. 北京航空航天大学	"电子与信息"和"先进制造"领域
4. 北京理工大学	"电子与信息"和"先进制造"领域
5. 天津大学	"先进制造"和"能源与环保"领域
6. 吉林大学	"先进制造"和"能源与环保"领域
7. 哈尔滨工业大学	"先进制造"和"能源与环保"领域
8. 复旦大学	"电子与信息"和"生物与医药"领域
9. 同济大学	"电子与信息"和"能源与环保"领域
10. 上海交通大学	"先进制造"和"电子与信息"领域
11. 东南大学	"电子与信息"和"先进制造"领域
12. 浙江大学	"电子与信息"和"能源与环保"领域
13. 中国科学技术大学	"电子与信息"和"能源与环保"领域
14. 山东大学	"先进制造"和"生物与医药"领域
15. 中国海洋大学	"能源与环保"领域
16. 华中科技大学	"电子与信息"和"先进制造"
17. 华南理工大学	"电子与信息"和"能源与环保"领域
18. 中南大学	"先进制造"和"生物与医药"领域
19. 四川大学	"电子与信息"和"生物与医药"领域
20. 重庆大学	"先进制造"和"能源与环保"领域
21. 电子科技大学	"电子与信息"领域
22. 西安交通大学	"电子与信息"和"先进制造"领域
23. 西北工业大学	"电子与信息"和"先进制造"领域
24. 中国科学院研究生院（现中国科学院大学）	"电子与信息"领域
25. 国防科学技术大学（现国防科技大学）	"电子与信息"和"能源与环保"领域

2012年初设授权点主要集中在25家单位，随后规模不断扩大，截至2019年，全国已有41家工程博士授权单位，8个专业类别，149个授权点（见本书附录），基本集中在"双一流"建设高校。

从中国工程博士授权点（截至 2019 年底）分布来看，各校之间工程博士授权专业类别情况各有差异。其中同济大学、浙江大学共计 7 个工程博士类别，在各高校中最多。清华大学、山东大学拥有 6 个工程博士类别授权点。北京航空航天大学、东南大学、哈尔滨工业大学等 11 个高校拥有 5 个类别授权点。北京理工大学、大连理工大学、电子科技大学等 6 个高校拥有 4 个类别授权点。北京大学、北京交通大学、复旦大学等 10 个高校有 3 个类别授权点。东华大学、哈尔滨工程大学、合肥工业大学等 7 所高校拥有 2 个类别授权点。昆明理工大学、燕山大学、中国海洋大学则拥有 1 个工程博士类别授权点（见图 3-3）。

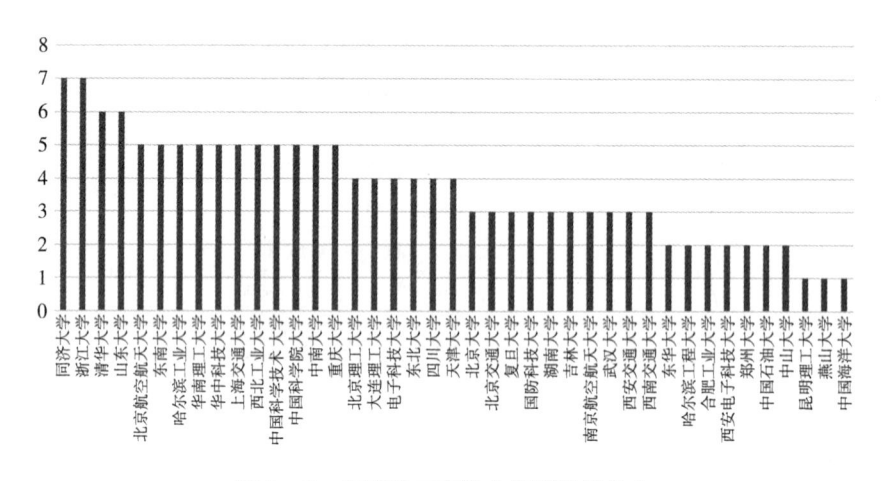

图 3-3　各高校工程博士类别数量分布

资料来源：工程博士专业学位授权点对应调整名单（2019 年发布）。

根据 2019 年全国工程博士培养情况来看，在 8 种工程博士类别中，机械授权点最多，共计有 32 个授权点，包括北京大学、北京航空航天大学等高校。在能源动力、电子信息、材料与化工领域全国分别拥有 24 个、23 个、20 个授权点。在资源与环境、交通运输、土木水利领域全国分别拥有 18 个、15 个、10 个授权点。而在生物与医药领域授权点最少，全国仅有 5 个，分别是复旦大学、山东大学、中南大学、四川大学、中山大学（见图3-4）。

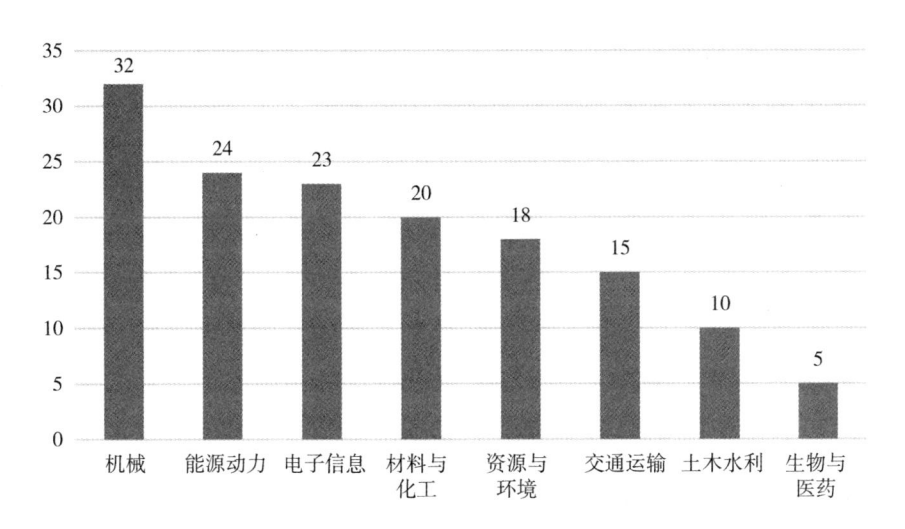

图3-4　全国各工程博士专业类别分布

资料来源：工程博士专业学位授权点对应调整名单（2019年发布）。

二　培养规模

从培养规模来看，2012—2018年工程博士招生数量不断增大，所占专业博士招生比例总体上保持上升势头，尤其是2018年招生数量明显增多。2012年首批招生数量为178人，占博士专业学位招生总量的8.15%，绝大多数来自承担国家科技重大专项的科研院所或企业。经过多年的发展，2018年招生数量为2118人，相比2012年增长了约11倍，2018年工程博士占博士专业学位招生总量的31.22%。

纵向比较工程博士和工程硕士招生情况，从2012—2018年招生数量以及占比情况来看，在工程硕士在招生数量上保持相对稳定的情况下，其占硕士层次专业学位研究生招生总量的比重整体上呈现出下降趋势，2016—2018年保持在32%左右。与之相反，工程博士占博士专业学位研究生招生总量的比例总体上保持上升趋势。值得注意的是，2018年工程博士占专业学位博士研究生招生总量的比重（31.22%）已

工程博士本土化内涵的认知与建构

经接近工程硕士占硕士专业学位总量的比重（32.27%），说明了中国高层应用型创新人才培养结构在不断优化（见图3-6）。

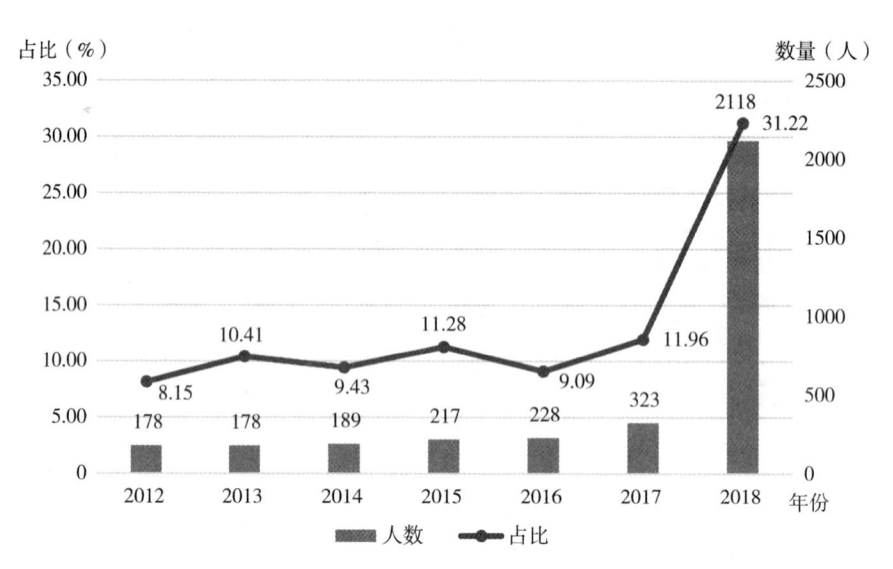

图3-5 2012—2018年工程博士招生数量与专业学位博士招生总量的占比情况

资料来源：根据历年《中国学位与研究生教育发展年度报告》数据整理而成。

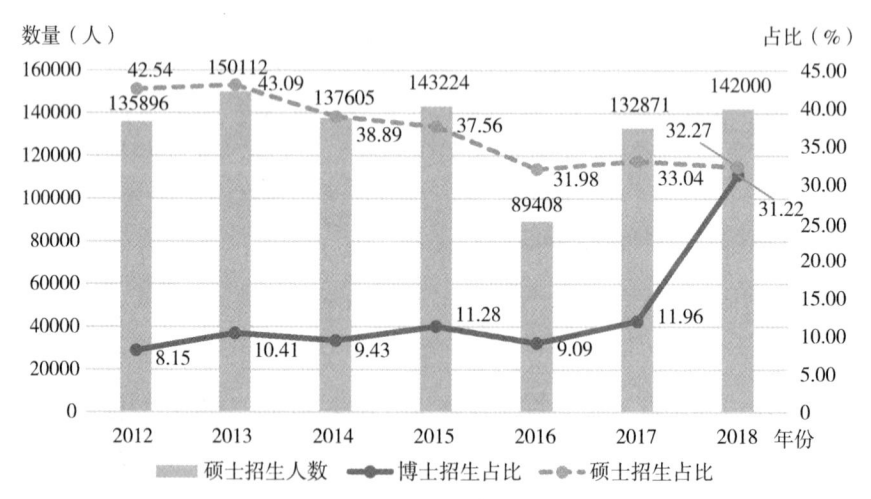

图3-6 2012—2018年工程博士与工程硕士招生规模比较

说明：硕士招生占比＝工程硕士招生数量/当年硕士专业学位招生总量；博士招生占比＝工程博士招生数量/当年博士专业学位招生总量。

资料来源：根据历年《中国学位与研究生教育发展年度报告》数据整理而成。

横向比较工程博士与工学博士招生情况，从2012—2018年两者招生数量之比来看，由2012年的1∶764扩展到2018年1∶16.8，工程博士招生数量占工科领域博士招生总量由2012年的1.3%提升到2018年的5.6%。从2012—2018年招生数量来看，工学博士招生数量逐年上升，2012年招生数量为25473人，2018年为35522人，提升趋势明显；而工程博士的招生数量在2012—2017年的年均值不超过323人，但在2018年招生2118人，翻了近6倍。从工程博士和工学博士历年的招生占比来看，2012年工程博士占专业博士招生总量的8.15%，工学博士占学术学位博士招生总量的38.25%，差距十分明显。经过多年发展，工学博士招生占比相对来说稳中有增。值得注意的是，工程博士和工学博士招生占比的差距逐渐缩小，2018年两者的差距不到10个百分点（见图3-7）。

图3-7 2012—2018年工程博士招生与工学博士招生比较

说明：工程博士占比＝工程博士招生数量/当年博士专业学位招生总量；学术博士占比＝工学博士招生数量/学术学位博士招生总量。

资料来源：根据历年《中国学位与研究生教育发展年度报告》数据整理而成。

以上对授权点与培养规模的分析，呈现出工程博士培养模式改革所处的现场位置，亦间接体现了政策执行的情境。总体而言，中国工程博士教育制度已经建立，政策方向明确，培养模式改革不断推进。

小　结

本章主要通过政策文本的分析，阐释工程博士本土化内涵的政策寓意。

从政策变迁过程来看，专业学位研究生教育经历了酝酿试点、制度确立、制度完善与快速发展几个阶段。在早期酝酿阶段（1984—1989 年），国家经济体制改革与教育体制改革是专业学位教育产生的背景，高等学校自发向国家教育管理部门提出《培养工程类型硕士生的建议》，建议培养适应工矿企业和应用研究单位需要的高级工程科技人才，之后医学、金融、工商管理等领域陆续提出类似需求并试点开展培养工作。在制度建立阶段（1990—2009 年），国家经济社会发展对应用学科高层次人才的需求量越来越大，专业学位研究生教育制度逐步建立：首先是打破单一学术学位类型藩篱，国务院学位委员会批准"按专业授予专业学位证书"，意味着专业学位合法地位得以确立；其次是打破已有学科门类，单独设置专业学位类别领域，并陆续印发《专业学位设置审批暂行办法》《临床医学专业学位试行办法》《口腔医学专业学位试行办法》，标志着专业学位研究生教育制度正式确立。在制度完善阶段（2010—2019 年），在《硕士、博士专业学位研究生教育发展总体方案》《硕士、博士专业学位设置与授权审核办法》等系列政策的引导下，专业学位研究生教育稳步发展：一是类别领域不断丰富，培养规模逐步扩大；二是制度体系日臻完善，在类别领域、授权审核、学位授予、人才培养等方面逐步建立了全方面的制度体系。2020 年，全国研究生教育大会召开，指出中国专业学位研究生教育进入了新的发展阶段，未来 5 年将在培养规模、培养模式、结构优化、教师队伍、评价机制等方面推动专业学位研究生教育快速发展。

从政策设计特征来看，工程博士教育政策设计呈现出发散推论的理论逻辑，经历了由"模糊粗放"到"逐步规范"的政策思路。2011年，设立工程博士的关键目的在于解决教育、产业相互脱节的问题，落脚点是解决国家科技重大专项人员的培养问题，政策较为粗放。2018年，工程博士改革方案对具体方面做了进一步规范，明确了培养目标、培养方式、培养质量规格、学位论文要求以及质量保障体系等具体内容。

整体而言，专业学位研究生教育政策文本语义集群传达出两条深层逻辑主线：一是行政管理的"分类逻辑"，即随着经济社会发展的需要，相应的教育模式迫切需要改变，而要打破传统以培养高校后备师资为主的学术型知识人才培养体系，就要探索设立新的人才培养模式，通过"分类设置"学位类型来满足社会发展的新需求。二是制度变迁的"改制逻辑"，即在现有制度框架下，通过政策引导，分离出一套学位与人才培养体系，专门培养高层次应用型人才，实现分类定位、分类培养的目的。

第四章 以满足社会需求为目的的改制逻辑：制度设计者

> 在一个既定的行动领域中，将相互依赖的行动者联系在一起的诸种互动过程，建立在一种权力的协商性交换基础之上。
>
> ——［法］埃哈尔·费埃德伯格[①]

在中国博士教育体系中，基于学科概念和科学研究建立起来的学术学位博士教育系统俨然形成了坚不可摧的"学科规训体系"[②]和"学术部落文化"[③]。然而，在高等教育大众化、市场化、全球化的背景下，博士教育的社会功能日益被国家和社会大众所重视。在这样的背景下，专业学位制度的设计者是如何构想和建设工程博士教育体系的？他们是如何对工程博士内涵进行认知建构的呢？

本章以工程博士制度设计者为主要研究对象，阐述他们对工程博士内涵的理解与建构过程。研究资料包括七名受访者的访谈资料和五

---

① ［法］埃哈尔·费埃德伯格：《权力与规则——组织行动的动力》，张月等译，上海人民出版社2005年版。

② 学科规训是指大学在组织知识生产过程中，通过"规训，即生产论述的操控体系"形成了学科权力组织系统，操控着学科建制、专业组织、出版期刊、基金管理以及评价系统（详见［美］华勒斯坦等《学科·知识·权力》，刘健芝等译，生活·读书·新知三联书店1999年版，第21页）。

③ 学术部落文化也即学术圈文化，是基于学科而形成的学术部落及其运行机制（参见［英］托尼·比彻、保罗·特罗勒尔《学术部落及其领地》，唐跃勤等译，北京大学出版社2008年版）。

第四章　以满足社会需求为目的的改制逻辑：制度设计者

名工程博士设置论证者的讲话、观点和思考。除此之外，还包括相关的政策解读、新闻报道、文献资料等。

第一节　定位的认知

一　学位属性：分类

1980年，中国颁布《中华人民共和国学位条例》，明确"学位分学士、硕士、博士三级"，学位授予标准以学术学位为导向，主要满足当时对高校教师和科研人员的紧迫需求，加快培养教师和科研人员是当时设立学位制度的首要、紧迫和唯一的目标。[①] 但实际上，当时也有部分管理者认识到有些领域的高层次人才培养规格和途径应该是多样化的。例如，1981年，在学科评议组第一次预备会议上，教育部时任部长就指出：

> 我们实行学位制度，培养博士和硕士，这是中国培养高级专门人才的一个重要渠道，但不是唯一的渠道。临床医学组就建议对培养医学博士、硕士和专科医生采取不同的方式，分成两个渠道进行，采取培养博士、硕士的办法来培养专科医生，恐怕不能培养出优秀的临床医生。这是值得重视和研究的，其他一些学科也有类似的问题，这需要分别不同的情况，采取切合实际的措施加以具体解决。（ZF-8）

经济社会发展需要不同类型人才，是分类设置学位类型的客观前提。随着社会经济发展的需要，国家现代化建设对高层次人才培养的多样化提出了新的要求。1984年底，清华大学等11所工科院校向教

[①] 黄宝印：《中国专业学位教育发展的回顾与思考》（上），《学位与研究生教育》2007年第6期。

· 93 ·

育部提出《培养工程类型硕士生的建议》，得到教育部领导的同意并转发该建议。1984—1990 年，在工程领域、临床医学领域、金融领域实施了培养应用型高层次专门人才的探索。在此基础上，1990 年国务院学位委员会第九次会议专门讨论了《关于设置专业学位调研工作的情况汇报》《关于设置医学专业学位的初步设想》《关于设置和试办工商管理硕士学位的几点意见》等①，提出设置专业学位教育，其基本思路是：通过设置不同于学术学位的专业学位来培养面向应用部门的专门人才。1996 年，国务院学位委员会第十四次会议审议通过了《专业学位设置审批暂行办法》，并指出专业学位的设置目的是"加速培养经济建设和社会发展所需要的高层次应用型人才"。专业学位制度正式确立。

早在 2002 年就发起了设立工程博士专业学位的动议，该动议的初衷就是"培养应用型人才，和学术学位分开"。当时为完善工程技术人才培养体系，加强高校与社会需求之间的联系，国务院学位委员会于 2002 年提出设立工程博士专业学位的动议。②

> 不能都培养象牙塔里的博士，大家都一门心思地研究书本上的学问，那不行，和实际工程脱离太远，要和工程现场结合起来，设置专业学位工程博士，培养应用型人才，和学术学位分开，这个出发点是对的。(ZF-4)

分类设置专业学位是在研究生教育结构调整过程中进行的。调整研究生的类型结构，意味着调整学术型人才与应用型人才的比例，即在高度重视学术型人才培养的同时，大力发展专业学位研究生教育，

---

① 黄宝印：《中国专业学位教育发展的回顾与思考》（上），《学位与研究生教育》2007 年第 6 期。
② 肖凤翔、董显辉、付卫东等：《工程博士专业学位研究生培养现状及应注意的问题》，《学位与研究生教育》2014 年第 3 期。

第四章 以满足社会需求为目的的改制逻辑：制度设计者

培养高层次、应用型专门人才。① 在国务院学位委员会第十二次会议上，教育部时任领导指出：

> 中国的研究生教育是从单一的学术性学位起步的；上世纪90年代以来，虽然陆续开设了16种专业学位，但还很不完善，从社会需求来看，从事应用研究的研究生应该是更大量的，因此要进一步调整结构，建立使研究生教育更好地适应中国未来经济建设和社会发展需求的、结构合理的研究生教育体系。(ZF-9)②

可以看出，在学位属性方面，政策设计者的思路非常明确，即在现有学位制度框架下，通过分类设置学位类型来满足社会发展的需求，这是当时设置专业学位的政策动议，也是专业学位合法性来源的制度基础。

二 功能发挥：与企业行业联合

任何一项政策或制度的出台，都是围绕某个现实问题展开的。设立工程博士所聚焦的关键问题被描述为"教育与产业之间的脱节"。

> 中国自1978年恢复研究生教育以来，一直是工学博士培养系统，注重学术论文的发表，以培养教师后备人才为主，有两个突出的问题：一个是理科化倾向；一个是与企业行业联系不够。(ZF-1)

---

① 黄宝印：《中国专业学位研究生教育发展的新时代》，《学位与研究生教育》2010年第10期。
② 陈至立：《在国务院学位委员会第二十二次会议上的讲话》，《学位与研究生教育》2006年第3期。

工程博士本土化内涵的认知与建构

加强高校与社会需求之间的链接是工程博士教育的政策初衷，也是突破现有学术博士教育的政策路径选择，更是工程博士在定位上不同于工学博士的核心体现。

> 工程博士定位很清楚啊，他是为行业企业发展培养高层次应用型人才的，解决的是教育与产业之间脱离的问题，这是战略定位，是不容置疑的。（ZF-2；持相同观点的还有ZF-1、3、4）

在如何满足社会需求、如何与企业行业链接方面，当时是有具体路径指向的。一位教指委委员透露，当时工程博士设置与国家重大科技专项的推动有直接的联系。

> 国家重大工程项目里有这样一群人，他们是重大项目的主干，也是领军人才的后备力量，实践经验很丰富，但是在学历和研究方面有一定的需求。这个群体的需求很明确，就是来充电，希望知道领域内最新的发展状态是什么，希望能在理论思维方面拓展视野，他来读博不是为了应用来的，因为他知道自己很强，在实践经验方面（他们）比导师知道得多，他需要的是跟他现在的应用结合的这一块儿背后的理论是什么，这个领域最前沿的东西是什么，这就为工程博士设置找到了一个口子。（ZF-7）

当时还有一些学者专家对工程博士与社会需求之间的关系进行了阐述。有专家从国家战略发展需求的角度提出设置工程博士教育是建设创新型国家的需要，指出国家重大工程项目建设和重大科技攻关项目实施，需要一大批高层次的应用型拔尖创新人才来承担项目的组织和管理工作，设置工程博士来培养"实践能力强、理论水平高、工作

第四章　以满足社会需求为目的的改制逻辑：制度设计者

经验丰富，具有工程实践能力、知识转移能力、技术整合能力……既能埋头拉车，也会抬头看路的工程类高层次复合型创新人才"[①]。也有专家专门总结了中国设置工程博士的必然性以及已具备的客观条件，认为在客观方面，"国外工程博士的发展为我们提供了借鉴经验，工学博士的发展是工程博士的横向基础，工程硕士的发展是工程博士的纵向基础，广阔的市场需求是工程博士的生源基础"；在必然性方面，"设置工程博士是适应经济建设和社会发展的高层次人才的需要，是国家博士学位制度发展的需要，是实现工程技术人员价值的需要"[②]。

第二节　培养过程的认知

一　培养目标的转变

培养工程技术领军人才是设置工程博士的政策目标。2011年，工程博士设置方案通过不久，科技部政策法规司体制改革处领导在接受《教育与职业》杂志记者关于法规解读访谈时指出：

> 工程博士从层次上讲与工学博士相同，只有培养方向、培养目标，所采用的质量评价指标有所不同……工程博士的培养方向是培养工程技术领军人才"；在招生范围上"必须是实质性参加过国家技术重大专项的人员"。(ZF-11)[③]

然而，在政策文本中，"培养工程技术领军人才"的目标并没有

[①] 张振刚：《开展工程博士专业学位教育的对策研究》，《中国高等教育》2007年第18期。

[②] 邓艳：《关于中国设立工程博士专业学位的博弈分析》，《吉林教育学院学报》2012年第28卷第6期。

[③] 李文君：《如何培养工程技术领军人才——访谈科技部政策法规司体制改革处副处长唐玉立》，《教育与职业》2012年第28卷。

工程博士本土化内涵的认知与建构

在设置方案中得到阐述。在2018年的改革方案中,工程博士的培养目标被阐述为:培养"高层次工程技术人才,为培养造就工程技术领军人才奠定基础"。这与当时设置工程博士的思路是有变化的,有受访者对此做出的解释是:

> 当时的起点比较高,依托国家重大专项,是本着培养领军人才而去的,然而,后来发现,领军人才哪是学校能培养出来的,只能说为培养领军人才做基础。(ZF-1)

一位工程教指委委员指出,工程博士其实培养的是技术应用研发层面的人才,并非技术的原始创新、理论创新型的人才。按照工程技术成熟度①来看,他认为,工程博士适用于三级以上阶段(技术试验应用阶段)的人才培养(见表4-1),这方面人才在中国非常紧缺。

> 从工程领域的技术成熟度来看,工程博士主要应该指向的是三级以上阶段的人才培养,这部分人才要与企业行业密切联合,要去处理技术的应用问题;1—3级还是主要偏向原始理论创新和新技术开发的,这是学术博士要干的事情。(ZF-6)

---

① 技术成熟度是指技术相对于某个具体系统或项目而言所处的发展状态,20世纪70年代由美国航空航天局起草并逐渐完善而成,其分为九个等级:(1)基本原理被发现和阐述;(2)形成技术概念或应用方案;(3)应用分析与实验室研究,关键功能实验室验证阶段;(4)实验室原理样机组件或实验板在实验环境中进行验证;(5)完整的实验室样机,组件或实验板在相关环境中进行验证;(6)模拟环境下的系统演示;(7)真实环境下的系统演示;(8)定型试验;(9)运行与评估。在中国,由政府部门研制的《新材料技术成熟度等级划分及定义》《装备技术成熟度等级及定义》已经发布应用,九个等级分为实验室阶段、工程化阶段、产业化阶段三个阶段。

第四章　以满足社会需求为目的的改制逻辑：制度设计者

表4-1　　　　　中国新材料技术成熟度等级界定①

等级	技术成熟度	阶段
1	材料设计和制备的基本概念、原理形成	实验室阶段
2	将概念、原理实施于材料制备和工艺控制中，并初步得到验证	实验室阶段
3	实验室制备工艺贯通，获得样品，主要性能通过实验室测试验证	实验室阶段
4	试制工艺流程贯通，获得试制品，性能通过实验室测试验证	工程化阶段
5	试制品通过模拟环境验证	工程化阶段
6	试制品通过使用环境验证	工程化阶段
7	产品通过用户测试和认定，生产线完整，形成技术规范	产业化阶段
8	产品能够稳定生产，满足质量一致性要求产业化阶段	产业化阶段
9	产品生产要素得到优化，成为货架产品	产业化阶段

在论证环节，有专家指出，随着中国经济发展和企业技术升级，社会需要一批具有技术创新能力和组织管理能力的高层次人才，而学术型的工学博士难以满足这一需求。于是，有相关研究聚焦美国、英国的工程博士设置经验②，试图将其"移植"到中国本土，提出必须从改革培养目标开始，打破类型单一的工学博士培养目标，设立符合工程实践、企业行业需要的应用人才目标。③

二　培养对象来源范围的扩大

在前述的研究阐释中我们可以看出，工程博士的培养对象直接影响导师、管理者对其定位的认知。在2011年初设置工程博士时，要求工程博士的培养对象主要来自于国家重大科技专项人员，这部分培

---

① 工业和信息化部：《新材料技术成熟度等级划分及定义》，2009年，工业和信息化部官网（Https://Www.Miit.Gov.Cn/n1146285/n1146352/n3054355/n3057497/n3057502/c5963530/Part/5963535.Pdf）。
② 钟尚科、杜朝辉、邵松林等：《英国工程博士专业学位研究生教育的研究》，《学位与研究生教育》2006年第7期。
③ 钟尚科、张卫刚、姚训等：《美国工程博士专业学位研究生教育的研究》，《学位与研究生教育》2006年第8期。

养对象主要采取"在学不离岗"（即非全日制）方式进行，平均年龄较高。然而，随着工程博士项目的发展及国家重大专项的调整，过窄的培养对象范围不能满足工程领域应用型人才的发展需求，因而培养对象范围逐步扩大。2018年的改革方案明确指出，"工程博士专业学位的招生对象一般应已获得硕士学位，并具有较好的工程技术理论基础和较强的工程实践能力"，其重要变化是与重大工程项目"脱钩"。一位教指委委员这样解释其中的原因：

> 工程博士最初设计是希望培养工程领域的领军人物，因此是依托当年的国家重大专项来做的，实际上就把这个生源群体锁得非常窄了。回过头来看，前几年招了一些重大工程项目的人，这部分人群逐渐吸收后，发现可持续性比较低，于是就探索做了一些改革，正好国家的科研体制有变化，重大专项也在调整并轨。我们自己经过思索，也跟部里报告了思路，就把工程博士和重大专项挂钩这个解开了，只要有参与工程实践项目经验的人都可以来申报。改了规则之后，学生跟以前明显不同了，相当一部分是比较年轻的，原来那些工程博士都是很资深的人，这是很大的不同。其实，中国的工程能力还是很强的，如果只瞄着领军的这一部分人，掐这个尖儿上的人的话，基数就这么大，是比较窄的。还是要适度放宽一点，甚至我们要走出去，将海外的重大项目里面的人也吸纳进来，要弄大一点。（ZF-7）

三 授权高校与企业联合培养

工程博士设置方案明确规定，工程博士生由"授权高校和企业联合培养"。在试点期间，国家科技重大专项作为工程博士培养的主要载体，重视高校与行业企业的深度合作，科技部时任领导明确指出：

> 一是把承担国家科技重大专项作为申报试点单位的必要条

第四章 以满足社会需求为目的的改制逻辑：制度设计者

件，二是把国家重大专项所涉及的电子与信息、先进制造、能源与环保、生物与医药设为工程博士招生领域，三是规定试点单位必须让企业参与到工程博士的招生、培养各个环节中。(ZF-11)

这些要求虽然没有形成公开的政策文件，但在高校管理者的访谈中证实，这些确实是实施中的规范性要求，也是工程博士的独特性所在。有教指委委员认为，高校作为工程博士培养的主体，在校企合作中要发挥学校自身的特长，找到与企业的结合点：

> 我觉得高校教别人做工程是不现实的，虽然高校自己手里就在做重大专项，但有这个背景的院系越来越少。高校更多的是学术研究和研发性质的创新，而从企业来读博士的人，他根本不缺工程，而是缺理论方面、前沿研究的东西，理论思维其实就是解决问题的更高一个层次的能力，能够透过现象看本质的能力。那这两块儿结合，就要想办法把学校的优势发挥出来，把产业里面这些人的理论基础和思维能力提升上来，这两方面结合到位，这一块儿就能做得很好。(ZF-7)

在校企合作方面，高校与企业到底怎么联合培养，政策是基于什么样的考虑？一位受访者认为：

> 工程博士的设置，当时是冲着最难的模式去了，当时设置方案以一票之差通过，确实存在一些争议。当时主要通过与重大工程项目结合实现联合培养，但发现实际上高校的科研模式与想解决实践中应用问题的工程博士思路还是有差距的。在模块化的管理模式下，教育和产业之间存在隔阂，但不管怎么说，校企合作培养工程博士的方向是正确的，是引导性的，现在学校要想办法下功夫，不能总是有着等靠要的思想。(ZF-1)

也有受访者认为，校企合作的关键在于高校，高校得转变观念，加强与社会需求之间的主动联系。例如，有受访者说：

> 现在高校是没转过来，还抱有在象牙塔里培养学生的观念，不和社会发展相适应显然不行啊，政策已经明确方向了，高校要想办法去创新，把论文写在祖国建设的大地上。（ZF-2）

在工程博士设置论证环节，有参与政策设计的专家提出，设置工程博士培养方案应当做到理论与实践结合，学校和企业结合，人才培养与重大项目结合……鼓励和推动培养单位聘请工程实践经验丰富、专业理论水平高、组织管理能力强的专家充实到工程博士培养的导师队伍中来。[1] 也有专家提出，工程博士在培养模式上要与工学博士完全不同，可采取进校不离岗，学校与企业联合培养的创新模式。[2] 在授权高校的条件方面，有专家提出，工程博士的授权高校要从层次较高的工学博士授权点中选择，可在"985"工程重点建设的大学或建有研究生院的大学中挑选一些基础较好，工程硕士培养经验丰富，在相关领域具有一级学科博士点授权的大学进行试点。[3]

第三节 出口质量的认知

制度设计者对工程博士质量的理解更多的是基于质量标准建立的思路来展开的。

一是希望能够建立脱离于学术博士的质量标准体系。如受访者

---

[1] 张振刚：《开展工程博士专业学位教育的对策研究》，《中国高等教育》2007年第18期。

[2] 陈伟、裴旭、张淑林：《对中国开展工程博士专业学位研究生教育有关问题的探讨》，《中国高教研究》2006年第12期。

[3] 张振刚：《开展工程博士专业学位教育的对策研究》，《中国高等教育》2007年第18期。

第四章 以满足社会需求为目的的改制逻辑：制度设计者

所言：

> 工程博士质量主要得看应用性成果的产出情况。确实，现在工程博士质量标准建立比较紧迫，不能走老路子，要偏向应用成果，不能只看学术，但一些科研的基础得有。(ZF-2)

二是对质量标准体系究竟应该怎么建立、由谁来建立、谁来评价等问题目前还处于探索阶段，需要多方协力共同促进。如受访者所言：

> 在出口这个问题上，理想是要偏向应用，但是什么样的应用成果才能够得上博士的水准？够不够得上由谁说了算？是高校的学术导师还是企业导师？如果是自己的导师说了算，那由谁来监督这个质量？也不能自圆其说。如果放开的话，那就是行业的事，其实就是工程博士与职业资格对接的问题。目前来看，无论是工程博士的质量标准还是职业资格的标准都缺乏科学的标准体系。但是，这个问题的解决不是高校、导师这些教育圈子里边的人能决定的，需要行业参与甚至主导。(ZF-5)

> 出口质量标准是和技术成熟度相一致的，具体可以由高校和行业共同制定相关学术和技术两方面的标准。(ZF-6)

三是目前的学术博士评价体系对工程博士质量有一定的影响，受路径依赖，工程博士面临被学术博士评价体系牵着鼻子走的状况。

> 质量标准这块儿啊，要突破有一定难度，需要打破教育圈子，这不好说。目前的博士学位评审专家基本都是学术圈子里的，虽然标着专业学位，但在看论文的时候，潜在的规则还是学

术的套路,这是个问题。另外呢,行业职业资格里面没有明确的质量标准框架,所以导致现在专业学位发展没有开花。(ZF-7)

第四节 建构过程与互动

工程博士教育经历十余年的探索式发展,随着2020年《专业学位研究生教育发展方案(2020—2025)》的推进,未来将踏上快速发展之路。在重要时期里,弄清工程博士发展的"家底",找准工程博士设计者建构背后的深层次情境互动,政策的持续发力至关重要。

一 政策理想

在政策设计上,《工程博士专业学位设置方案》[①]中有四点关于工程博士培养特色的核心阐释,也是其区别于工学博士培养模式的重点改革之处。

第一点,要求授权高校与企业联合进行工程博士培养。

第二点,要求工程博士的招生对象具有较好的工程技术理论基础和较强的工程实践能力。

第三点,要求工程博士培养实行多学科交叉培养和导师团队联合指导。

第四点,要求工程博士的学位论文应与解决重大工程技术问题、实现企业技术进步和推动产业升级紧密结合。

这四点是工程博士区别于工学博士的核心体现,也是政策设计上要求工程博士培养模式改革的核心点。工程博士的政策目标是要实现产教融合,在招生、培养过程和出口方面都基于产教融合理念提出了具体的改革要求。

[①] 国务院学位委员会:《关于印发〈工程博士专业学位设置方案〉的通知》,2011年3月,教育部官网(Http://Www.Moe.Gov.Cn/Srcsite/A22/Moe_833/201103/t20110308_117376.Html)。

第四章 以满足社会需求为目的的改制逻辑：制度设计者

在具体措施上，对于"如何培养工程技术领军人才"这一问题有两大关键部署：一是在招生范围上"必须是实质性参加过国家技术重大专项的人员"；二是强调校企联合培养，和国家重大专项结合起来。对于"如何让企业参与"这一问题有三点部署："一是把承担国家科技重大专项作为申报试点单位的必要条件，二是把国家重大专项所涉及的电子与信息、先进制造、能源与环保、生物与医药设为工程博士招生领域，三是规定试点单位必须让企业参与到工程博士的招生、培养各个环节中。"① 这些硬性措施试图实现培养单位与企业的无缝隙全面合作，达到产教融合的目标。

在方法层面上，为了实现培养单位与企业的充分合作，2012年3月，科技部重大专项办公室和国务院学位委员会办公室联合举办"面向国家科技重大专项培养工程博士高校—企业对接会"，力图以国家科技重大专项为载体，实现产教融合的目标。根据会议资讯报道，国务院学位委员会办公室负责人表示"试点单位要在招生、培养方案制定、导师团队建设、课程教育和实践训练、学位论文等方面与企业进行对接，让企业实质性参与工程博士的招生和培养等工作"；科技部重大专项办公室负责人也表示要"突出重大专项实施、人才队伍与平台基地相结合，高校人才培养与企业人才需求相结合，科技创新、教学实践与学生就业相结合，探索高素质人才培养的新模式"②。

可以看出，政策出台后，教育部与科技部协同联动，为政策的顺利执行提出了相对清晰的路径，为产教融合搭建了载体平台。但政策落地到高校层面后，在具体执行过程中，以上的政策目标和设想是否实现了呢？

---

① 李文君：《如何培养工程技术领军人才——访谈科技部政策法规司体制改革处副处长唐玉立》，《教育与职业》2012年第28卷。

② 教育部：《探索培养工程技术领军人才新模式——面向国家科技重大专项培养工程博士校企对接会召开》，2012年，Http：//Old. Moe. Gov. Cn//Publicfiles/Business/Htmlfiles/Moe/Moe_ 1485/201203/133410. Html。

二 处境现实

(一) 由一票之差设立工程博士背后的争议

2011年，国务院学位委员会第二十八次会议审议通过《工程博士专业学位设置方案》。根据当时参会人员透露，工程博士的设置并没有达成普遍共识：

> 设置工程博士的争议还是比较大的，在学位委员会决议时因一票之差通过了方案，少一票可能就通不过，也就不会有工程博士。(ZF-1)

这充分说明制度设计者群体对于是否设置工程博士，存在一定的分歧。但是当时为什么会通过呢？有受访者这样认为：

> 当时把工程博士定位为一个比较高端的项目——基于国家重大科技专项培养工程技术领军人才。如果不把它放到这个层面上，只是放在普通层面上，在原有的学术学位的领域体系内，是没有工程博士教育的空间的。为什么把工程博士定位为领军人才之后，问题暂时解决了呢？就是因为它拉上去之后，大家都觉得这事跟我们原有的工学教育没关系了，它定位高，当时要求申报高校须承担国家重大科技专项，一定要在那个基础上一些领军人才才能参加工程博士项目。(GLZ-1)

工程博士设置争议的焦点到底在哪儿呢？《中国青年报》2012年发表评论文章称，"工程博士匆忙上马，发展走向令人忧虑"，直击工程博士设置疑惑。《中国青年报》记者采访发现，部分院校对设置工程博士的热情不高，有的高校负责人谈工程博士色变，有的院校三缄其口，有的干脆反对采访工程博士的培养对象。关键的疑虑在于：

第四章　以满足社会需求为目的的改制逻辑：制度设计者

（1）工程博士设置理念不统一，一些高校临时抱佛脚申报试点。在年初由国务院学位办和科技部重大专项办公室举办的高校企业对接会上，持不同意见者在现场争吵得十分激烈，相关人员在即兴回答高校问题时出现新的说法，令企业和高校感到一头雾水。（2）工程博士缺乏培养保障机制。《工程博士专业学位设置方案》中并没有具体操作层面的内容，如何招生、怎么培养都由试点单位自主操作，更让高校感到头疼的是，上级业务主管部门意见不统一，令试点高校左右为难。[①] 一位参与工程博士设置论证的负责人直接道出四点担忧：一是在工程博士跨学科导师团队中，谁来挑大梁容不得半点含糊；二是试点高校是否愿意为5—10名小众化的工程博士培养进行大投入、花费大精力要打上问号；三是试点高校如果仅仅把工程博士作为普通工作来抓，或一种权利来施舍的话，容易出现敷衍了事或企业寻租的现象；四是教育、科技管理部门的态度导向很重要，如果只是一项可有可无的工作，试点单位很快就会失去改革创新的动力。（3）工程博士发展走向令人忧虑。社会各界对工程博士改革寄予厚望，但同时也有着不同的理解。如担心工程博士成为高管、高官戴博士帽的捷径，担心试点单位培养的工程博士不能适应社会发展需求等。[②]

结合相关的政策史料以及访谈对象的谈话资料，对工程博士设置的争议焦点剖析如下：

第一，工程博士的政策定位与现有工学博士定位之间的关系尚未理清，在长远性和前瞻性方面没有达成普遍共识。一是部分高校的工学博士培养本来就与工程应用结合得较为紧密，与行业建立了一定的合作关系，重新另设工程博士引人质疑。二是工程博士的招收对象来自企业行业，采用非全日制方式培养，如何确保博士层次的人才培

[①] 《工程博士培养匆忙上马，发展走向令人忧虑》，《中国青年报》2012年9月，科学网（Http://News.Sciencenet.Cn/Htmlnews/2012/9/269640.Shtm）。

[②] 《工程博士培养匆忙上马，发展走向令人忧虑》，《中国青年报》2012年9月，科学网（Http://News.Sciencenet.Cn/Htmlnews/2012/9/269640.Shtm）。

养质量，使之不陷入"权力学位"的旋涡引起不少人的担忧。三是对设置工程博士的必要性尚有疑虑，质疑的问题有：现有高校的工学博士培养是否都是纯理论取向的书本研究？是否全都与工程实践脱离？设置工程博士能否真正解决实际问题？再者，行业企业对高端工程师的真实需求是什么？需求量有多大？现有的偏向应用的工学博士是否可以满足这些需求？这些问题在诸多研究和政策讨论中，往往以"和实践脱节，不能满足社会发展需求"而一笔带过，缺乏实证性支撑。

第二，工程博士的政策路线和政策目标与"事实"在一定程度上存在一定偏差。工程博士的政策问题是：解决现有工学博士培养与实践应用脱节的问题。工程博士政策采取的解决路线是：以重大项目为依托来实现产教融合。但是，这个政策问题的实质并非如文字描述般简单。就现有材料来看，一是现有工学博士并非全部纯偏向理论，虽然部分高校的工学博士培养强调学科知识创新，但是部分高校、部分领域的人才培养过程始终与产业、行业保持着紧密的联系，具有典型的"工科"色彩，偏向应用基础研究。二是工程博士要求与企业行业联合培养应用型人才的设想，与现行博士教育系统的评价体系、知识生产体系、导师体系之间存在冲突，"校企联合培养"的实施路径较为模糊，单独依靠设立工程博士解决这些问题存在困难。如果没有配套的体制机制改革，工程博士会面临同样的问题，使得政策的目标渺茫且模糊。

第三，仅仅依托国家科技重大专项实现高校与企业联合培养缺乏长远的战略设计。依托重大专项开展工程博士培养虽然在政策执行上开辟了一条小径，但国家重大工程项目毕竟在时间和空间上的容量有限，能否支撑起规模化、规范化的博士人才培养体系值得商榷；同时，小规模的工程博士培养难以完全脱离于工学博士培养体系。政策文本在这两方面的长远规划是相对模糊的，为工程博士依附于工学博士培养体系的现状埋下了伏笔。

第四章　以满足社会需求为目的的改制逻辑：制度设计者

（二）互动中的偏离

一项政策落地实施，必然要经过政策主体与客体之间的互动和博弈，政策的有限理性与广阔的社会场景碰撞，造就了丰富的行动现实。

首先，工程博士的培养目标在执行中存在争议和误读。设置方案中对工程博士应该达到的知识基础、能力要求和成果做出了要求，但各高校在执行中纷纷引用了《关于下达工程博士专业学位授予单位名单的通知》中的政策语言，将"探索中国特色工程博士教育之路，造就未来工程技术领域的领军人才"作为培养目标，即把创新领军人才作为工程博士的培养目标。然而，大家的质疑是："工程博士的培养对象是'准领军人才'还是'潜在领军人才'，领军人才是高校能培养出来的吗？"①清华大学根据自身的探索情况提出："工程博士应坚持精英培养目标，聚焦领军人才，坚持精品化培养路线，强调职业发展能力。"②意指工程博士定位高端，应持少而精的精英化培养目标。浙江大学也同样坚持"少而精"的原则，首批工程博士从110位候选人中仅录取7人，且都是国家科技重大专项的主要承担者。③

然而，聚焦少而精的培养路线自带另一个逻辑，即培养规模受限。培养规模受限意味着群体特征难以在高校内部独自成形，继而无法脱离对学校其他运行体系、组织体系、培养体系、课程体系等的依赖；没有独自成形的培养特色，也就难以有针对性地解决现有的工学博士培养体系中存在的问题，工程博士的特色就会大打折扣，科技、教育、产业深度融合的政策预期就难以实现。

---

①　王征：《工程博士教育试点办学的基本探索与改革建议——基于浙江大学的案例分析》，《学位与研究生教育》2016年第2期。
②　钟晓征、刘惠琴、杨静：《工程博士培养初探》，《研究生教育研究》2013年第1期。
③　王征：《工程博士教育试点办学的基本探索与改革建议——基于浙江大学的案例分析》，《学位与研究生教育》2016年第2期。

工程博士本土化内涵的认知与建构

其次，工程博士在招生条件执行中的分歧和"放水"。根据国务院学位办负责人答记者问的咨询内容，工程博士招生对象"一般应已获硕士学位，并具有较好的工程技术理论基础和较强的工程实践能力，具备成为工程技术领域领军人才的潜质。所招收的工程博士研究生必须实质性地参与国家科技重大专项的研究。各试点单位不得招收政府机关工作人员攻读工程博士专业学位"[①]。但在实际招生过程中，对政策表述的不同理解带来了"灵活""可变通"的招生要求：是只招收来自重大工程专项单位的在职学生，还是招进来之后通过参与重大专项来培养。也就是说，与重大专项挂钩的条件是在招收中体现的还是在培养中体现的呢？但是，无论何种理解，国家重大专项都成为稀缺资源，高校纷纷要求所招人员必须是已经参与重大工程项目的人员，因此高校普遍将招生范围限定在承担国家重大科技专项的单位，且候选人必须实际参与重大专项的实施，将政策的招生来源空间压缩在一个狭小的范围内，为后续工程博士规模化的发展困境埋下了伏笔。而同时，在人力资本市场上，随着时间的推移，很多国家重大专项高层次技术人员招聘门槛已逐步提升为博士学历，早些年以硕士学历进入企业的工程技术人员数量逐年减少。这样一来，工程博士生源定位与生源市场需求之间的矛盾就愈加凸显，最终出现严格执行"与重大专项挂钩"的高校连招生计划内的人数都没有招满的现象。[②] 另一些高校则根据自身条件状况设置了较为宽泛的招生范围，并没有对参与重大专项的程度和深度有限制性要求，也没有对具体的学位学历等级、身份、年龄、工作经验、已有科研基础、外语能力等方面的限定，因此就出现了"北京、西安等地部分高校的招生对象放宽到学士学位以及硕士同等学力人员，存在五十岁以上的入学者，企业高管来

---

① 学位办负责人：《国务院学位办负责人就工程博士专业学位研究生教育有关情况答记者问》，Http://Www.Cdgdc.Edu.Cn/Xwyyjsjyxx/Gjjl/Zxzx/275966.Shtml。
② 肖凤翔、董显辉、付卫东等：《工程博士专业学位研究生培养现状及应注意的问题》，《学位与研究生教育》2014年第3期。

第四章 以满足社会需求为目的的改制逻辑：制度设计者

混一张工程博士文聘"等现象。①

再次，同质化培养与校企联合培养"两张皮"形式化问题突出。按照政策设想，"要求试点单位让企业实质性地参与到工程博士招生、培养的各个环节工作中来，推进高校和企业在招生工作、培养方案制定、导师团队建设、课程教学和实践训练、学位论文工作等方面实现全面合作"②。试图通过将对工程博士与企业联合培养来区别于工学博士培养模式，实现分类定位与分类培养。然而，在政策落地过程中，"部分高校仍然采用工学博士的培养模式，教学过程没什么两样，学生来了就跟着导师做课题，以论文为本"③；企业和高校的合作也心不在焉，一个是以营利为取向的经济组织，一个是以科研为取向的教育机构，在体制机制上仍然存在诸多障碍，因此校企合作培养模式的政策目标最后变成了"穿新鞋、走老路，高校和企业依然两张皮"④。除此之外，尽管政策规定了由高校与企业联合培养工程博士，但政策的执行主体是高校，政策对企业并没有任何约束力。事实上，除了推荐生源外，企业并没有其他参与的动力，因此出现了"不少企业代表对工程博士教育制度设计提出质疑和批评，认为企业投入巨大资源帮助政府和高校培养工程博士，但却无法获得相应的教育话语权和经济补偿"⑤。在访谈中，也有高校负责专业学位培养的管理者提出了同样的问题：

---

① 钟尚科：《完善中国工程博士专业学位教育制度与措施之探讨》，《高等工程教育研究》2013年第4期。
② 《国务院学位办负责人就工程博士专业学位研究生教育有关情况答记者问》，Http://Www. Cdgdc. Edu. Cn/Xwyyjsjyxx/Gjjl/Zxzx/275966. Shtml。
③ 肖凤翔、董显辉、付卫东等：《工程博士专业学位研究生培养现状及应注意的问题》，《学位与研究生教育》2014年第3期。
④ 肖凤翔、董显辉、付卫东等：《工程博士专业学位研究生培养现状及应注意的问题》，《学位与研究生教育》2014年第3期。
⑤ 王征：《工程博士教育试点办学的基本探索与改革建议——基于浙江大学的案例分析》，《学位与研究生教育》2016年第2期。

工程博士本土化内涵的认知与建构

  我们在工程博士培养方面遇到的最大难点就是校企合作。高校和企业是两个运作体系，在国内这两个体系之间没有利益的共同点，甚至是相左的两个方向怎么扭在一起，那现在高校是主动的，企业是被动的，高校必须找企业说我们要来合作，在实际工作中就是找项目呗，反正企业就是给你一个项目，然后解决我一个人这个读博士的名额呀，唉（叹气），我觉得跟我们这种培养人才的初心可能就离得有点远。

  再一点，校企双导师制从表面上看是建立起来了，但执行起来，校外导师的职责没法落地呀，比如可能他在指导的过程中调岗或离职了，那你这个学生万一出了情况，学校怎么向这个学生交代？企业的导师其实扮演的就是企业这边的项目负责人或者是项目主管这样的一个角色，其实他并没有实际参与培养，可能只是一个协调人，或者组织者、管理者这样一个角色。因此，他们参与进来的时候，形式上的作用更大于实质上的作用吧。（GLZ-3）

  最后，工程博士的培养质量问题逐渐显现出来。由于最初的设置方案并未对工程博士生的培养质量有详细规定，不同试点高校对课程学习、学位论文、科研成果的要求差别较大。"大部分单位并未对工程博士的课程论文、课程学习、实践训练、毕业门槛等方面的质量进行严格控制……甚至部分单位的毕业门槛非常低，只要完成培养计划规定的内容，德智体达到要求就准予毕业。"[①] 这样的博士学位很容易就变成了一种买卖，远低于大众对博士学位内涵质量的预期，因此就出现了大家普遍认为工程博士"底一等"的刻板印象。

三　博弈结果

  2018 年，国务院学位委员会、教育部发布《关于对工程专业学

[①] 王征：《工程博士教育试点办学的基本探索与改革建议——基于浙江大学的案例分析》，《学位与研究生教育》2016 年第 2 期。

第四章 以满足社会需求为目的的改制逻辑：制度设计者

位类别进行调整的通知》①，经国务院学位委员会第三十四次会议审批，决定统筹工程硕士和工程博士专业学位人才培养，将硕士、博士类别调整为电子信息、机械、材料与化工、资源与环境、能源动力、土木水利、生物与医药、交通运输八个类别。当时的政策答记者问材料显示，调整的主要原因，"一是工程专业学位领域固化、滞后问题凸显；二是与其他类别专业学位培养范围存在重复，工程博士、硕士衔接不够；三是部分工程领域设置与工学学科设置较为接近，与工程综合需求距离较大，培养特色不鲜明；四是管理机制不适应现实需要，调整方案充分考虑了当前条件的可行性和可操作性"②。

随后，《国务院学位委员会办公室关于转发〈工程类博士专业学位研究生培养模式改革方案〉及说明的通知》③指出，在试点阶段积累了一定的经验，为更好地推动工程博士教育的发展，由工程教指委组织研究部署，在通过专题研究、会议研讨、广泛征求试点院校意见的基础上形成了改革方案。该改革方案进一步明确工程博士培养目标、培养方式、招生对象、质量规格、学位论文要求、质量保障与监督体系。

具体而言，从培养模式改革方案内容来看，改革的特征如下：

第一，完善并明确了工程博士的培养目标。纠正了高校对试点阶段"培养创新领军人才"的误解，提出培养具有一定专门知识和能力的具有高度社会责任感的高层次工程技术人才，为造就工程技术领军人才奠定基础。这次定位的调整实际上是理想与现实的折中，在政策文字上给予高校更多的个性化空间，高校可以根据自身情况进行

---

① 教育部：《关于对工程专业学位类别进行调整的通知》，Http://Www.Moe.Gov.Cn/Srcsite/A22/Yjss_Xwgl/Moe_818/201803/t20180326_331244.Html。
② 学位办负责人：《就调整工程专业学位类别答记者问》，Http://Www.Moe.Gov.Cn/Jyb_Xwfb/s271/201803/t20180326_331237.Html。
③ 《国务院学位委员会办公室关于转发〈工程类博士专业学位研究生培养模式改革方案〉及说明的通知》，Http://Www.Moe.Gov.Cn/s78/A22/Tongzhi/201805/t20180511_335693.Html。

培养。

第二，完善并明确了采取校企合作方式进行培养的含义。首先，明确可以采用全日制和非全日制两种学习方式；其次，要求学位论文选题来源于重大或重点工程实际，培养工程技术创新能力；最后，明确校企导师组共同指导，高校采用聘请方式吸纳企业的专家作为导师组成员。

第三，进一步重申了招生对象的基础条件要求，即一般应获得硕士学位，具备较好的工程技术理论基础和较强的工程实践能力。对于是否来源于重大工程项目单位，是否参与过重大工程项目、是否有工作经验可以由高校自由裁定。

第四，明确了工程博士的质量规格，对应具备的知识、能力和素质做了进一步规范。在素质要求上，明确提出培养的工程博士要具有高度的社会责任感、服务社会发展、恪守学术道德和工程伦理规范；在知识上，明确工程博士在基础理论知识、领域发展前沿、人文与管理知识以及外语水平方面的具体要求；在能力上，提出解决复杂工程技术问题、技术创新、组织开发、协调沟通、跨文化交流等方面的要求。

第五，对学位论文的选题、内容、形式和评价进行了规范。要求选题来自工程领域的重大或重点项目，具有应用价值；要求研究内容应与解决重大工程技术问题、推动企业进步和产业升级结合，可以是新技术研究、重大工程设计、新产品或新装置研制等；要求成果形式多样，可以是学术论文、发明专利、行业标准、科技奖励等；对学位论文水平要求评价其学术水平、技术创新水平与社会经济效益，着重创新性和实用性。

第六，在质量保障与监督机制上，与研究生教育的整体质量保障接轨，一是建立高校内部的质量保障体系；二是明确全国工程教指委对培养过程的指导和监督作用。

综上所述，制度设计者对工程博士内涵的建构特征有以下几点：

第四章　以满足社会需求为目的的改制逻辑：制度设计者

第一，制度设计者以"改制性逻辑"推动工程博士的产生与发展。工程博士的政策动议是改革目前人才培养体系以满足社会发展需求，改革点落在"分类设置学位类型"而非重新建立一套新的制度体系上。工程博士是基于现有工学博士教育系统而产生的，是对现有制度的改革与改进，因此，由于定位上与现有工学博士难以分开而面临着诸多实践上的现实问题。

第二，制度设计者既是政策改革主体也是政策执行主体，具有"自下而上"的政策建构模式，底部参与性强。工程博士的建立一方面由政府指引，另一方面由部分高校主动推动。工程教指委成员大部分来自高校和行业内部，制度设计者具有广泛参与性特征，底部参与性使其实际上能融入政策话语体系当中。例如，2018年的改革方案，制度设计者把试点过程中试图与现有工学博士体系剥离的政策初衷，逐渐拉回到了高校培养系统的现实当中。

第三，制度设计者对工程博士内涵的建构具有动态性、渐进性特征。工程博士教育政策的变迁属于典型的"摸着石头过河"的政策路径，避免了盲目决策所带来的高额改革成本和风险，为后续政策的不断完善留有余地。[①] 这也表明工程博士改革将是持续性的，目前仍处于初期磨合的探索期，而工程博士的内涵也将随着改革而不断丰富。

小　结

本章以制度设计者的视角，探讨工程博士内涵轮廓是如何在政策动念、政策问题、政策成形过程中被建构而成的。

在定位方面，制度设计者发起工程博士的政策动议是"满足社会发展需求"，对工程博士定位属性的阐释是"分类设置学位类型"

[①] 徐湘林：《"摸着石头过河"与中国渐进政治改革的政策选择》，《天津社会科学》2002年第3期。

"分两个渠道进行人才培养",采取的政策路径是"与企业行业联合培养高层次应用型人才",这是工程博士定位的雏形。在培养过程方面,由于政策理想与实践现实的偏差,制度设计者对工程博士的培养目标、培养对象等在政策完善过程中进行了调整。培养目标由培养"领军人才"到"高层次工程技术人才",培养对象由试点阶段的"重大项目中的在职人员"逐渐扩大到"具有较好的工程技术理论基础和较强的工程实践能力"的应届生群体,对培养模式做了进一步明确,强调"校企联合培养"的政策引导。在出口质量方面,制度设计者对于怎么建立、谁来建立、谁来评价等问题尚处于探索阶段,并未形成清晰的认识,希望"不能走老路子",要建立独特的质量标准体系。

从建构过程来看,整个建构主线围绕政策工具如何迎合社会发展需求而展开。制度设计者的政策理想是,通过分类设置学位类型、分类培养,以国家重大工程项目为突破点,推动校企合作培养应用型高层次人才,满足社会发展需求,实现政策目标。然而,在政策执行过程中所面临的现实处境是:政策目标存在争议和误读,校企联合培养路径形式化问题突出,普遍对工程博士培养质量认同度低等。通过政策理想与现实处境的博弈,2018年工程博士培养模式改革方案进一步协调了两者的冲突,将政策目标逐渐拉回到高校实践的现实中,促使政策理想与实践现实达成正和博弈。

从行动特征来看,制度设计者以"改制性逻辑"推动工程博士的产生与发展。工程博士是在现有工学博士教育系统基础上建立的,以"分类设置"和"分类培养"的政策路径推动工程领域博士教育制度改革。目前工程博士教育尚处于初期的探索阶段,随着未来改革的持续推进,工程博士的内涵也将逐渐丰富。

第五章　以规范性执行为目的的规制性逻辑：高校管理者

> 高校变革一般有两种方法：一种是"命令与控制"，试图通过自上而下的命令和规则来开始并维持一个过程，但这种方法在大的机构里效果有限；另一种方法更适合于大学这样的庞杂机构，即创造自给的市场动力，点燃基层转变所需的火花。
>
> ——詹姆斯·J. 杜德斯达[①]

当我们的视野从制度设计者转移到高校管理者时，工程博士内涵建构的图景忽然变得复杂起来。工程博士作为一个新出现的博士学位类型，与高校现有的工学博士教育体系之间有着难以说得清的路径依赖关系，这是众所周知的事实。在专业学位与学术学位分类培养的政策驱动与高校沉甸甸的文化土壤融合发酵的过程中，作为中介链接的高校管理者发挥着不可估量的作用。在上有政策、下有"底部沉重"的利益格局中，这些管理者面临着什么样的条件处境？又秉持着什么样的认知动机在各种错综复杂的关系网络中形塑着实然的工程博士内涵呢？本章正是带着这样的问题，将工程博士在高校底部的生长作为一个实践建构的过程进行分解，试图呈现高校管理者对工程博士内涵

[①] [美]詹姆斯·J. 杜德斯达：《21世纪的大学》，刘彤、屈书杰、刘向荣译，北京大学出版社2020年版。

工程博士本土化内涵的认知与建构

的解读以及解读背后的逻辑。

第一节 定位的认知

一 应用价值：为工程服务

根据《硕士、博士专业学位研究生教育发展总体方案》的设计，专业学位是"针对特定职业领域需要，培养高层次应用型专门人才的一种学位类型，具有特定的职业指向性"[①]。这一表述基本上奠定了工程博士的应用价值属性。

在高校管理者看来，工程博士的核心属性就是其应用价值，培养的人才要为工程实践服务。

> 我们确实要从战略角度来看，我们的工程教育到底该走向哪里？它不仅仅是培养模式改革这个表层的问题，而是我们首先要解决一个问题：就是工程博士的本原是什么？它到底为谁服务？它不是为导师服务的，不是为学校服务的，不是为那几篇论文服务的，它是为工程实践、为企业服务的，或者为国家的科技竞争、产业经营服务的，把这个讲清楚才能理顺工程博士的定位问题。（GLZ-1）

工程博士的应用价值在高校培养实践中落地时，最终的落脚点聚焦在了"培养谁"的问题上，也即培养对象的选择层面。在工程博士设立之初，虽然最终呈现的政策文本并没有对招生对象是在职还是应届生（当时并未引入全日制和非全日制概念）做出明确的规定，但在具体操作中，政策舆论和中国工程院都通过"某种方式"在实然上要

---

① 研究生专业学位总体设计研究课题组：《开创我国专业学位研究生教育发展的新时代——研究生专业学位总体设计研究报告》，中国人民大学出版社2010年版。

第五章　以规范性执行为目的的规制性逻辑：高校管理者

求高校招收具有工作经验和实践能力的在职生群体，并且招生生源来自承担国家重大专项的企事业单位。高校的招生简章中也明确招生对象的基本条件是"承担国家重大专项项目研究，或者来自国家重大专项立项的单位"。访谈实录如下：

> 访谈者：我有一个疑惑，就是首批招生时，工程博士设置方案中没有要求招生对象必须是在职人员，但为什么高校当时都只招收具有工作经历且在职的人群呢？
>
> 受访者：是有的，当时是中国工程院在管的，那时候还没有教指委，工程博士也主要是中国工程院发起来的。它就是出于要解决重大工程项目关键问题来设的这个工程博士。最开始我们开会什么的都是去工程院，中国工程院要求工程博士必须和重大工程项目结合，招收的人也都是参与重大工程项目的，这个要求是非常严格的。
>
> 追问：那招收的全是在职的？没有全日制这种吗？
>
> 受访者：当时没有全日制和非全日制这个概念，就是在学不离岗这意思，招收的人都是从重大工程项目中来的，他是要拿学历学位的嘛。

可以看出，当时的工程博士政策实施到高校层面后，高校对工程博士应用属性的践行体现在两个关键方面：一是分类招生。工程博士的招生对象面向的是在职或有工作经验的群体，也就是典型的职后教育，与高校的工学博士在入口上有清晰的边界之分；二是分类培养。在培养模式上和重大专项结合，校企联合，论文选题限于重大工程实践项目，虽然与高校的工学博士培养不能彻底分开，因为部分高校的工学博士培养也是基于重大专项进行的，但培养对象的不同使两者之间有了相对清晰的边界。

也有管理者认为，工程博士应用属性的发挥，其最终的落脚点应该是行业职业规范体系的建立和领域专业化程度的形成，因此与行业的发育程度息息相关。

我觉得专业学位，从美国的发展情况来看，跟所依托的行业发育程度有很大关系。就比如说我们那个经济管理领域的MBA，大家的接受程度普遍是比较高的，因为这个领域里边的知识生产已经成熟到一定程度了，行业的标准也比较明确了，因此在这些领域里做行业准入或者职业资格的标准，是比较容易取得共识的。但是有一些行业领域，说实在的，其实发育程度真的还没有达到这个专业化程度。美国的很多Professional Degree，它的标准是行业定的，由行业协会来认证其质量，但是我们是教育部门，行业参与的很少且几乎没有相应的权利，这对专业学位发展来说是个大问题。（GLZ-3）

二 学位属性：各安其位才能各安其事

"各安其位才能各安其事"是高校管理者对工程博士定位的期待。在操作层面上，有高校管理者坚守"分类"原则，坚持招收在职生，坚持分类培养，并不断探索在评价体系上破局，以实现分类评价。试图通过"分类招生、分类培养、分类评价"三个分类，实现工程博士在定位上与工学博士的"各安其事"。

从大学和职业这个角度来看，工程博士和工学博士是有显著区别的。当时工程博士设置时和重大工程项目结合，招收有经验的在职生，完全不同于二十几岁的学生培养系统，从源头上就区别开了，这是一个很清楚的定位，这样我们也好做，各安其位才能各安其事。2018年政策调整后允许招收全日制工程博士后，很多高校开始大量招收应届全日制的工程博士，这是个问题。工程是非常复杂且系统的问题，不是靠一个学科一个院系就能培养出

第五章　以规范性执行为目的的规制性逻辑：高校管理者

来的，要放在学校的平台来做。例如，当时政策提出由行业导师和高校导师联合指导，这是两种类型。其实，在实践中我们出现了四种类型，什么概念？就是比如说，计算机系的一个教授指导的一个工程博士生，他现在做的是一个工程的事情，他说我还需要土木系的一个教授来指导，还需要找行业里面的几个大咖来做。就是除了高校这个院墙外，其他高校的老师能不能一起来做？有行业的，又有高校的，这样形成的是一个联合导师组，这个导师组的形成已不是单纯地具有指导意义，不仅是我们传统理解的师生关系，也是亦师亦友的关系，这样呢，他们才能凝聚成一股力量，攻克一个个关键技术难题，做出一些跨界交叉融合创新的东西，进而推动产业的进步，这不就是国家设置工程博士的初衷吗！（GLZ-11）

还有管理者认为，工学博士与工程博士分类的名称应该调整为哲学博士和工学博士，哲学博士就是纯实验室基础研究，剩余的大部分工学博士实践的就是工程博士的理念，但不建议在名称上将其定为专业学位工程博士，因为专业学位的社会认同度低。

工程博士目前面临的核心问题是全日制工程博士是一种不可取的方式，就是政策定义的那种工程博士用来推广是不合理的。大部分工学博士就是面向工程开展的，所谓的纯实验室的理论研究只是工学博士的一种，大部分工学博士就是面向工程、面向国家重大项目开展的，可以说，我们很多高校现在全日制培养的工学博士就是工程博士了，你再来个全日制的工程博士是什么？专业学位在大家眼里是低一等次的学位，把大量工学博士变成工程博士要考虑现实问题。我觉得要改革中国的博士教育体系，那就分为工学博士和 PhD 博士，没有工程博士这一说，这样也和国际接轨了。（GLZ-9）

· 121 ·

★ 工程博士本土化内涵的认知与建构

第二节 培养过程的认知

一 培养对象

培养对象是高校管理者在制定学校工程博士培养方案时最为关键的要素，在一定程度上决定了工程博士的定位。管理者认为，有工作经验的在职生和没有工作经验的应届生区别很大，在培养上必须做区分。

> 我们工程博士项目招收的学生都是服务于国家创新驱动发展战略的，全部是非全日制在职生，他们的年龄大概在40岁，工程实践经验比导师都要丰富。这个群体和平均年龄20多岁的应届生是完全不同的，不应该是同样的培养方案和同样的学位标准。如果说把这两类人放在同样的标准下，我认为是有问题的。（GLZ-11）

工程博士培养对象的前后变化直接影响着工程博士的培养目标。在2018年允许招收应届生后，工程博士的培养目标也随之有了转变。

> 工程博士项目和国家重大科技专项结合是工程博士的立足之本，当时招收的都是来自国家重大科技专项中的人员，过几年后发现，这部分人就那么多，它（工程博士）设定的培养技术领军人才目标就没法往下走。在招收一些刚毕业的应届生后就带来了新的问题：我们是培养现在的工程技术领军人才，还是培养未来的工程技术领军人才？如果说是培养现在的工程技术领军人才，那么和重大专项结合还能说得过去，但是除了这部分生源有限外，还存在一个问题，就是工程博士跟现在的工学博士以及工程硕士离太远，没法进入梯队，这样可能是有问题的。所以我们现

第五章 以规范性执行为目的的规制性逻辑：高校管理者

在看到，工程博士规模做大之后，它实际上已经变相地跟工学博士模式基本处在一个层面了，只有一小部分生源面向企业，但是它的整个结构就不像原来那样，培养对象都是一些大企业的总工、副总工那样子了。（GLZ-1）

培养对象还在一定程度上决定着工程博士的招生方式和招生条件。根据2016年教育部办公厅印发的《关于统筹全日制和非全日制研究生管理工作的通知》指出："全日制和非全日制研究生都是国家承认的入学方式，坚持全日制和非全日制研究生同一质量标准。"由此，之前的"在职"或"定向"的工程博士转化为"非全日制"招生类别。2018年工程博士改革方案公布之后，高校纷纷制定了新的招生方案。根据对38所高校公开的工程博士招生方案文件梳理（见表5-1），笔者发现，高校的培养对象较为灵活。以应届生为主，采取全日制培养的高校占比约为1/3（13所）；以在职生为主，采取非全日制培养的高校占比接近1/3（12所），在职生和应届生混合，采取全日制和非全日制混合培养的高校占比约为1/3（13所）。

表5-1 工程博士专业学位授权高校招生类别统计情况

编号	招生类型	高校数量	就业类型	数量
ZSLB1	全日制（应届生为主）	13	定向与非定向混合	—
			非定向	8
			定向	5
ZSLB2	非全日制（在职生为主）	12	定向与非定向混合	—
			非定向	—
			定向	12
ZSLB3	全日制与非全日制混合（既招收在职生也招收应届生）	13	定向与非定向混合	13
			非定向	—
			定向	—

二　培养方式

从整体来看，大部分受访者认为，工程博士与工学博士在培养过程中难以分开。一是工程理论与工程实践在培养过程中融为一体，难以截然分开。

> 从我们实际管理工作来讲，工程博士和工学博士从理念上我们都能分开，没问题，这是两个轨道。但是你真正下到院系去，下到人才培养中去，下到各个科研项目里边去，你要定性它是工学博士还是工程博士，其实是没法分开的。首先，不管是工程博士还是学术博士，它要在某一方面达到一定的深度，具备发现问题、解决问题及独立从事科研的能力，这是博士培养共同的问题，思维能力建立起来，目标才能达成。比如一个学生是做建筑的，他在做一个工程项目，但实际上在做的过程中，他应用的全是工学理论来指导一些具体的施工、建造这些实际的动作，能区分开吗？我们作为学校的管理人员来讲，我们就觉得在指导院系去做分轨培养的时候，其实我们无论是在这个体系的设计上，还是在这个培养的标准上，都是比较模糊的。（GLZ-3）

二是现有部分学术型工学博士的人才培养与工程博士理念重合，都强调基础理论与实践应用的结合，以重大应用攻关项目为平台进行实践应用研究。

> 我们学校这么多年来，干的活就是工程实践问题，那些国家重大攻关、科技项目不都是在解决实践中的问题吗？不过，最近几年从国外高校引进的这些千人计划人才，他可能做的领域偏纯理论一些，那是因为评估需要啊，科研评价需要啊，学校还能只闷头干工程吗？实际上不管是工学硕士还是工学博士，其实，它

第五章 以规范性执行为目的的规制性逻辑：高校管理者

们本质上都包含着工程设计和研发。现在受评估的影响，大家都一个劲儿往原创性、理论性 Paper 上跑。进一步讲，我个人觉得，工学博士应该90%都是基于工程实践的基础研究，10%是实验室的纯理论的自由研究，这才是合理的。专业学位在我们国家这么长时间以来，其社会认同度低，把大部分工学博士转为工程博士是有问题的。工程博士这个事儿，从根上讲就是完全拧巴着的，误区在于形式化，就是特别想把这个工学博士和工程博士从形式上分开。要我建议啊，应该新设一个工程领域的 PhD 学位，把少部分纯理论的、工程哲学层面的研究授予这个学位不就得了。（GLZ-9；GLZ-2 持同样观点）

三是受访者对校企联合培养的实际含义、合作模式有不同于政策指向的理解和看法。有高校管理者认为，博士层面的校企合作不能只强调物理层面的显性接触，更应该强调知识与应用问题层面的接触，避免陷入校企合作形式化；还有管理者从权力主体和利益角度来解释校企合作过程中面临的实际困难，认为实现校企合作的关键在于权力分配和资源配置模式，以及双方利益的契合、合作经验的文化沉淀等。

专业学位强调校企联合培养，但是博士层面的联合模式不要追求形式化，搞形式主义，只要研究的领域是产业应用中的关键问题，去实习不实习又有多大意义呢！校企合作培养不能被单纯地理解为物理空间上的联合，参与的重大项目很多不就是来自企业行业吗？这种知识上的融合才是工程博士校企合作培养的主要模式。甚至未来还要探索虚拟合作，把实践问题需求往前再推一步，目前的问题是研究与产业问题对接的机制不畅。（GLZ-9）

我们的教育制度决定了高校是创新的主体，而企业是创新的第一动力。既然工程博士的重心是放在高校去培养，那与企业的关系就不太好琢磨。从政策导向来说，它是希望能把企业的各种力量参与到教育教学各环节里。但是以高校为主导，企业为辅的模式，能颠覆现有的博士教育体系，能让企业真的全程参与进来吗？不是表层、形式化的那种参与，而是校企共同为某一个产业问题、为某一个关键的卡脖子问题攻坚克难的那种深度合作，可以说很难很难。（GLZ-1）

我们只能折中一下，根据政策要求制定一些相应的联合培养规定，比如设置实验课、制订研究生实践训练计划、参加科技竞赛、让企业人员来讲座啊，等等，这些都是实习实践的具体实施办法，其实我们也和其他高校一起讨论过，大家的做法基本都类似。（GLZ-3）

四是工程博士的课程设置难以跳出现有课程系统，与工学博士大体一样。

我们的工程博士课程体系和学术博士基本一样，一起上课，选学程序等和学术博士完全一样，唯一不同的是学分要求不一样，其他都一样。课程是按照学科放到具体学院来设置的，培养过程由学院自己负责。（GLZ-7）

在课程设置上，之前教指委给了一个指导意见，就是要求一些核心课程必须有，我们就把教指委要求的课程模块列到工程博士培养方案（学校层面的）里头了。还有一个问题，是什么呢？比方说，机械类别里面可能涉及好几个学院，但这几个学院之间没有联动，后来专家提出应该设置全校层面的课程体系，各院系的课程系统应该整合起来并且开放。（GLZ-8）

第五章　以规范性执行为目的的规制性逻辑：高校管理者

> 工程博士培养模式改革的难点其实不在于培养方案本身，这是从头到尾一整套的东西，甚至说，改学术学位也是要这么去改的，对吧？最难的点在于改课程教材，为什么国家很重视课程和教材，就是这个教材太落后，没法跟实际需要结合起来，所以说要改。改教材就意味着改师资系统，不能让一个博士毕业后就在高校工作的教师去搞纯教学科研，而要让企业的教授或者工程师参与到课程体系中，那效果可能就完全不同。（GLZ-1）

五是校内外双导师或多导师制普遍建立，但执行情况及效果复杂。

> 我们的校企合作和双导师制机制都建起来了，每个工程博士都会配一个校外导师，一个校内导师，校外导师负责工程实践的指导，校内导师负责学位论文的指导和把关。问题是什么呢？就是校外导师的责任落实和参与成效涉及因素太多，与政策理想还有相当的差距。比如说，这个工程博士做的是企业里边的应用项目，校外导师可能就是项目的一个负责人或者主管这样的角色，这个导师发挥更多的是协调者、组织者、管理者的角色。我们是要求这个老师参与学生的开题、中期考核这些环节的，但是参与进来的时候，它形式上的作用大于实质上的作用。如果说这个项目的双方导师都是这个领域的研究专家，领域和方向合作得非常紧密，那这种情况是不用担心的，他们都会有实质性参与。但是这些我们没法决定啊，影响因素是复杂多样的。（GLZ-3）

综上所述，高校管理者从院校实践角度出发，对工程博士培养过程有着比政策指向更复杂的理解与认知，也说明政策执行中的底层复杂性，影响人们对工程博士内涵的形塑。但根据对38所高校公开的工程博士培养相关文件（43个）的梳理（见表5-2），笔者发现，

工程博士本土化内涵的认知与建构

尽管高校管理者的认知程度不一、面临的复杂环境不一、执行实施的策略不一，但在制度建设与政策内容上高度一致，规制性特征明显。

表 5-2　　　　　工程博士培养过程改革实施情况统计

类型	主要方式	频次
校企联合培养	1. 依托国家重大科技专项和工程项目，实行校方与项目方联合培养	6
	2. 依托行业企业委托项目，实行校企联合培养	15
导师组合	1. 校内和校外双导师制（校外导师来自工程研究院所或企业行业等部门，在条件限制下采用聘请方式聘用）	10
	2. 校内与校外多导师组：涵盖多学科交叉、科研、技术、管理等多方面	16
培养环节	1. 培养计划制订、开题报告、中期考核、学位论文、成果要求、学位申请	8
	2. 资格考试、开题报告、中期考核、学位论文、成果要求、学位授予	3
	3. 定制培养计划、课程学习、项目实践、学位论文、学位授予	8
	4. 实施校园学习与企业实践两阶段培养	1
	5. 采取课程学习、工业实践、论文研究三阶段培养方式	11

第三节　出口质量的认知

一　知识结构

从产业链角度来看，博士层次教育，解决的是应用开发链中的知识生产和知识应用前端阶段的问题，工程博士和工学博士在产业链中发挥的作用是融和一体的。

我们大学的人才培养，是站在大学有什么优势，我们就来做

第五章 以规范性执行为目的的规制性逻辑：高校管理者

什么这个前提上的。在前一段时间里，我们和华为有一个人才培养的协调会，他们提出这么几个理念，就是说大学里面的教育是从 Idea 开始，然后到 Paper，个别的老师会做到 Demo。大学里面最擅长做的就是从 Idea 到 Paper，剩下的是企业要参与做的事情，把一些 Idea 和 Paper 落地实施就变成 Product，然后形成一些 Industry。因此我觉得哈，不管是工程博士还是工学博士，实际上解决的都是产业链前端的问题，整个行业和企业是要做到 Product 应用的。（GLZ-11）

从知识结构来看，基础理论知识和应用性知识是融通的，不是绝对一分为二的，不能作为学位类型之间的划分标尺。

从一定程度上讲，知识本身是不存在理论和应用这么一个明显界限的。我们研究未知的一个领域，这个领域里面可能包含了一些知识的不同构成，但一旦把这个知识加以运用，那它就自然具备了专业学位的特点。在很多时候，我们看到一个学院或一个学校，或者某一个学科的发展，其实，并不完全把它割裂成这个是学术型发展，那个是专业型发展，而是说这个学科专业怎么发展，其实，这两个是融会贯通的。所以从这个角度来看，我们现在对于工程博士问题的探讨，就不能仅仅局限在只关注工程博士上，更重要的是要关注对原有工学博士发展的引导。把工学博士教育做好了，是不是就不存在工程博士这个命题了？因为博士教育在最早的时候，神学院、法学院、医学院都是专业学位，那时候谁会把它定义为学术学位，是纯搞理论的。所以从这个角度来讲，我们在探讨的时候，更重要的是怎么重构学术学位体系，然后再看专业学位到底起到一个什么样的作用。（GLZ-1）

由上我们可以看出，在高校管理者看来，工程博士和工学博士在产业链、知识结构上的边界是模糊的，无法通过学位类型实现清晰的划分。知识生产模式在复杂情境下具有弥散性特征，难以在知识结构上根据应用性特征进行分类。

二 质量特征

沃尔特·G. 文森蒂在其专著《工程师知道什么，以及他们是如何知道的——基于航空史的分析研究》中指出：

> 工程师运用了大量"事物是如何工作"的知识来解决设计问题，这些用于解决问题的知识也许平淡无奇，但却是复杂精致的，而且内在于工程之中，在看似简单的设计要求背后往往包含了复杂的知识……工程技术自有其思维形式，像科学思维一样具有创造性和建构性，虽然应用了科学的知识，但他并不等同于应用科学……飞机并不是靠科学设计出来的，相反他是靠技艺设计的，工程以科学为基础，但科学与工程产品之间必须借助工程师的技艺才能连接起来，正是工程师的创造性和建构性知识才使那一技艺得以实现。[1]

相应地，工程博士的质量并不是一个简单的、表层的模式问题。首先，工程博士学位质量的黑匣子特征。工程博士学位获得者所包含的知识、能力、素养以及糅合于个体内在的"技艺"，并非都是可见的、可言述的，更多的是一种"默会知识"。这种默会知识要通过一种可看得见、可言说的形式（比如学位论文）完整地呈现出来，是存在一定难度的。比如，访谈对象就提到一位在职工程博士虽然创造出了很有前瞻性的研发产品，但最终却因学位论文没时间完成而没有拿

---

[1] Walter G. Vincenti：《工程师知道什么以及他们是如何知道的》，周燕、闫坤如、彭纪南译，浙江大学出版社2015年版。

第五章　以规范性执行为目的的规制性逻辑：高校管理者

到博士学位。这种内隐知识更像是黑匣子一样的存在，给学位质量的判定带来难题。

> 由于工程博士要求有实习实践的培养环节，我们学校要求是至少18个月的工程实践，这些工程博士都下到项目单位参与实践。但是后来发现，这些工程博士在知识上既不够学术，在工程实践领域也不够专业……再者，这些工程博士参与重大工程专项研究，到底是不是真正地解决了关键技术的突破，多大的突破才能够得上博士学位质量，是不是和行业企业紧密连接这些都不好说。(GLZ-5)

> 博士阶段吧，他还不光简单是操作的问题，他真的是要很深入地解决一些十分前沿的应用问题的，这个实际的东西由问题最后变成新的工程设计，这需要基础知识与实际问题之间非常深入的这种对接，不是隔空对话，而呈现出来的又很难说得清楚，这里边难以判断的东西太多。(GLZ-6)

其次，工程博士学位质量认定的外部依赖性。工程博士强调实践性以及解决现实问题的应用能力，要求行业企业的参与性高。但目前行业企业的参与模式、参与力度都处于初级阶段，职业资格认定体系，行业企业参与评价体系都尚未确立。工程博士依然在原有工学博士培养模式边缘徘徊发展。

> 我觉得很多政策的设计，还有框架的一些设计，都是在学美国。但是美国高校与行业之间的关系，以及行业发展特点、社会环境与中国不太一样。比如，美国很多 Professional Degree 的标准是行业定的，在培养过程中还有行业认证，而我们是分开的管理体系。(GLZ-3)

正常来说，我理解对工程博士应该比对工学博士要求更高一点，尤其是在技术领域。他不是说你完成了老师布置的科研任务，或者企业的项目做完了，达到了像学术学位工学博士的那个毕业评价标准就毕业了。国家设置工程博士是要培养更高、更专的这种技术领军人才。但实际上能达到这个目标的人有吗？用什么来判定他达到了培养目标呢？这个是很难由导师说了算的。(GLZ-5)

最后，工程博士学位质量评价标准的路径依赖。按照工程博士的政策理想，工程博士的培养目标是高层次工程技术人才，要解决实践应用领域"卡脖子"的关键技术问题。而目前的工程博士学位论文评价体系具有明显的路径依赖特征：一是评价的主体主要来自高校，企业行业参与少；二是评价的标准与工学博士大同小异，在操作中以"降低一个档次"来判定的现象也存在着。造成出现工程博士学位论文"既不学术，又不专业，也不技术"的状况。

我觉得专业学位最难的就是对质量标准的评定。不像学术学位，大家都知道评价标准已经统一了，但是专业学位，无论评价的专家，还是评价标准，依旧是学术那个套路。我们大胆去做，但最后在抽检中不合格怎么办，我们比较担心这一点。(GLZ-2)

在专业学位培养质量标准方面，我们要做到工程博士和工学博士非常明确的一个区分，其实不太容易。举个例子来说，我对工学的博士生，要求他发高质量的学术论文，而工程博士呢？我们可以不用学术论文来做要求，但用什么方式来做要求呢？是用大项目的成果吗？如果用大项目的成果来申请学位授予，那就得是，这个人才培养的过程和他完成这个项目的过程是同一个时间。但是大项目一般是需要时间积累的，项目完成不了，这个工

第五章　以规范性执行为目的的规制性逻辑：高校管理者

程博士怎么毕业？如果在项目过程中毕业的话，他的成果怎么体现出来，才算得上是适合工程博士学位授予标准？另外，这个工程博士生卷入项目里边，他跟着这个团队把这个项目做完了，在这个过程中，不管是人才培养还是他在职的一个训练，其实很难界定它是高等教育的一部分。（GLZ-3）

三　标准建构

自2018年工程博士培养模式改革政策发布以来，高校管理者纷纷策划出台相应的院校配套政策。一般流程是，研究生院制定指导意见，组织各院系围绕国家政策要求和学校指导意见制定各院系或领域的执行方案。例如，某高校的方案论证环节历经近一年时间，在研究生院的统一协调下，邀请领域专家对院系制定的方案进行多轮研讨、修订和完善，将国家政策要求与院校实际充分结合起来。就整体而言，高校对工程博士学位质量标准的建构行动有以下几点：

第一，在管理上，制度文本普遍表征着"工程博士学位论文选题来自工程实践""研究内容应与解决重大工程技术问题相关""成果形式一般应为学术论文、发明专利、行业标准、科技奖励等"政策话语。

> 在专家论证环节，一般会围绕怎么实现、怎么操作来展开讨论，我们在第一轮专家讨论评审环节，提出的意见还是比较突出的，就是各个学院制定的制度大部分比较模糊宏观，只有浅层的表述，没有相应配套的措施体现，没有真正把我们想达成的把这个专业型学位和学术型学位区分开来，这里边也确实有很多模糊的地方，制度偏向与国家政策理想一致，实际偏向怎么实施。（GLZ-8）

第二，在操作上，进行学术性"降一级"，应用性"增一级"评

· 133 ·

判。对工程博士在学术上的要求稍微低于工学博士，在技术和实践上要求多一些。

> 工学博士是要求发学术论文，工程博士这一块儿呢，其实是在学术上降低了要求的，在学位评定上，稍微低一些，这都是主观性的实际存在，其实大家都一样哈。(GLZ-3)

> 其实大家对工程博士的毕业条件、毕业标准啊，相对来讲给我的感觉始终是没有像学术型那么严格、那么规范啊。(GLZ-6)

第三，在"破五唯"政策之后，思路尚在转变。部分高校在国家颁布"破五唯"政策之后，开始研制新的学位授予标准体系，连同工学博士的学位质量评价标准一起进行改革，间接为工程博士学位质量标准的建立创造契机。目前多所高校尚处于政策试点阶段，实施效果尚待论证。

> "破五唯"政策颁发后，我们最新的思路是要求工程博士在该领域取得创新性的研究成果，甚至是取得一流的创新成果，包括但不限于高水平论文、发明专利、科技奖励、实际产品、工艺路线、设计图纸，等等。不再像原来说我只看学术成果，现在的话反正什么都行，但是一定要达到这个一流的创新成果，不对数量做要求，目前我们也在探索鉴定的方法，虽然有一定的难度，但只要国家政策上支持，积极探索还是要有的。(GLZ-5)

第四节 建构过程与互动

从上一节的阐述中可以看出，高校管理者对工程博士的认知，是基于政策理解与实践现实双重视角下的一种现实构建。本节将围绕建构过程中的认知形成、处境条件、行动策略来立体地分析高校管理者对工程博士内涵的形塑过程。

一 改革还没到临界点的认知动机

首先，从旧制度体系中建立新的制度，一般具有路径依赖特征。在制度变迁过程中，路径依赖理论强调改革的刺激在于报酬递增下的自我强化①，对于工程博士而言，同样会涉及改革的成本和效益问题。经访谈发现，在目前阶段高校对工程博士改革成本的判断是，工程博士的发展还没有达到非改不可的境地，尚处于摸着石头过河的探索中，政策还不能为高校的改革行动提供担保和刺激性的报酬。

> 坦白讲，我们现在可能还没有到一个临界点，就是一定要把工程博士教育的改革提到非改不可的境地。要改容易，但是有没有必要改，以及由此带来的一系列成本是我们需要考虑的。对我们来说，从工作角度也好，营销角度也好，怎么去颠覆这个东西，它需要考虑改革成本的，比如，现在工程博士规模很小，要改革呢，在一定程度上肯定要放大规模，另外和企业合作的动力并没有强有力的外部支撑性力量……（GLZ-1）

其次，改革涉及方方面面利益关系结构的重新调整，单一模块的政策指向很难解决所有问题，需要兼具局部和系统整体的政策设计。也就是说，工程博士培养模式改革不仅仅是高校的事情，更牵涉行业、企业、资源、评价等各个方面，只通过高校层面的改革实现破局是有难度的。

---

① 道格拉斯·诺斯：《理解经济变迁过程》，钟正生、邢华、高东明等译，中国人民大学出版社2013年版。

工程博士本土化内涵的认知与建构

> 政策的初衷是补短板也好，矫枉过正也罢，所强调的东西其实大家都知道，培养模式改革强调了这么多年还在继续，说明还没破局，还是在原有的制度中解决问题。政策强调通过增量来做是一种改革的思路，我们现在有很多卡脖子的东西，其实还真不是技术水平不过关，很多时候是工艺水平不过关，工艺不过关其实并不是理论问题，而是应用问题。如果做得好呢，通过工程博士是能够打通市场、企业、科研之间的壁垒的，是能够解决很多事情的，当然是在理想模式下。学校的改革模式肯定也是增量的，存量改革影响太大，牵一发而动全身。硕士层面还好一点，规模大，并且在两年时间里也没有什么科研任务，就好办一些。但工程博士的话，到现在为止，规模还不到10%吧，就别谈什么改革了。(GLZ-1)

最后，由于政策理想和高校实际之间尚有一定的距离，高校对待改革的态度更多的是探索性、尝试性的。

> 其实，目前各个高校都是在试探阶段，改革政策相对来说还是比较理想的，它没有充分考虑到学校的这个培养实际，比如说，它必须和企业联合培养，其实，我们学校的工程博士更多的是跟科研院所联合培养，和企业联合的很少，我们的目的很单纯，就是想把我们高质量的博士送到这些重点单位里面去，为国家做贡献，同时也能为学校做贡献。(GLZ-2)

二 条件处境

(一) 政策的模糊性

在政策语境中，根据2018年发布的《工程类博士专业学位研究生培养模式改革方案》，工程博士内涵的政策指向主要通过五个方面来阐释：一是培养目标，即培养高层次工程技术人才；二是培养方

第五章 以规范性执行为目的的规制性逻辑：高校管理者

式，即采用校企合作的方式培养；三是工程博士的招生条件，除了要具备硕士学位外，还需具有较好的工程技术理论基础和较强的工程实践能力；四是工程博士应具备的知识、能力和素质上的要求；五是学位论文的要求，即选题要来源于工程实践、研究内容应解决重大工程技术问题，成果形式包括学术论文、发明专利、行业标准、科技奖励等，水平评价应注重学术水平、技术创新水平和社会经济效益。

与此同时，关于学术学位工学博士在多个政策文本中都有阐述，与现有工程博士有诸多重合之处。例如，《中华人民共和国学位条例（2004年修正版）》规定授予博士学位应达到的学术水平，除了"掌握坚实宽广的基础理论和系统深入的专门知识、单独从事科学研究工作的能力外"，还包括"在科学或专门技术上做出创造性的成果"。可以看出，在专门技术上的创新、发现和发明既包含在工程博士的学位内涵中，也包含在工学博士的学位内涵中。另外，根据国务院学位委员会第六届学科评议组2014年编著的《一级学科博士、硕士学位基本要求》[①]，其中对机械工程学科的描述是：

> 机械工程是以相关的自然科学和技术为理论基础，结合生产实践经验，研究各类机械在设计、制造运行和服务等全寿命周期中的理论和技术的工程学科。该学科的基本任务是应用并融合机械科学、信息科学、材料科学、管理科学、数学、物理、化学等现代科学理论与方法，对机械结构、机械装备、制造过程和制造系统进行研究，研制满足人类生活、生产和科研活动需求的产品和装置，并不断提供新设计和制造的新理论与新技术。该学科具有理论与工程实践相结合、学科交叉以及为其他科学领域提供技能技术的特点。

[①] 国务院学位委员会第六届学科评议组：《一级学科博士、硕士学位基本要求》（上册），高等教育出版社2014年版，第275页。

学术学位机械工程一级学科的应用实践性特点与专业学位的机械工程类别基本重合。此外，在学位的基本知识、素质、能力要求上也与工程博士有诸多重合，例如，在科学研究能力中"具有独立分析和解决机械工程科学与技术问题的能力"，在学术创新能力中"能针对所研究的实际工程领域发现问题、提出问题，具有独立分析与综合、系统运用理论知识解决机械设计、制造和服役等复杂实际工程问题的能力"等。可以看出，学术学位工学博士，无论是学科内涵还是学位内涵，其中的政策指向均与工程博士有重合之处，两者的政策边界并不十分清晰。

在学术界，陈洪捷、沈文钦等曾对专业学位与学术学位二分法逻辑的合理性与界限不清问题进行了探讨。① 石中英曾指出：

> 从字面上说，专业学位是区别于学术学位的一种学位类型，这不难识别，但是专业学位的基本性质是什么呢？究竟在什么地方与学术学位存在根本区别以至于有必要另立门户呢？管理部门和学术界对专业学位教育的专业性理解主要是"职业性"，但这种理解存在概念危机、基础危机和制度危机三重危机。②

别敦荣等从专业与职业、专业教育与职业教育、专业学位与职业资格证书、专业学位与学术学位之间的关系几个方面试图梳理专业学位的定位，提出专业学位的定位特征是职业性与学术性的统一、特定的职业指向性、教育的实践依赖性。③ 杨斌认为，专业学位教育的本质探讨要超越路径依赖，专业学位与学术学位在培养方案和学术标准

---

① 陈洪捷、沈文钦等：《全国研究生教育大会专家谈》，《研究生教育研究》2020年第5期。
② 石中英：《论专业学位教育的专业性》，《学位与研究生教育》2007年第1期。
③ 别敦荣、赵映川、闫建璋：《专业学位概念释义及其定位》，《高等教育研究》2009年第30卷第6期。

第五章 以规范性执行为目的的规制性逻辑：高校管理者

上不是"比不上"，而是"不可比"，在专业学位发展设计上要树立需求质量观。①

可以看出，工程博士的定位无论是在政策话语还是学术话语中，都对"名的含义"有清晰且丰富的解读，但涉及"事物的位置、界限、独特性"且能够支撑其"归为不同的类"时，却是矛盾的、模糊的、解释不清的。当这些看似清晰的文字定位与高校的工学博士培养实践相碰撞时，操作层面上的模糊性就逐渐浮现出来。在不同环境和限制条件的影响下，高校管理者对工程博士定位的建构就变得更加复杂且多样。

（二）三对矛盾张力

对于工程博士而言，高校一方面追求"定其位，谋其事"的认知逻辑，另一方面又面临着实际情境和院校条件的限制，使得不同高校对工程博士的实践定位各执一词。认知理想与处境现实之间的矛盾以三对张力呈现出来：

第一，招生对象的局限性与工程博士可持续发展之间的矛盾张力，使得实践中的工程博士招生对象向应届生转移。在工程博士设置之初聚焦重大工程项目，而面向这部分人群的在职教育定位，却面临着可持续发展的问题。

> 我们前几年招生都是和重大专项结合，每年只招十来个，都是来自那些研究院所的高层次人才，质量还是蛮高的，但是后来这几年就比较困难了，生源质量越来越差，来混文凭的比较多，还有各种凭导师关系进来的，没法弄。好在2018年新的政策允许招全日制学生，这样就对了。（GLZ-2）

> 他（工程博士）定位太高了，当时要求承担国家重大科技专

---

① 杨斌：《专业学位教育的再认识与再进军》，《中国高等教育》2017年第2期。

项，一定要在那个基础上的一些领军人才才能参加工程博士项目。然后做了两年就发现，这个做不下去了，因为符合那个标准的人基本上已经被吸纳完了，我们工程博士培养技术领军人才的项目就没法往下走了。这里边带来了一个新的问题：我们是培养现在的工程技术领军人才，还是培养未来的工程技术领军人才？我们当时就讨论这个焦点，如果说是培养未来的工程技术领军人才，实际上就要把工程博士的招生范围扩大。（GLZ-9）

我们学校之前一直是招非脱产的培养对象，就是相当于在职职工的培养，但是从2018年开始我们开始招收应届生脱产进行培养，因为现在博士名额很紧张，我们会进行脱产的培养以确保质量。（GLZ-4）

可以看出，最早将工程博士与重大专项人员挂钩的定位，难以支持工程博士的可持续发展。对此，是应该降低招生标准（与重大专项人员脱钩）继续面向企业招收在职人群，还是不降低招生标准而扩大招生范围？显然大部分高校选择了后者。

第二，分类培养与评价标准之间的矛盾张力，使得实践中的工程博士向工学博士靠齐。在访谈过程中，有2/3的高校管理者都不同程度地谈到尽快"建立工程博士质量标准"的问题。受访者普遍反映两个核心问题：一是在职工程博士的时间投入与导师学术训练要求之间的矛盾。学位授予数据显示，2012—2017年招收的工程博士毕业率仅为12.56%，按时拿到工程博士学位的人数仅为一成多。二是工程博士的学位质量标准严重依赖于学术博士，目前在以纯学术为主导的同行评价体系中，工程博士的应用性价值难以体现。

当时我们讨论，工程博士是不是必须得要学术论文？大家都认为这个必须要，但（学术论文）究竟要呈现什么创新性的知识

第五章 以规范性执行为目的的规制性逻辑：高校管理者

成果就很难具体定下来。比如说，他开发出来一个软件的源代码，或者是一个应用的关键技术，或者他解决一个关键技术并且在项目上得到了应用，他所在的企业出具了这样一个成果，我们算不算？实际操作起来很难弄，最终还是偏向学术论文，但对学术性、理论上的要求会稍低一些。（GLZ-9）

第三，工程博士招生指标的增多与科研绩效之间的矛盾张力，使得工程博士成为稀缺的增量资源，迫使其逐渐融入学校的科研体系当中。招生指标在中国政策体系中是重要的分配资源，招生指标的多寡直接关系到高校系列潜在资源。在工学博士招生指标有限的情况下，作为增量的工程博士招生指标自然成为"香饽饽"。对于高校管理者来说，工学博士招生指标逐渐减少，但是高校承担着非常重的科研任务，如何将新增的工程博士与科研需求相结合，就成为高校管理者关注的首要问题。

我们只能尽量让学术学位博士指标不压缩，专博指标作为增量给导师分配，要不然老师会跟你急的……把专业学位全弄成非全日制的单独培养，压缩工学博士指标，老师科研任务那么重，怎么会同意，不跟你拼命才怪呢。除非你改变评价模式，不要求老师进行科研和学术产出，就做工程项目。（GLZ-3）

（三）校企合作的复杂性

政策要求工程博士采取校企联合培养模式，这一要求在到达高校后，管理者更关注政策执行中的问题，比如如何与企业合作，怎样才算与企业合作等。在实际操作中高校管理者面临着多重困境，有多种阐释。

阐释一，校企合作的概念不能只停留在物理空间的接触层面，而更应该聚焦在知识空间上的融合，尤其是博士阶段更是如此。受访者反馈说，过于强调物理层面的接触，很容易造成操作中的形式化问题，为了形式上的合作而合作。

> 我就很奇怪了，政策一直强调，学校培养的主要问题是企业参与不够，企业参与是看什么样的形式吗？从学理上讲不一定是两个主体在形式上捆绑在一起就是合作了。比如，一个工程博士导师，我不管他是通过企业还是从其他资源中获取了目前这个实践领域里面的关键问题，进而去研究它，两个之间可能没有物理上的接触，难道你说他不是解决实践中的问题。校企合作的概念是不是应该允许有多种形式的存在？（GLZ-9）

还有一位受访者反馈说，由于政策上严格要求物理空间上的"参与实习实践"，于是就会出现各方都心知肚明的"造假"现象。"专业学位在政策上要求有实习实践环节，但是在执行的时候会出现各种奇葩的事情：这个学生可能没有直接参与实习实践，但他必须拿到这个实习实践的学分怎么办？他就想办法各种造假呗。"

阐释二，中国校企合作中的"企"主要指承担国家重大专项的科研院所和大型国企，具有前沿创新能力的企业非常少。因此中国工程博士培养中的校企合作概念与国外的校企合作概念存在着本质性差别。2018年政策将招生对象要求与国家重大专项解绑，工程博士培养层面的校企合作由此分为两个类型：一是高校与国企和科研院所的合作；二是高校与民营高新技术企业的合作。这是工程博士培养模式改革中一个比较大的变化，由此也引出校企合作探索中新的问题。

阐释三，教育的主动权和利益分配问题是校企深度合作的根源性矛盾，这一矛盾在政策层面尚没能破局，高校只能进行试探性的、尝试性的摸索。

> 工程博士培养模式要实现彻底改革，其实也容易，把培养过

程和论文要求按照企业的标准去做，比如德国的宝马集团，它们都在培养大量的工程博士，但问题是，我们的企业，像华为、阿里那样能够拥有大量资金支撑研发的企业不多，更多的还是在较低层面，工程博士放在企业培养是否适合中国国情，这需要加以通盘考虑。高校进行工程博士的培养是面向市场、面向工业的，当然要向企业靠拢，要服务于需求，不能一边喊着企业加入，另一边又要刻意保持自己的一个独立性的清高地位，不向五斗米折腰，那显然不现实；（另一方面）既然工程博士是给企业培养的人才，就要给企业一些话语权和利益分配，但问题是，目前企业参与培养的积极性远远不够。在一次企业座谈会上企业代表就提出，让企业参与教育，培养的人也不能保证他一定留在我企业，我还要投入大量的成本，我为什么要帮你们来做这件事情呢？企业的核心动力在于资源和成本，它如果不能掌握这个教育的主动权，它是不会真正做这件事情的，这样的话，校企合作这个局说实话就很难破。（GLZ-1）

综上所述，高校与企业合作的复杂性特征使得在实际操作中，难以简单通过"规范性"来实现权责分明。如果过于强调规范性，就会陷入形式多于内容的结局里，导致出现校企合作表象化、形式化问题。

三 行动实践案例

高校管理者是工程博士培养模式改革的核心推动者，本部分将通过改革实践的典型案例呈现不同类型高校的改革行动类型。

（一）组织型改革：成立专门组织管理机构

A 高校是一所综合型、研究型、创新型大学，工科实力较强。下面围绕 A 高校"改了什么""怎么改的""为什么这么改"三个问题进行阐述。

第一，成立校级工程类专业学位评定委员会。在原有学位委员会基础上成立新的工程类专业学位委员会，建立与工学博士不同的学位论文质量评定体系。根据受访者的反馈，这一改革成效还不是特别乐观，体系设计并没有完全跳出高校圈子，评价标准和评价者仍然依赖于传统模式。例如有受访者说道：

针对国家改革要求，我们学校在做对应的发展规划时，提出最核心的要求就是"人一定要改"。改什么呢？就是各种委员会、教指委、评定委员会等，一定要把企业这块儿的人的比重拉高，比重不拉高是很难改掉的。但是，可能受困于各种因素，我发现，新调整的国家工程类专业学位教指委成员中，基本还都是高教圈子的人，企业行业的人很少。同样地，我们学校成立的评定委员会也没有做到将企业这方面的人才充分吸纳进来，毕竟学校更多的是从培养角度来说，在很大程度上就是要看国家层面的一些引导。

第二，建立卓越工程师培养项目。由高校牵头，与一些大企业联合培养专业学位研究生，项目实行"高校企业双负责人制"，对每个学生都要求学校配备一名首席科学家，企业配备一名首席工程师。受访者反馈说，项目从策划到方案成形经历一年有余，面临着诸多困境，项目效果目前尚不明确。

我们这样做或许会有一定的效果，因为企业那边过来的工程师，他的影响力、话语权要比学校的这个差，但是在行业实践和卡脖子工程实践问题上能够给学校导师带来启发，我觉得，这种情况会让改革平衡地走，否则的话还是一边倒的，按照学术模式去做，那改革肯定是不成功的。我们学校这个工作呢花了差不多一年时间，反反复复地琢磨各种方案，因为涉及一个挺敏感的问

第五章 以规范性执行为目的的规制性逻辑：高校管理者

题：就是跟原来的做法分离，但同时也得考虑怎么去和原来的模式融合，它们之间互相总是协作的，比如学生怎么管等很多细节问题，又不能伤害到原有的学术学位这个体系。举个例子讲啊，现在专业学位的指标已经占了大半了（硕士），我们总不能把指标从原有的院系都拨过来，这是不可能的，因为它的体量要少一半，他们怎么会同意。这样一来，就只能把可以动的，或者学术学位体系不关注的非全日制的部分拿来成立工程师学院，以这个为主来做。现在新增的这些项目呢，由工程师学院牵头做，能改到什么程度，现在也很难讲，但迈出了艰难的一步，很不容易。

第三，成立专门的专业学位组织管理机构。借助外部力量和资源，设立独立的运行组织机构：工程师学院。主要统筹管理非全日制工程硕士、博士研究生，协调高校与企业之间的合作关系，可以说迈出了实质性改革的第一步。访谈记录如下：

问：这个机构是怎么成立的？是在什么情况下成立的呢？

访谈对象：就是省级层面想做，从整个省的经济发展需要出发，急需培养大量的工程专业人才，全省统筹来培养这个群体，具体建设就落在我们学校。

问：这个工程师学院的内部组织架构是怎样的？如何与企业联合培养？

访谈对象：它有实质的管理部门，有对外合作部门，也是一个完整的学院组织架构，规模现在也不小。主要以非全日制为主，最近也有些小的全日制项目在做，以它为主单位，在省内又设了很多小的分院，这些分院基本都是跟企业合作的，就等于以我们这边的某个院系为主体，然后跟当地的政府、当地企业共建一个分院，深度地跟当地企业合作，把它融合到一起。它那个办起来了，招生、就业就联动起来了。

追问：这个工程师学院的培养模式有哪些大的革新点？

访谈对象：整体来讲，就是跟企业结合得更加紧密，因为它那些项目都是企业的项目，有企业的一些代表、一些要素在里面。上课的话，有些课程会有一些工程特色，比如说一些工程伦理啊，一些讲座啊，企业支持啊，等等，这些其实都是题中应有之义。具体培养呢，从原有学术学位的各个学院、专业学院里借师资指导和开课，也有和企业联合开课的，但并没有独立的师资，所以也很难。改革都是要打破原有利益框架的，不好说现在改革会怎么样，但我们跨出这一步，还真的是挺不容易的。总体来讲呢，有作用，就是至少对一些原有的模式可以树一个标杆出来，否则的话，在原有的那种院系上面进行工程博士培养是很难建立这么一种模式的。

（二）微层次改革：操作上与工学博士难以分开

B高校工程博士招生规模比较小，在工程博士培养模式改革方面具有很强的代表性，笔者访谈的多所高校均有与之类似的情形，因此将B高校作为一类高校的代表进行分析。

第一，改革学位授予质量评价标准。在学位论文形式和成果要求上与学术学位的工学博士区分开。学术型博士主要评价发表论文的成果数量和质量，工程博士主要评价其参与工程项目、获得国家奖项情况，对国家社会的贡献情况等，但实施成效很难说，重在政策引导。

我们对工程博士学位质量评价体系进行改革，学术型博士评价主要是看有多少论文发表和（取得的）成果，而对工程博士我们就是重点看他参与多少项目，获得哪些国家奖项，参与的国家重大项目排名前几名，核心就是对国家项目的贡献度，因此对学术文章的考核很低。在职的博士，就要求他必须有国家级的重大专项参与或者其他公司的项目，或者是有国家级别的工程奖。但

第五章 以规范性执行为目的的规制性逻辑：高校管理者

其实，我们的学术博士也要到科研院所去合作做项目，研究成果也都与项目有关，这个没办法区分开，有些人适合做项目，有些人适合写文章，比如导师说了两个人都适合写文章，那你们两个都送到国外去多产出国际性的文章，在导师那就形成互补，一个帮他写文章，一个帮他搞项目。因此，实际操作中是在一起的，有可能工学博士也有适合做项目的，反倒工程博士有些是很适合写文章搞学术的。

第二，在培养过程方面，给予差异化的政策引导，工程博士强调与企业合作，要和项目紧密结合，工学博士强调学术产出与论文发表。

目前学校的工程博士基本都是在职读的，都有工作实践，所做的项目也基本都是和导师的科研项目一起的，这些在职的工程博士大部分是导师在合作项目中从对方单位招收过来的，因此主要就是围绕这个合作项目来培养，对毕业论文要求也没有学术博士的高，因此培养中主要是和项目结合，这样也能解决一些老师在项目沟通方面的问题。但是从2019年开始要招收全日制应届毕业生，他希望研究生硕士毕业之后继续读博，继续帮他做项目，但是学术博士指标很少，那你考不上学术型的，就读工程博士，学生也愿意，因为对他来说不用去憋太多的文章，他最后也能拿到博士学位。如果把全日制工程博士培养模式改革做起来，这个其实对学校的发展是更好的。目前学术型的基本都不招定向的了，学术博士招生名额实在太紧张了。

第三，招生方式和标准不一样。工程博士主要看参与项目的基础，工学博士主要看学术论文水平。"这些要求和导向我们都是有政策的，操作起来可能存在各种困难，导师在招生中也有各种各样的情形，加上去年我们开始招收全日制应届生后，导师对招生条件的把握比较多样化，但总体来看都在改革中。"

（三）高精尖专项培养：借助外力实现与企业行业深度联合

该案例不同于以上两个案例，改革的主体除了高校自身外，还有国家给予的政策支持。围绕关键领域，由国家管理部门设立工程博士培养试点专项，并给予经费支持，改革力度较大。

在项目背景方面，为支撑×关键领域核心技术突破，自主培养紧缺人才，国家管理部门在×高校设立×专业博士培养试点专项。该项目聚焦该领域的基础科学问题和工程实践需求，在科学研究中培养人才，在人才培养中进行科学研究。

在项目定位方面，主要包括：一个面向，面向×研制的瓶颈技术需求，凝练博士生培养的基础科学问题；一个突破，以基础研究的创新突破解决关键领域的"卡脖子"问题，形成由工程问题—科学问题—工程问题的闭环；一流人才，培养科学理论素养扎实、工程实践能力突出、顶天立地的工程精英人才。

在培养目标方面，培养×领域的领军领导人才。该类人才的特征是在品格素养、专业能力、通用能力三个维度上有突出体现。在品格素养上，有以国家重大战略需求为横坐标、以国际学术前沿为纵坐标的第一象限，志存高远，爱党爱国；有行业精神，甘于寂寞；有"尊重—质疑—研究"循环的科学精神，有勇攀高峰的勇气。在专业能力上，有扎实的数理基础；有多学科交叉的背景，有产学研协同的经历；有跨文化交流能力。在通用能力上，具有战略、战术、表达、实践四个层面的能力特质，在战略层面上有"历史思维、全局思维、极限思维"三大能力；在战术层面上有"逻辑思维、形象思维、抽象思维"三大能力；在表达层面上有"文字表达、图形表达、语言表达"三大能力；在实践层面上有"自主实践、团队实践、领导实践"三大能力。

在培养机制方面，培养主体采取 2＋N 组建模式。由高校和企业

第五章　以规范性执行为目的的规制性逻辑：高校管理者

联合成立×研究院，实施 2 + N 组建模式："2"是指×高校和×企业两个负责主体，"N"指国内外其他具备该领域人才培养和科学研究优势的多所高校和企业协同推动。在工作机制上，由政府机关、专家组、联合工作组、培养单位工作组构成四级工作机制，政府机关负责战略定位、资源筹措和监督监管；专家组负责对课程体系、培养方案、培养过程、培养成效、培养名额的指导、监督、认定和分配等；联合工作组由各培养单位的项目执行层组成，负责具体实施过程中的资源共用共享协调；培养单位工作组由研究生院和承建学院联合成立，负责本单位培养课程体系和培养方案的实施。

在招生与培养模式方面，项目招生目标群体为优秀的应届本科毕业生（直博）、在学硕士生及×企业内实践经验丰富、学有潜力的青年工程技术人员。同时，为加强学科交叉融合，招生学科范畴不局限于×领域专业，而是特别针对数学、物理等基础类理科专业设置招生名额。招生工作由×高校和×企业共同组成的联合培养招生工作小组负责，立足国际前沿科学技术问题和服务国家重大需求的工程技术难题向社会公布招生需求。

培养过程突出"四个强化"，强化思想引领和价值塑造，强化数理基础和学科交叉，强化校企协同和国际合作，强化工程实践和技术突破。培养方式采用"2 + 2 + 1"方式，两年在×高校进行课程和科研培养，两年在×企业进行工程研究培养，一年在×高校完成博士论文撰写和答辩，培养过程实施校企双导师负责制。

> 这个项目其实是高精尖的培养模式，入口比较严格，筛选率也蛮高的，程序上和工学博士是一样的。我们有专门的招生工作组，是由我们和×企业共同组成的，主要针对实践领域的关键难题设置培养方向，从一开始就是问题导向的招生。在培养模式方面，我们做这个工程博士呢，设计初心是让他更进一步跟产业结合，是通过两个方式来实现的：第一个方式就是我们这个专项，

录取的学生里边有一定的比例是向×企业一线的技术人员开放的，从他们的人才梯队库中，也就是他们的青年拔尖人才库里考核选拔一些有潜力的人来读这个工程博士，要求是全日制攻读。第二个方式就是设计"2+2+1"这种合作模式，不管是从×企业招来的人也好，还是我们统招的人也好，都是这个模式。前两年上课，把这个数理基础、专业课知识都打扎实，后两年是去×企业做，结合真实的工作需求，在企业里的研究所开展这个科研活动。最后一年回到高校来做论文。整个过程都是实打实地由校企双导师指导，我们做得很实。

第五节 来自A企业的反馈

一 合作动机

案例企业是汽车领域的领头企业，为加强企业核心竞争力，培养汽车制造应用人才，集团内部建立了工程学院，以培养车辆工程、企业管理、汽车营销专业的人才，同时和多所高校建立了联合培养工程硕士、博士的项目。以下是作者与该企业相关负责人的对话记录，为确保意义的完整，在原话语基础上进行了部分修改。

一般的企业，可能不会说再去对学历学位教育这方面有过多的关注和需求。但我们集团在2007年的时候就成立了这个工程学院，它不属于教育体制内的体系，主要是我们自身特别关注内部人才培养的问题。之所以这样做有着两个考虑：一个是我们每年校招的博士、硕士在进来以后呢，发现没法直接用，最少需要半年的培养期，甚至更长的有一年、两年的；还有很多博士在进来以后呢，水土不服，学的这些知识用不上，一来解决不了一些实际的工程问题，二来适应不了内部管理体系。后来我们发现，他们（博士毕业生）好像还不认为自己是一个职业人，会比较在

第五章　以规范性执行为目的的规制性逻辑：高校管理者

意这个高不成低不就的一个状态，这些引进的高端人才后来基本上都走了。既然引进的人才不太好用，那我们就自己培养。另外一点，就是我们集团有很多内部的人，这些人呢可能刚开始的时候学历并不是那么高，我们希望他们在学历上重新接受一下硕士、博士的教育，但我们又不希望把他们完全送到学校里去，因为担心把他们送到学校里去，出来以后是不是就会出现像学校培养的人那样心态高、不接地气等问题。所以在这两种情况之下吧，我们专门成立了一个内部的研究生院，跟高校合作培养就是希望能够做一些变化，不是单纯地送他们到那里去读书。这样一来，送内部员工去读本科、硕士、博士也算是一个激励的问题，这些人都是我们重点培养的人，业绩不错，能力也不错，我们希望从一定的学识角度，使其个人的身份有一些提升和变化。对一些高层次的领导呢，我们也希望能够在身份、学历上提高一下，学习一下高校的思维语言等。

　　站在另外一个角度来讲，除了我们内部员工身份上的提升外，还有一个重要的需求是，我们企业现在碰到了很多技术上的难题，目前的解决方式一个是向供应商购买，另一个是向高校购买。但是说老实话，我们跟高校的合作并不是很理想，包括我们有很多课题其实是不给高校的，因为高校里做的事情啊，好像还是不那么工程化，有点不落地的感觉，我们只好和供应商合作。但是有一个问题：这个里边更深层次的东西和技术，这些世界前瞻性的供应商也不会提供给我们，他们只给结果，这个里边先进的技术呢，他们肯定也不会告诉你，但对于我们来说，是希望能够拥有一些核心的技术。因此呢，我们就和高校合作培养关键技术领域的研发人才，我们希望把人送进去，一是能力能提升，二是能解决一些工程的问题。所以，我们和高校之间建立起一些信任，同时搭建一些项目平台去进行人才培养，就是慢慢地化解一个天上一个地下这么一种情况，这是主要目的。在培养过程中呢，我们不单单是说把人送去读就行了，我们的工程博士一般代表着一个团队的，他的选题必须是基于集团的角度，从岗位上选择一个课题方向来攻关企业所遇到的难题，我们一定是把企业的这个需求放进去的。

二 合作效果的影响因素

校企合作是工程博士培养模式改革的核心和关键，也是实现教育与产业需求相融的政策途径。从企业角度来看，影响校企合作的因素有很多，以下是对企业相关负责人的访谈记录，从中可以了解校企合作的关键影响因素在哪些方面。

合作过程中所涉及的各项投入和资金成本是影响校企合作的关键。

> 其实，我们现在跟×高校的合作已经有一个问题存在了，就是资金的问题。×高校实际上和很多企业在合作，它希望企业做大量、长期的投入。但是说老实话，我们当时在做的时候没有考虑钱的问题，主要还是讨论人才培养的问题。当时涉及的经费主要是培养方面，但没有上升到这么大的数量级。现在×高校要求校级层面合作的话，它对这个资金投入的底线是有要求的，需要你投入一定的资金。这个对我们来说是有难度的，因为我们的投入也是要衡量产出的，我们是需要计算收益的。企业内部也不是某一个人说了算的，这里边涉及的招标也好，财务也好，审计也好，合规也好，全部会参与讨论这样的项目以及它的成本和收益汇报问题。比如，高校要求我们每年几千万元直接打过去，从我们的角度来看，是要看这笔投入怎么花、怎么弄、效益如何的，要合规办是不能这么做的，对于合规和审计来说，这笔钱为什么打过去，目标设定是不清楚的，这样的话企业的负担太重了。可能有人会说，我们和×高校合作其实是依靠了一个大的平台，这个平台

第五章　以规范性执行为目的的规制性逻辑：高校管理者

到底能发挥多大作用和有什么样的景象，很多东西是隐性的。

合作的传统以及建立的信任关系是校企合作的基础。

这么多年，我们和×高校几个院系一直在合作，我们的合作基础都是不错的。最初呢，其实就是想和高校一起做一些尝试，共同推进一些事情，所以一拍即合，这也是由于缘分和多年建立的信任关系。因此一批导师也好，领导也好，都是希望无论遇到什么困难，还是要在人才培养这个点上进行改革，继续做下去的。但是到了校级层面呢，校级层面就提出很多条件了，那么这些条件和我们实际的一些合作呢，就会有一些出入。我们是想做一些具体事情，实现一些具体的目的。比如说我们企业送出去培养一个工程博士，这个人是企业的人，这个人的课题和项目资金投入都是由我们出的，同时对于导师呢也是有报酬的，就是指一部分的指导费、评审费，我们就是基于学生的目的，包括我们还有一笔专项科研费用是直接给到学校，要求用到学生身上的，学校也会拿一笔管理费，我们的这些投入是能直接反馈到学生身上的，这个就是培养合作经费，我们叫人才培养基金，是直接打给学校的，这些基金呢，就会拨到学生和老师身上去。其实，之前我们也和一些学校共建过实验室，每年要投入几百万元，但是投下来以后效果都不太理想，所以我们现在呢不想这么做了。

小　结

高校管理者对工程博士的认知是从国家政策执行落地的视角展开的。在上有政策要求，下有高校内部"底部沉重"的现实处境中，高校管理者将工程博士内涵的建构推向了理论与实践结合的深处。

在定位方面，工程实践服务的应用属性是管理者对工程博士政策的基本认知。在实践过程中，管理者普遍把应用属性的落脚点聚焦在了"培养对象"类型以及"国家重大专项"上，以招收参与国家重大专项的人员或与重大项目结合的方式，实现工程博士的分类招生与分类培养。但由于招生对象范围过于狭窄以及国家重大项目调整等因素，工程博士的规模化发展面临着困难。在学位属性方面，由于博士授予条件的统一规定和学术要求，因此管理者对工程博士的独特性定位感到困惑。

在培养过程方面，管理者普遍关注培养对象范围、校企合作含义及操作方式。对培养对象的认知经历了"聚焦在职生"到"以应届生为主"的转变；对培养方式的认知停留在"形式上分类易，操作上分类难"的困境上；对校企合作的认知聚焦外部权利分配和资源配置支撑因素，以及合作模式是强调知识与应用问题的链接还是物理空间上的显性接触。从整体来看，管理者对工程博士培养过程的建构逻辑通过三对矛盾张力呈现出来：第一，招收范围的局限性与工程博士可持续发展之间的矛盾张力，使得工程博士的招生对象范围向应届生转移。第二，分类培养与评价标准统一之间的矛盾张力，使得工程博士培养逐渐向工学博士看齐。第三，工程博士招生指标增长与科研绩效之间的矛盾张力，使得工程博士这一增量资源愈加融合到学校的科研体系中去。

在出口质量方面，管理者带着"分类评价"的认知理想和建制目的建构工程博士的独特性价值。然而，在实际执行中，管理者对知识结构的分类产生了质疑，认为两者在知识层次上是相通而难以分类的。因此，执行中的工程博士质量标准呈现出典型的路径依赖特征，纷纷按照"学术上降一级"的做法来进行。

从建构过程来看，专业学位博士依赖于学术学位博士系统中的资源、平台、人力和制度，要实现其特色化发展必须对现有制度进行变革或变迁。高校管理者对此变迁过程的认知有两个特点：一是从改革

第五章 以规范性执行为目的的规制性逻辑：高校管理者

成本和效益出发①，认为工程博士教育制度彻底改革还没到临界点，目前的制度还不能为改革提供相应的条件和刺激性报酬。二是从制度文化角度出发，认为工程博士教育难以打破高校已然形成的学科文化和组织运行文化，目前的改革仅处于探索的初步阶段。在处境条件上，围绕校企合作的具体实施，管理者的主要困惑在于"如何与企业合作、怎样才算合作、合作权力如何分配"三个基本实践问题，这些问题的背后折射的是多种制度、资源、权力的弥散性②特征。

基于认知与处境条件，高校管理者根据上位政策纷纷建立了高校内部的制度体系。由于各高校所处环境以及可利用的资源不同，因此呈现出三种典型案例：一是进行了微观层面的模仿性改革，与工学博士培养"形不同但神似"；二是进行了组织型改革，成立了工程博士专门的组织运行管理机构和相应的独立的制度体系；三是进行了实质性改革，借助外力实现高校与企业行业在资源、平台上的深度合作，通过人才培养专项及独立组织机构打破原有的培养模式，但该模式对外部条件依赖性较强，具有难以复制的特点。

---

① 根据诺斯阐释的路径依赖理论，在制度变迁过程中，打破路径依赖进行改革的刺激在于"报酬递增下的自我强化"。也就是说，改革需要支付成本刺激，通过报酬刺激实现对参与者认知改变的强化。

② 弥散性是指涉及范围广泛，边缘不清晰，这里指高校在和企业合作过程中，受主体异化的复杂情境影响，在纵度和深度上的融合无限扩大，且边缘不清晰，难以形成规制性体系。

第六章 以学术研究为中心的专业逻辑：导师

人们附着于现象之上的主观意义是客观现实的效果或结果。

——托马斯（W. I. Thomas）[①]

导师作为工程博士培养的直接负责人，他们是如何理解工程博士并建构其含义的呢？在访谈过程中，笔者发现，导师们对工程博士的理解存在着差异中的统一性。差异体现在两个方面：一是不同学科专业、不同年龄阶段的导师对工程博士的解读和需求是不同的；二是导师对工程博士的认知程度是存在个体差异的。统一性体现在导师在指导工程博士的过程中，对工程博士的政策定位和内涵存在诸多实践上的困惑和不确定性，表现在以下方面：拿捏不准工程博士应该达到什么样的质量标准；对工程博士的社会认同有着担忧；怀疑工程博士的独特性定位（即认为工程博士与工学博士没什么大的本质上的区别），等等。导师对工程博士内涵的建构是多样化的：有的导师对工程博士内涵的认知与政策表述是一致的，但其实际行动与政策表述却是相悖的；有的导师直接表明对工程博士的定位有很大疑惑，对实际执行中的困境保持沉默；有的导师认为招收工程博士非常有必要，因为工程

[①] 转引自[美]玛格丽特·波洛玛《当代社会学理论》，孙立平译，华夏出版社1989年版。

博士能为自己的科研应用与开发注入新的资源和平台。这种多样性时刻提醒着笔者要用更加宽广的视角来进行阐释。

意义建构领域的 Karl E. Weick 认为，一个事实的意义建构过程包括三个基本要素：（1）线索，也就是当前所面对的情境信息，正是这些情境信息触发了建构的动机；（2）结构，也就是包括规则和价值观在内的人们的知识结构；（3）线索和结构的联结，即当人们在情境中和内在的认知体系建立关系时，他们就创造了意义。[①] 因此说，意义来自过去经验的知识结构、当前事件的情境以及两者之间的联结，单靠认知和情境不能形成意义，形成意义的是认知体系内的情境再造。这为笔者挖掘导师对工程博士内涵的认知建构提供了参考视角。

第一节　定位的认知

对工程博士的定位是笔者后期经过编码而逐渐形成的概念。在访谈过程中，笔者是通过一个开放性问题"您是怎么理解专业学位工程博士的"与导师们展开交流的。为体现导师们对工程博士认知的连贯性，本节将通过个案口述的方式来呈现导师们对工程博士认知的生动现场。

一　个案口述中的多重面向

（一）"与工程结合更紧密的项目"

能源动力专业是典型的基础应用型专业，在没有设置工程博士之前，访谈对象所在院系已经与相关的研究院所、产业界有较长时期的深度合作传统。访谈对象是一位"双肩挑"型的留学归国人才，既是

---

① K. E. Weick, "The Collapse of Sensemaking in Organizations: The Mann Gulch Disaster," *Administrative Science Quarterly*, Vol. 38, 1993, pp. 628 – 652. K. E. Weick, K. M. Sutcliffe, "Organizing and the Process of Sensemaking," *Organizaiton Science Informs*, 2005, Vol. 16, No. 4, pp. 409 – 421.

工程博士本土化内涵的认知与建构

工程博士导师,又担任学院领导职务,对工程博士内涵的认知有着十分广阔的视角。当笔者问到"什么是工程博士、怎么理解工程博士"时,这位教授说道:

> 我们的理解相对来讲是比较简单的,因为我们有一个参考量,就是学术博士,相对于这个参考量,工程博士的这个培养方式、体系、目标啊,能够做一个跟工程或产业有更紧密结合的这样的项目。我们做的这个工程博士项目呢,是让他更进一步地跟产业融合,基本上是通过两个方式实现的:第一点是我们和×集团共同设立研发专项,结合真实的研发需求,学生要有两年的时间在企业开展他的这个科研活动。第二点就是采取校企双导师制,可能其他学校也在做这一块儿,但是我们这个呢,是做得更实的,那边的导师真的在起作用。

(二)"解决实践应用问题的学位"

受访者是一位交通运输领域的工程博士导师,带有四名在职工程博士,在长达 2 个小时的访谈交流后,又通过微信就某些关键问题进行了深入的沟通。当笔者问他怎么理解工程博士时,这位导师这样回答:

> 我觉得,工程博士实际上强调要跟实践接得更紧密一点。像我的学术博士,可能我要求他们多发高水平期刊论文。但工程博士,我给他们的选题基本上都是跟他们工作相关的,要能解决一点具体的实际的问题。就比如我现在做交通,对学术博士的话,我就希望他在理论上能做点什么东西,比如说弄个什么新的模型啊、方法什么的。但要是工程博士的话,我现在就要求他给我做一件事,就是把现在交通实践里面的一些参数给我(比如无人驾驶车),给我弄得更实际一点、具体一点,不一定说你一定是什

第六章 以学术研究为中心的专业逻辑：导师

么专利转化，但是你得能动起来，不能像我的那个统招的博士在实验室里边拿仿真车说我这个跑得挺好，那不行，没法用啊。工程博士就得真的把车给我跑起来，把车在实际场地中跑起来的参数给我弄出来，这其实挺难的。

追问：您这样培养工程博士的效果怎么样？

这个实行起来还是比较复杂的，我面临的困惑是，我现在不知道到底应该按什么（标准）来培养。我总的感觉就是他的东西最好是能用起来，就是在应用的角度走再深一点，但是到底怎么衡量这个应用的价值是否达到了工程博士的要求，说实话我特别没底。达到实际应用的程度有些方面是很难的，还要考虑他（博士生）能不能完成。这些在职的学生工作还那么忙，时间和精力都很有限，有些实践的问题又很简单，作为博士选题还比较牵强。这些在职的学生情况比较特殊，比如我现在带的4名工程博士，比较积极的有两个，所以推动得就会比较好一点。那些不积极的呢，就很麻烦，本身课业很少，现在抽审也比较严，毕业对我也是个风险，不行我就劝退。

追问：咱们平时的研究与实践应用结合得紧密吗？

我们现在有这个趋势，慢慢地开始注重和企业之间的联合。比如现在博士答辩的话，你完全都是纯实验室做的话，答辩效果也不咋好。现在大家都开始注重和应用的结合，你自己随便在实验室里设计两个模型，根本没法用，你能说你做得好吗？现在慢慢地这种方式确实不是很受认可了。我们特别希望啥呢？就是通过培养工程博士和企业的合作，也能促进我们这边学术博士的培养，他们在理论方法上稍差一些，我们在实践上稍差一些，其实

> 我想招一些在职的工程博士，就是想能结合一下，借助他们的一些资源和平台把我们的基础研究往上推一推。想象很好，我们也在尽力推，但是推的不是那么顺利，因为企业为啥跟你合作啊？如果招一些在职的高官、能带来资源的工程博士吧，又对质量有所担心。现在可招应届生读工程博士，但也有一个问题，这工程博士的社会认可毕竟没有学术博士的好，这应届生读了，到就业时遇到问题也都是麻烦。但不管怎样，我们从研究角度来看，确实需要与企业和实践进行深度融合，我们交通领域的工程博士有一些是偏向管理和技术的，其实对工程博士的招生还是有所期待的，希望能多一些招生指标，把实践中的资源给带过来。

持同样观点的还有两个受访者，一位是生物医药工程领域的导师，一位是交通科学与工程领域的导师。生物医药工程领域的导师是这么认为工程博士的：

> 在职工程博士我觉得挺有意义的，对于学术和产业界结合（起着）一个纽带的作用。但现在因为名额太少，我们整个院每年招不了那么一两个。现在大家都说想推动成果转化，推动高校的教育和产业界打通，如果有人能打通，比如说这个企业的高管或者技术研发人员来我这里读博士，虽然他不一定有很多时间做细致的科研，但是他能从应用中找出问题做一些应用算法的研究，或者系统使用中的核心关键技术，这其实比那些单纯做基础研究还要难一些，因为可能要有学科交叉和较宽的学科基础。因此我觉得应该再多一些招生名额就好了，但是现在还是主要以应届生全日制的工程博士为主，这部分孩子呢，年龄小学东西快，导师指哪就能很快做出来，但就是缺一些应用经验。就是呢，全日制这种也需要，在职的也需要，两个都得有，这样互相在课题组里发挥各自的作用。

第六章 以学术研究为中心的专业逻辑：导师

另一位交通科学与工程学院的院长、导师认为：

> 工程博士主要是面向应用领域而设的，我们的交通工程和实践应用结合得非常紧密。我的理解呢，工程博士应该是，（针对那些）大的工程项目或者是研发团队中，对技术有深入了解的、能组织团队来进行技术攻关的人。其实，如果对工程博士以两个字形容，就是（具有）"领军"这种特点：能进行组织管理、科技研发、做领军的这样的人才。他们在工作一段时间之后，回来再进一步充电补充一下短板，能让他带领整个团队，更深入地研究出应用性的、创新性的成果。我们招的工程博士都是技术研发岗位上的这种人，他在企业里有研发团队，然后我们这也有团队，大家一起讨论，然后整理成文，既有学术价值，也有应用的作用。

（三）"出口标准与学术博士不同的学位"

访谈对象是电子信息领域的工程博士导师，同时也是电子信息学院的领导，典型的高校双肩挑人才。他是这么理解工程博士的：

> 我的理解呢，工程博士肯定跟咱们学术型的培养方案和最后出口啊，就是他的那个创新成果应该是要有区分的。就工程博士这块儿，它偏重的还是解决大的工程问题。他的成果可以是，比如说创新报告啊、获奖啊什么的。

追问：这些成果报告、获奖应该达到什么标准才能毕业呢？

> 这是我们现在面临的一个最大困惑。就是工程博士哈，毕业的话标准到底怎么弄？怎么界定？跟学术型怎么区别开来？之前我们招的工程博士毕业的不多，现在扩大规模以后，如果还是按

照学术型博士标准来衡量的话,毕业可能是大问题。比如,举个例子讲啊,就我们电子领域,比方说做个××天线设计,这东西做的性能很好,但是他没法写成理论了,报告里那个论文有格式和条条框框的要求,对吧?就是做出来的东西特别好,但是呢就是没法发论文,没法毕业,这就导致了很多问题。再比方说,我们参与的那个××项目团队,他们单位就是做实际应用的研发,做的东西给国家做多大的贡献啊!但是他们那边压了一堆老师都是讲师,评不上副教授,为什么呢?职称要看论文,要看发表的学术成果,你干这些实用的、解决实际问题的东西没用啊,评价这个指挥棒的威力影响真的是很大的。其实,从这个意义上讲,工程博士的设置如果能把出口质量标准确立起来的话,和实际应用挂上钩的话,意义是非常大的,但是这个标准有一定的难度,可能需要突破现有的教育圈子去考虑。

(四)"和工学博士相差无几的学位"

访谈对象是一名化学领域的副教授,所在的科研团队刚招收1名应届生全日制工程博士。当谈到对工程博士的理解时,这位导师这样谈道:

工程博士对我们来说和学术博士没什么区别,都是干活的,我也是通过学号编号才知道这个学生是工程博士。

追问:咱们具体怎么培养这名工程博士呢?

可能其他专业和学校的工程博士有和企业联合培养的,但是我们的培养目前还停留在实验室,整个还是偏向基础研究,没有精力做产业。一些来自企业的横向课题比较简单,没有什么学术含量,可以让学生做,但是产出不了什么东西,博士生要做实发 Paper（论文），不然没法毕业。不过，我们之前发的一些高端论文，就有部分企业打电话来问，生产不生产，我们不生产也不卖。哪有精力去搞这些，对我来说，这几年的主要精力是发高端的 Paper。我这个年龄，还有 5 年，如果评不上教授基本上就没戏了。评教授、评职称都是需要 Paper 的，学生也需要发 Paper 才能毕业呀，博士生还能帮忙发一些，硕士生时间短根本发不了。研发我也想搞，但等我先把教授位置弄到了，才有精力去做这些事情，现在根本没有精力。再说，到年底科研业绩上不去，连学生都招不来的。

（五）"不需要和工学博士分开的学位"

访谈对象是机械工程领域的一位工程博士导师，承接的企业项目较多，常常穿梭于高校、企业、项目场地之间，自己的研究也偏向应用领域。当笔者问到对工程博士的理解时，他是这么回答的：

> 不管是啥博士，都是根据实际需要来开展研究的，没有本质区别。就我带的学术学位工学博士而言，如果科研过程中（企业/行业）有这个需求，也一样立马进驻企业，他做的论文就是企业的需求，也是国家的需求啊，这些项目纵向的也好，横向的也罢，哪一个是凭空而来的。这不就是国家需求吗？我们合作的时候开发的技术直接带到企业中，没必要非得把工学博士和工程博士分开啊！我是觉得，他（国家）提工程博士这个初衷，可能也是想这么做，但其实我们一直都在这么做啊！很多事情真不是规划出来的，比如搞这个细胞病毒研究的，他不去医院，也不去查验，他就天天坐在办公室做论文，说不好听的，他怎么可能形成这种真正的良性发展呢！其实就是内容要大于形式。不过，这个跟专业有关，有的专业吧，人家可能与企业真的是差距比较大，一刀切挺难的。反正在我看来，不管是啥博士，到我这都是

要干活的，要研发就研发，要进驻企业就进驻企业，要试验就试验，得有东西出来，不能是来混个文凭的。

追问：咱们的科研项目都来自哪？和企业联系的多吗？

当然有啊，比如这周我就带三个博士去那个×××，就是一旦企业需要这个交流，那我们立刻就进场，这个生产线啊，包括一线的工程师、工人等都要去现场交流，甚至上手操作，回来就开始做实验去验证，然后有问题立马就回去，这个是不分工程博士和学术博士的，我们一直都是这么操作的，你非要定义一个实习实践多长时间，弄个形式去完成，有必要吗？我觉得就是大家有个共同的目标，围绕这个产业去做的时候，它自然就会形成工程博士那个样子，我说的那种就是我做的这种。

（六）"对导师没有什么含金量的学位"

访谈对象是一位材料科学领域偏向基础研究的工程博士导师，他是这么理解工程博士的：

工程博士啊，对我们导师来说没什么含金量，大部分是企业那些领导来弄个文凭呗，整天很忙，人都找不到，他们的思路和我们根本不是一回事……不过，这两年有应届生的全日制那种工程博士了，这样的还是可以带的，至少有时间做点事。我们招工程博士一般有几个目的：一是自己的项目确实和企业有深度的合作，招他们的一个博士好联合开展工作；二是科研任务比较重，多一名博士就能承担一些科研任务。

另一位年纪较长的材料领域工程博士导师在谈起工程博士时，他非常赞同工程博士和工学博士分类培养的理念，加强高校与企业行业之间的联系是有必要的。但当谈到所带的在职博士时，他这样表述了自身的无奈：

> 带在职博士很累，学生累，我们也累，当然要看他（导师）负不负责任，如果老师不负责任，不管也不问，那他也不累，但是如果管了且负责任的话，他（导师）会挺累的。我带的这些在职博士就搞的我挺累的，因为他们工作也挺忙，都是骨干，要做课题研究呢，他在单位根本不能集中精力，连整块儿的时间都没有，尤其是在论文答辩之前，我告诉他必须弄出一个月时间来好好写论文，好好准备汇报PPT……可是结果呢，连这一个月都费了老劲了，我看他也累，我更累，不太愿意带的，说实话，他们的博士质量和全日制这些没法比的。

二 定位的多重解读

通过分析访谈资料可知，导师们对工程博士定位的理解和价值的判断差异性较大：前一位导师认为，工程博士与工程应用结合紧密，意义重大，后一位导师却认为，工程博士和工学博士没什么区别，意义不大；前一位导师说在职工程博士没什么含金量，下一位导师却希望能多招一些在职工程博士……这提醒笔者，要理解工程博士在导师群体中的意义建构，可能需要更加开放且广阔的视角。

通过对个案口述的反复研究，笔者发现，导师对工程博士定位的理解主要建立在三个关键点上：一是工程博士的组织模式是否突破现有，二是工程博士的招收对象是否突破现有，三是工程博士发挥的价值是否突破现有。这三个聚焦点夹杂在复杂的院系传统、个体特征、研究环境、专业类别当中，经过情境意义的链接而输出不同的结果。并且，上述的任何一种理解都有其现实合理性。同时笔者还发现，对于导师而言，工程博士教育有两道难以逾越的门槛：一是工程博士与实践应用结合产出的成果质量标准尚未建立，工程博士应该达到的知识水准还是个"黑匣子"。二是工程博士的应用性特征与导师面临的学术资本体系相悖，导师所需要的知识创造及高质量的学术论文，与工程博士应用成果之间的相关性较弱。

这也进一步说明，实操中的工程博士定位所涉及的两个深层次问题需要探讨。第一，普遍将基础研究与工学博士对应、应用研究与工程博士对应的分类提法有待商榷。博士学位类型难以在知识结构上根据异同而分为两个独立的模块。应用实践中的问题，需要基础研究与应用研究结合而非分离来解决。两类研究更多的是相辅相成、互为支撑的关系。第二，工程博士应用性成果的知识模式和质量标准如何确立是工程博士的关键。经过长时期的学术规训，知识生产模式已形成了一套规范化的、世界公认的系统和规训体系。按照迈克尔·吉本斯的理论，随着社会的发展，知识生产模式Ⅱ阶段的知识生产系统尚在建构中，这一阶段的知识生产成果具有开放性和默会性特征，需要重构其生产模式和价值标准。

第二节 培养过程的认知

本节将从培养对象、培养模式两个维度论述导师们对工程博士培养过程的认知。

一 根据需要选择培养对象

工程博士的培养对象范围一直是制度设置的关键点，究竟是招收具有工作经验的在职生，还是招收刚毕业的应届生，这关乎着整个教育模式的设计。因此，这个关键点也是各群体访谈过程中的讨论重点。在职生一般是非全日制模式攻读的博士生，这类群体已具有多年的工程实践经验，其年龄特征、读博动机、科研诉求与现有的应届博士完全不同。应届生一般是全日制模式攻读的博士生，其特点是年轻、学习能力强、可塑造性强，能帮导师做科研，学习时间可控。从

第六章 以学术研究为中心的专业逻辑：导师

访谈资料来看，不同导师对培养对象的需求是有区别的，在他们眼里，不同的培养对象对应着完全不同的教育模式。

大多数偏向应用研究，且需要积极与行业企业资源互动的导师，特别希望能招收具有工作经验的在职生。在他们看来：

> 一些应用研究项目，全日制的学生做不了，因为他们没有资源。就比如，现在我们想让统招的学生来做智能汽车模拟系数这件事情，由于没有地方跟我们共享这个资源，就只能通过模拟实验来做。这些在职生就不一样，他们有资源、有平台，比我们有优势……因此说呢，我们这块儿还是希望能招一些来源于行业企业的工程博士，但也不能太多，得有一定比例，质量也得确保。（DS-5）

与此同时，这些导师们也强调，对于工程博士，必须有不低于现有工学博士的高标准要求，且要有严格、科学的培养体系。即使是在职的学生，也同样需要进行科研项目训练，投入时间和精力来进行研究，这样才能确保培养质量。

但对于偏向基础研究的导师，则更希望从优秀的应届生中选拔有潜力的科研人才。导师们对工程博士培养对象的看法，与其自身的研究类型有一定的相关性。

> 在这方面，其实，我觉得要看这个老师的需求，他本身有没有和企业合作的资源和能力，如果他本身就有很多项目或联合研发类的课题，在跟企业进行紧密的合作，那他对在职工程博士就有一定的需求。如果有些老师做的是更偏基础一点的研究，他的应用成分本身就少，就像我们这个领域搞细胞基因蛋白层面研究的，他主要是在实验室做前沿性、基础性的研究，而强行要求他跟企业结合，这也不现实啊。反过来像我们这个领域是手术机器

人方向，是一个多学科交叉且应用性很强的方向，当然就更希望能和行业结合得更紧密一些，即使没有政策支持，也会想办法让它结合。(DS-8)

从整体来看，导师们对工程博士培养对象的需求陷入了两难选择。一方面希望能够有来自企业行业的、经验丰富的、带有行业资源的人来攻读；另一方面又不得不面对这些在职工程博士生的"不足"，比如他们时间精力有限，无法深度参与导师的科研项目，难以经受严格的科研训练，难以形成高质量的科研成果发表等。虽然也有部分在职博士在工作之余能够有相当优秀的学术成果，但毕竟是少数。

我觉得从学位角度上看，工程博士这种类型的学位是需要的。就我们的领域来说，我们非常需要具有工作经验和应用实践经历的这些人加入我们的这个平台，来解决实践应用问题。但同时，我们也面临着一些问题，就是在职的这些工程博士水平参差不齐，他是否能够和我们的团队创造出更大的价值是很难说的。(DS-9)

二 培养方式基本都一样

当笔者问及"您是怎么指导工程博士的、与学术博士有什么不同"的问题时，导师们几乎清一色地回答"基本都一样"。

其实，两者在培养环节不会有什么大的差异，平时指导的话，一个是偏理论，一个是偏实践，在指导方式上也不会有什么大的差异。唯一的区别就是工程博士有实际场景的运用，我更希望他们能够把工作经验中的实际场景和这个学术研究中解决问题的知识结构结合起来；学术学位的工学博士呢，能够结合实践需求在实验室中做这个前瞻性的东西，两者结合起来，各取所长，

第六章　以学术研究为中心的专业逻辑：导师

各补所短，这样才能达到最优。（DS-5）

有的导师认为，工程博士的培养可以用两条腿走路，一是招收全日制的工程博士，以导师掌握的应用项目作为平台培养工程博士；二是招收在职的工程博士，以在职博士的实际应用项目作为平台实现校企合作培养。这两个最终都要落到应用项目上，并且这两类方式可以由学校根据需求自主合理安排招收比例。但是这两条腿能否走好的关键在于导师：

> 校企合作联合培养博士是一个方向，但是呢，合作程度的关键取决于导师，如果校内导师和校外导师都比较认真，并且工作性质也要求必须认真负责，那就好些；但是大部分导师就只是挂个名，尤其是校外导师，他根本就没精力指导，那些领导啊、董事啊、所长啊、副所长啊，都忙得一塌糊涂，学生都很少见，哪来什么指导，学校的导师呢，有时候沟通又不是很畅通，所以说呢，在这种情况下就会弱一些。（DS-2）

在校企合作方面，偏向应用研究的导师们与企业行业合作的需求是非常强烈的，但在实际合作过程中，也有导师反馈存在一定的难度：

> 跟企业联合培养（工程博士），我们也一直在尽力地往下推，但其实推得不是那么顺利。因为你知道，企业跟你合作的目的不单单是培养人。真实的合作是需要非常认真地投入的，人力和物力上都要一定的且长期的投入，一部分企业和研究院所确实出于研发的需要，它们也希望能从高校引入学术力量，在这种情况下，如果领导还比较重视，它就会好推一些。但是呢，领导也在不停地变，研发的东西也在不停地变，很难长期合作下去，除非

是国家的重大专项那种，有持续的、长期的、稳定的投入还可以。因此我呢，坦白来讲，希望给我们多点统招博士的名额，我们通过项目来培养，这样我们就可以是主动的、可控制质量的培养，那种来自企业的在职的呢，也需要，但不要太多，因为毕竟有一些是来混文凭不好好干的，这样的话我们就很被动。（DS-5）

第三节　出口质量的认知

一　跟工程实际结合得紧密一些

人们普遍根据研究类型将工程博士与工学博士分开，认为工学博士偏向基础研究，工程博士偏向应用研究。然而，在导师们看来，两类研究很多时候是融合在一起的，仅是研究场景有所不同而已，很难根据研究类型来明确划分工程博士和工学博士，如 DS-6 作为院系领导和工程博士导师对这个问题就有深入的思考：

> 我在美国留学时做基础研究，就是这么一滴燃料，在什么情况下能点着、什么情况下点不着、着火是在什么情况下等需要进行很精细的实验模拟。而我们学校现在做的呢，就是在真实的发动机里，研究这个燃料怎么点着燃烧，燃烧的过程是什么，系统怎么设置等，这个燃料是在操作中以直接喷射状喷出来的，和实验室的场景和参数都不一样。其实，这种研究更难，是在前面的（基础）研究基础上开展的，但同时也带有基础研究的性质，我们把它叫作基础应用研究。对于工程博士，纯实验室的那种研究根据需要进行，大部分还是针对工程实践中的应用做的基础研究，我们把它叫作基础应用研究或应用基础研究。

可以看出，工程博士和工学博士，应用研究和基础研究，更多的是在研究场景、研究方法、研究目的上有所差别，但实质上都是在进行知识的创造与开发，两者间的知识划分边界还比较模糊。

有导师认为，不管是什么类型的学位，首先必须满足博士学位的基本资格要求，要有一定的知识创新和科研基础，工程博士的学位标准不能低于现有的工学博士，并且要与工程实际结合得紧密一些。

> 我就觉得如果是工程博士，还是得强调跟实践链接得更紧密一点，学术博士就要求多发高水平的期刊论文，对工程博士我要求他们在选题上最好跟工作相关，能解决一点具体的实际问题。（DS-5）

> 不管它是什么类型的研究，首先它作为一种博士学位类型，那就需要有一定的知识创造，不是说你随便弄个实践报告、应用报告就能作为博士学位申请资格的。这个工程博士目前的情况我是很担忧的，大家普遍认为，工程博士是偏低一些水平的博士，之前从社会上招收的那些在职生，其实是良莠不齐的，现在招收的应届生，从现实来讲是一种比较可操作的方式，但是和学术学位相比，还是有低一层次的感觉。（DS-10）

二 毕业标准的困惑

通过访谈文本发现，导师们普遍对工程博士的质量标准有困惑，有九位导师希望国家层面能够尽快建立工程博士的质量标准，明确学术及应用价值的标准体系。他们一方面希望工程博士的学术标准不能低于现有的学术博士，通过科研训练使工程博士具有发现问题、解决问题的学术思维体系；另一方面也普遍认为工程博士的应用成果质量标准确实难以把握。

> 现在最大的一个困惑就是工程博士毕业的标准到底怎么界定。说实话，我之前招的在职工程博士比较多，但是到目前为止

毕业的不多。2018年以后，我招收的大部分是全日制的工程博士，有个好处是全日制在读时间投入能确保，他将来毕业以后呢，其实跟那个学术型的质量差不太多。在职这块儿呢就不太好说了，我之前有个在职的学生，他实际上在做5G毫米波通信应用这个东西，其实我觉得跟工程结合得很紧密啊，但是在评价的时候专家们认为不合格，怎么说呢，可能评审专家也不了解这块儿，更多的是从学术标准上判断，实际上人家这个东西在5G标准里得到应用了。比如前段时间，与我们合作的一个研究团队做的应用的东西特别好，给国家做那么大的贡献，但他们那边儿压了一堆老师都是讲师，评不上副教授。(DS-7)

其实，现在我也不知道到底应该以什么标准来考核他们更合适，他们做的有些应用问题，我们这些导师也不好判断他到底能不能毕业，我也不知道到什么程度就够了，也在摸索。我想给他做学术上的东西，但他们的知识结构可能不满足，做不了，但如果要做一个简单的应用的东西，感觉像个硕士论文拼起来也不行，这也是个矛盾。(DS-5)

在出口质量评价方面，有导师认为，应该打破一刀切式的统一评价模式，评价的主体应是校内外导师组和评价委员会成员。例如DS-8就提到：

希望未来的博士毕业有点类似于让学生自己来说明为什么可以是个博士，其佐证材料可以是各方面的，比如说传统的高水平论文，也可以没有论文但设计了一个特别厉害的系统并且已经应用了，甚至说研制的成果特别好，已创业成立了公司，这些都可以作为博士毕业的条件，甚至学术博士也可以这样。你像国外的博士毕业，根本没有硬性的条件说你必须发几篇论文或者怎么样，他更多的是把这个判断的标准交给他们的学术委员会，在做毕业答辩时，就讲整个博士阶段做了什么、取得了什么成果，然后这个委员会专家认定说这个水平确实达到了一个博士的水平，就可以了。

工程博士的社会认同度低于学术博士。虽然有部分导师认为，真正的工程博士应该比学术博士的研究还要难，但受文化传统、资助体系等的影响，工程博士在实际的招生、培养和出口方面均呈现出"低一等"的状况。比如有学生（XS-1）反馈说："工程博士录取要稍微宽松一些，竞争力小一些，在毕业要求上，学术型博士要3篇或者2篇SCI才能毕业，专博可能就需要1篇，或者说是两篇中文就可以毕业。"导师（DS-5）也担心工程博士的认可度问题：

> 我们也在犹豫，今年整个学术博士名额减少，统招可以招工程博士，但我们觉得如果统招招大量的工程博士，以后毕业在我们这个领域内大家认可度低怎么办呢，我们也不太敢轻易地答应学生，因为以统招方式进来，完后他念的是工程博士，最后毕业找工作，人家说工程博士都是在职的，我们不认，这个风险太大，不能拿学生的前途开玩笑是不。统招的博士，我们培养上都是以高标准要求的，不管你是工程还是学术，我都一样培养，但是我怕人家不一定这么认为。

第四节 建构过程与互动

从上一节的阐述中可以看出，导师们对工程博士的理解夹杂着两条信息线。一方面，他们觉得工程博士应该和实际应用结合起来，解决应用中的关键问题；另一方面，他们又渴望工程博士能给自己带来价值，比如承担科研项目缓解压力、发一些高质量的论文、为导师的职称评审累积成果等。这实际上反映了工程博士的制度设计和导师们的学术制度之间存在难以调和的现实矛盾。

那么，这对现实性矛盾是如何实际存在并影响着导师们的认知和行动呢？导师们的认知与社会情境文化之间究竟发生了什么样的化学反应？本节将聚焦工程博士内涵认知背后的建构过程与互动网络，阐释认知与场域情境之间的关系问题。

导师们对博士学位的认知前设，来源于上百年来建立的学术传统和学科规训体系。这一体系下的科研生产与评价、职称评聘等事关导师自身的地位和资本元素，皆会对导师们认同、接纳和参与工程博士培养产生重要的影响。

一 认知惯习

惯习"是一种结构形塑机制，是各种既持久存在而又可变更的性情倾向的一套系统，它通过将过去的各种经验结合在一起的方式，每时每刻都作为各种知觉、评判和行动的母体发挥作用，从而有可能完成无限复杂多样的任务"[①]。按照布迪厄的理论，学术生产的实践，就是学者在学术经验积累与学术内化过程中形成的惯习，并在特定的学术场域中秉持一定形式的权力资本，作为行动的知觉发挥作用。

用学术惯习这一概念去解释导师们对工程博士内涵建构的形塑过程非常自洽。学术惯习，是导师们在学术训练和学术生产经验积累中形成的相对稳定的性情倾向的一套系统，并以知觉、评判和行动的母体发挥作用。导师们的建构过程，就是他们自身生成的性情倾向系统与所处情境场域互动建构的过程，即导师（主体）在与社会情境（客体）的互动中，生成了一套操作体系，对工程博士内涵进行着结构的形塑和意义赋予。

---

① ［法］皮埃尔·布迪厄、［美］华康德：《实践与反思——反思社会学导引》，李康、李猛译，中央编译出版社1998年版，第19页。

第六章 以学术研究为中心的专业逻辑：导师

在社会现实情境下，这些工程博士的导师们之所以能取得导师的身份，是因为他们至少已经在某个场域中具有一定的权力资本。这个权力资本包括：（1）求得教职；（2）取得至少副研究员或副教授以上的职称。

表6-1　　　　　工程博士授权高校教师招聘条件

高校	招聘系列	学历背景	工作背景	成果或成就
高校A工学院	教研系列：助理教授/预聘副教授/长聘副教授/教授	取得国际一流高校博士学位	在国际一流高校、科研机构或知名企业研发机构有正式教学或科研职位	取得过有影响的科研成果，为所从事科研领域同龄人中的拔尖人才
高校B电子信息	教研系列教师	取得相关学科博士学位	在世界一流大学或知名研究机构有博士后经历者优先考虑	能够提供证明学术水平和学术潜力的相关材料，如论文及引用、获奖、专利、专著等
高校C工程学院	教研系列岗位	取得国内外知名大学（或研究机构）博士学位	国内博士学位获得者还需具有博士后研究经历	提供近五年不少于5项代表性成果（包含高水平文章、奖励、专著、成果转化和应用证明等）
高校D	科研系列岗位	取得海内外一流大学博士学位	海内外一流大学、科研机构或著名企业从事科研工作经历（含博士后研究经历），达到世界一流大学助理教授水平	在国际相关领域重要和顶尖学术期刊发表过高水平论文（顶尖期刊论文至少2篇）；在学科前沿领域开展创新性研究，取得重要的研究成果，表现出很强的学术发展潜力

资料来源：根据相关高校公开招聘模块资料整理所得（2020年12月）。

首先分析工程博士导师获得其身份的学术逻辑。根据对几所工程博士授权高校教师招聘条件的文本分析（见表6-1），可以看出，这些导师在拥有高校教职之前，必须经历过严格的学术训练，甚至要求是国内外双重的学术训练，并且要求具有国际影响力的科研成果和高水平论文。简言之，只有在学术水平上拔尖突出才有可能求得教师一职。这些科研成果也好，体现学术水平的奖励也罢，都是经过长时期的学术训练和经验内化后在教师心中自然而然地形成的一种"博士资格必备"的思维模式，这套思维模式在充满斗争的学术场域中就成为教师内化的知觉和评判策略的原则，也即导师们生成的一套学术惯习。

在这一套惯习中，内嵌着导师们的两种基本学术逻辑：第一，博士教育的内涵其实是一套标准严格的学术训练体系，这个训练体系需要博士投入大量的时间和精力去解决至少一项学术、实践或前瞻性问题。通过学术问题的探讨，实现对思维，包括创新性思维、逻辑思维、系统思维等的训练，一代代的学术训练俨然形成了一套成熟的学术规训体系和"生产论述的操控体系"[①]。没有经历过学术训练的博士自然是不受学术圈子所承认的。这就是在职工程博士被导师们排斥的基本前设。第二，学术训练的核心是学术创造和学术产出，在知识生产系统框架内，学术产出的知识体系是通过论文、著作、发明等一系列学术圈子特有的规训程序呈现的。知识的创造性需要通过这种方式得以实现，无论是实践应用中的问题，还是基础领域的理论前沿问题，都要以某一种知识方式体现出来，得到同行的认可，这是知识产出的系统循环，也是成熟的知识生产系统。

再来分析导师们是如何在学术惯习图式中建构工程博士内涵的。当谈到对工程博士的理解时，部分导师的第一反应是用政策话语对工程博士的合法性进行表述，形成清晰的话语符号。而随着深度剖析，他们会呈现出极度的困惑，即工程博士的学术图式与自己形塑的学术

---

① ［美］华勒斯坦等：《学科·知识·权力》，刘健芝等译，生活·读书·新知三联书店1999年版。

图式难以融合的困惑。还有一些导师认为，工学博士本身就有偏向理论的，有偏向基础的，两者很难绝对分开。他们进行的研究大部分都是在解决应用中的问题，就是针对航空发动机各个部件做的研究。在设置工程博士后，他们就通过其他方式让其和企业链接得更紧密一些，让企业的一部分人参与攻读，双方以立项的模式共同培养，试图以这样的方式与学术博士分开。无论是从认知上接受新图式的困惑，还是对认知图式重构的困惑，两种建构过程都显示出工程博士"质的规定性"尚没有在导师们的认知体系中形成清晰的概念或边界。

认知上的学术惯习是导师们对工程博士进行内涵建构的重要影响因素，通过内化于他们性情系统中的学术逻辑来建构工程博士的内涵和定位。一方面，他们已然形成的性情倾向系统让他们带有某种偏向地看待工程博士，比如，觉得工程博士学位是低档次的学位，其学术含金量太低。另一方面，惯习所具有的形塑机能让他们根据新的场域情境，在寻求利益和资本过程中妥协、融合、形塑新的场域，这其中关键的要素就是新的场域系统中的利益刺激和资本符号。除了工程博士本身自带的一些资源外，还有哪些场域情境影响着导师对工程博士内涵的建构呢？下面将从科研体系和职称体系做进一步深入分析。

二　处境条件

（一）学术资本：奖励体系及科研评价系统

斯劳特和莱斯利在《学术资本主义》中用"学术资本主义"一词宣示了知识成为"资本"，拥有知识的教师成为"资本家"的时代来临。他们指出："当教学科研人员发现自己把大量的时间越来越多地花在追求外部资金或花在可以带来更多学生、合同或合作协议以增加单位收入的对外关系上时，学术资本主义这个概念能帮助他们将自己的活动置于有意义的环境中。"除了教师寻求学术资本以外，他们还指出："行政管理人员试图加强教学科研人员的生产力，他们就辅助教学科研人员开辟外部资源并为他们制定市场方案，并且开始广泛考虑如何在已经变化的高等教育环境中调动院校的资源。"[①]

　　导师们作为专业人员，其专业符号的象征是拥有学术资本，包括可以确立更多的项目以获得更多的资金、可以招收更多的博士生、可以在各种话语体系中存有力量、可以具有更广泛的影响力等。可以说，学术资本是导师们的生命线，只有通过科研立项和奖励获得资金，才能获得知识生产与创造的平台和资源；只有进行知识生产与创造，才能产生有影响力的科研成果；只有产生了相应量级的科研成果，才能获得相应的"身份符号"（比如职称、帽子、头衔等）和一定的"学术资本"地位（比如获得更多的项目、建立自己的团队、吸引更多的优质学生、具有广泛的影响等）。因此，学术资本的积累与系统化的科研体系是相辅相成的。具体而言，导师们进行知识生产需要一定的经济资本，它从何而来？科研立项、科研奖励是其主要的形式和内容。有何动力？科研评价、成果计量文化就是直接的推动力。这一学术资本的生产链条就成为导师们的利益核心，其他一切都围之而转。

　　首先，科研经费到账是高校考核导师们"资本"能力和招生利益分配的核心要素之一。一方面，高校科研经费统计数据显示（见表6-2），不同类型高校、不同地区的科研经费拨入主要来自主管部门专项费用（18.77%）、其他政府部门专项费（40.54%）、企事业单位委托经费（横向课题，占28.89%）以及部分中转经费。这些经费是导师们进行科研创作的基础。由于经费的申请具有竞争性特点，导师们忙于课题申报、项目申报，经费申请就成了日常工作的重心，科研经费到账就成了高校评判教师"资本"的条件和要求。

　　另一方面，从表6-2中我们还可以看出，这些科研经费用于应用研究的比率高达48.52%（接近一半），并且R&D成果应用的经费数额也不少。这说明通过资金协调的方式，由国家引导高校进行应用

---

① [美]希拉·斯劳特、拉里·莱斯利：《学术资本主义》，梁骁、黎丽译，北京大学出版社2014年版，第199页。

性研究的方向是明确的，基础研究和应用研究各半的趋势是明显的。这样的话，单纯把工程博士的知识结构划为应用性研究来试图与工学博士区别开的说法是和现实存在矛盾的，因为占据95%左右博士培养规模的工学博士本身就包含基础研究和应用研究。

表6-2　　　2017年高等学校科技经费拨入与支出情况　　　（万元）

类型项目		拨入经费		支出经费
科技经费	科研事业费	793593.9	科研人员费	2113659.2
	主管部门专项费	2850422.6	业务费	6959436.7
	其他政府部门专项费	6157616.9	固定资产购置费	2416439.9
	企事业单位委托经费	4387177.8	上缴税金	170768.4
	各种收入转为的科技经费	999735.2	其他	852436.5
			转拨外单位经费	1133511.4
研究与发展经费	基础研究	3715690.9	基础研究	2936838.0
	应用研究	4560529.7	应用研究	3662458.3
	试验发展	1122329.0	试验发展	926466.6
R&D成果应用及科技服务经费	成果应用	1033986.3	成果应用	788405.0
	科技服务	828830.9	科技服务	653523.8

资料来源：根据中华人民共和国教育部科学技术司：《2017年高等学校科技统计资源汇编》（高等教育出版社2018年版）中资料整理所得。

其次，科研奖励及其配套的利益体系是对导师们科研生产的重要刺激动力。比如，某高校科研奖励体系中对高端成果的奖励办法是：

奖励范围包括：1. 每年获得国家最高科学技术奖、国家自然科学奖、国家技术发明奖、国家科学技术进步奖、中华人民共和国国际科学技术合作奖的团队或个人。2. 每年获得部级奖的团队或个人。部级奖，指以中央（国务院）各部委名义颁发的社科或科技优秀成果奖。3. 每年获得省级奖的团队或个人。4. 每年获得国家一级学会科学技术奖和国家一级协会科学技术奖的团队或个人。5. 奖励在 *Nature*、*Science* 和 *Cell* 上发表论文的团队或个人。奖励在《中国社会科学》上发表论文的团队或个人。6. 奖励入选科睿唯安高被引科学家的个人。7. 奖励国家自然科学基金杰出青年科学基金项目、优秀青年科学基金、国防科技卓越青年人才基金获得者。8. 奖励取得重大社会或国际影响力的高端科技成果的团队或个人。

奖励范围既包括获奖情况，也包括高水平论文、基金项目、高被引科学家以及高端的科技成果，这些无不与科研密切相关。

可以看出，这些科研奖励及其相配套的其他利益刺激（比如职称评审）构成了导师们将主要精力放在科研生产活动的核心驱动系统上。这个核心驱动系统作为学术生产活动场域中的无形"权力"和"资本"对导师们的惯习形塑发挥着巨大的作用。在这一奖励体系的牵引下，导师们无不将科研及知识产出作为主要手段来培养博士生，不管是学术博士还是专业博士，都要统一纳入科研生产训练体系当中。

最后，除了科研奖励的刺激之外，还有更宏观的科研评价系统时刻对教师们的科研产出进行着计量式的问责和评判。这些年的各项评估、绩效评价等纷纷把高水平的科研产出数量指标引入其中，欣欣向荣的审计评价文化已经渗透到高校的每一寸土地上。

目前，随着中国评价制度的改革推进，破除"五唯"评价顽瘴痼疾的相关政策纷纷出台，这对导师们观念的转变和人才培养具有重大意义。

（二）文化资本：职称评审体系

如果说，教师们通过科研奖励和科研评价系统的竞争机制最大化地获取自身的学术资本的话，那么，职称评审和人才遴选体系，则是教师们拼尽全力获取立身行事的"文化资本"的主要渠道。

职称是教师们的身份符号，更是地位和权利的象征。职称评审、人才遴选背后的符号体系是知识生产的文化要素。前文已阐述，教师

第六章　以学术研究为中心的专业逻辑：导师

们从事知识生产活动需要一定的经费支撑，通过科研系统获取一定的学术资本，那么，教师们获取身份地位的文化动力，就是这些职称评审和人才遴选体系的激励系统。也就是说，"教授""副教授""长江学者"等这些身份符号背后隐藏的是能够招收高质量学生、能够获取学术资源和平台、能够在各种评审体系中具有话语权力、能够参与更高级别的权力圈子，甚至获取一定的行政权力等，这些构成了教师们的文化资本体系。文化资本体系给教师们的性情倾向系统渗透了难以言说的某种偏向，使他们在无形中将其中的利益与文化资本相挂钩。

近些年来，随着职称评审的内卷化，高校对教师的学术成果产出要求越来越严格，在量化评价中逐步加码加价，老师不得不囿于发表论文的困境当中。大学进行的人事制度改革"在公共管理理念的影响下，引入市场竞争机制、绩效评估等理念，使用表现主义的评估和量化的考核要求，促使大学教师在短期内取得可见的、可测量的成果……这种以利益为交换条件，以奖惩为刺激的激励不仅会侵蚀教师热爱学术的纯粹之心，也会破坏良好的学术环境和学术文化"[①]。如果说前面所论述的学术训练让导师们具有了学术理念视角，科研体系让导师们具有了学术资本刺激逻辑下的价值工具视角，那么，职称评审体系则使导师们以最直接的利益工具视角建构工程博士的内涵。

职称评审系统对质量、数量、年龄的追求将教师带入了快速、高效的论文发表时空中，使导师们将更多的精力投入论文发表当中。在2018年前，很多高校的职称晋升条件被精确量化，例如高级职称（教学科研系列）对科研方面的必备要求为：获得省部级科技/教学一等奖总排名前二；或获得国家级科技三大奖/教学奖二等奖以上排名前三；且以第一作者（或指导的学生第一作者）或第一通讯作者名义发表SCI论文篇数达15篇（含）以上。或者本人或本人指导的学生为

[①] 林小英、薛颖：《大学人事制度改革的宏观逻辑和教师学术工作的微观行动：审计文化与学术文化的较量》，《华东师范大学学报》（教育科学版）2020年第38卷第4期。

第一作者或本人为第一通讯作者，发表各类 SCI 期刊 Q1 区排名前 70% 或其他类 Q1 区排名前 50% 的论文篇数达 15 篇（含）以上，等等。

在 2018 年之后，随着国家破"五唯"系列政策的推进，各高校纷纷开始制定新的职称评价体系。比如有高校引入"代表作评审"理念，对科研的要求调整为：在科学研究方面取得 5 项代表性成果，可以是开拓性研究类成果、高水平科研项目、发明专利（需转化）、决策咨询（需采纳）、撰写技术标准（需颁布）、科研成果获奖，等等。但由于政策刚刚发布还尚未充分发酵，从访谈中可以看出，导师们对职称评审的认识普遍具有路径依赖特征。

职称评审体系对导师们如何认识工程博士内涵具有直接影响。这些导师特别是尚未评上教授或某种头衔的中年导师，对工程博士的认知夹杂着利益工具倾向。已经是教授级别的"老"导师们，对工程博士的认知取向来自科研体系下学术资本求取。那些已经取得头衔、具有一定学术资本和文化资本、实现"经费自由"的导师，对工程博士的认知才真正与工程博士政策价值相一致。可以说，工程博士的政策性导向与现存的教师学术秩序系统（学术惯习、科研体系、职称体系）在一些方面是存在矛盾的，破"五唯"政策的持续发力是否能缓解这一矛盾，我们只能拭目以待。

三 以科研需要为中心的行动策略

在探讨人对事物意义建构的相关逻辑方面，行动理论提供了相当广阔的研究视野，在本书的第二章里，笔者综述了帕森斯、特纳、亚历山大和吉登斯等人的行动理论思想及其所涉及的相关概念。帕森斯基于微观行动的认知思想与宏观的社会结构统一的思想，把人的行动作为行动单位来分析，提出一般意义上的行动分析要素包括行动目的、行动条件、行动手段及其之间形成的规范性。特纳进一步拓展了个体行动的动机类型，指出行动的动机分为利益工具型（能有效地实现既定的目标）、表意情感型（实现情感上的满足）、道德满足型

(基于道德满足而非标准)。亚历山大吸取了符号互动论、本土方法论、社会现象学、社会交换论等微观社会学理论的合理思想,认为行动总是沿着"解释"和"策略"两个基本的维度进行的。如果用既有的框架来解释每种新的印象,那就是典型化;如果用比较新的方式来理解行动者,那就是创新,在解释性的理解方面,收益和成本等策略性的算计是重要的要素。吉登斯认为,行动过程中的反思性监控非常重要。综合而言,行动理论强调主体与客体互动中的建构关系,行动者带着一定的目的与周遭的环境进行互动,在条件与策略中周旋,不同行动者的能动性通过动机、思维特质、情境条件等对事件或事物创建出不同的意义结构和符号(亚历山大称其为"解释"),进而通过行动去完成对它的实际建构(亚历山大称其为"策略")。

笔者尝试在"解释"和"策略"的故事线中寻找导师们建构工程博士内涵背后的互动逻辑。

首先,导师们是如何认知工程博士的?有的导师从招生名额的角度进行阐释,谈到只有拥有了充足的科研经费才能获得工程博士的招生名额,而之所以竞争性地通过科研基金去换取招生指标,是因为需要博士这个主力军分担科研压力,是在被迫屈从于学术利益的基础上理解工程博士的。有一些导师从培养需求的角度进行阐释,谈到自己之所以期望带工程博士,是因为这些博士可以带来高校所没有的行业企业这个实践平台,而这个实践资源能够弥补导师开展应用研究对资源与平台的需求。有一些导师是从政策供给和现有资源情况进行阐释的,谈到高校已经设置了工程博士培养的相关资助方式(比如国家重大专项或重大课题)、招生名额和培养方式等问题,导师不需要考虑招生名额和培养资金的问题,直接按照相关要求执行即可。此外,还有一类导师,他们的年龄和地位已经达到一定的级别,不太需要利益上的过多考虑,以某种情怀投入工程博士的培养当中,但他们依然带着学术惯习去看待工程博士,觉得工程博士不能降低学术水准和质量要求。可以看出,导师们虽然面临着不同的情境和条件,却都在现有的制度体系中，通过惯习、权力、资本，基于"学术利益"这一解释主线形塑着工程博士的内涵和意义。

其次，导师们是怎样建构工程博士的？有导师反馈说，工程博士没有什么含金量，是低档次的学位，是供在职人员充电的一纸文聘；还有导师说，工程博士和工学博士没有什么区别，他们都是统一进行培养的；还有导师说，工程博士的独特性体现在和企业结合得更紧密上，但需要外部资源和资金的注入；还有导师说，工程博士能带来一定的企业资源……这些反馈反映了导师对工程博士理解的三个特征：（1）导师认为的工程博士和实际培养过程中的工程博士是存在差异的；（2）学术标准是导师们判断工程博士质量和意义的潜在标准；（3）导师们对工程博士的独特性建构与导师自身利益需求息息相关。再进一步深入分析，为什么部分导师对工程博士有如此差的印象？是因为少部分在职工程博士参与研究的时间少、产出成果少等，部分导师把在职工程博士视为一种学历文凭交易，是高校与行业企业建立的利益交换机制。而为什么导师们以学术的标准对工程博士进行评判？因为他们通过正统的方式获得了教师职位，自带某种学术惯习，因为他们身陷科研绩效计量文化的深潭，忙于应付论文发表；因为他们为了生存，需要在职称评审中获得一定的职级地位。这些都是以利益作为内核的。可以说，基于"科研需要"是导师们"解释"工程博士的基本逻辑及行动策略的出发点。

最后，导师们是如何在实践中培养工程博士的？大部分导师都提到了工程博士和应用实践结合的问题，尽管面临着诸多实际问题，但"应用性"是导师们对工程博士建构的核心概念。针对工程博士到底要干什么这一基础性问题，导师们对其的建构夹杂着政策语言和自己的理性化理解。访谈资料显示，导师们对工程博士的指导过程与工学博士高度合一，同样的指导方式、同样的课程体系、同样的导学关系、同样的培养过程，唯一的区别在于"要求"上的微妙差异，还有论文选题上的微小差异，比如工程博士的选题来源于实践应用中的难

第六章　以学术研究为中心的专业逻辑：导师

题，工学博士的选题既有纯理论的探讨，还有应用基础研究，以及应用实践问题的研究，两者难以彻底分清。

综上所述，导师们在形塑工程博士内涵的过程中，"科研诉求"是基本的出发点。导师们根据自己所面临的情境和条件，在惯习、权力、资本的关系网络中围绕"学术利益"多样化地形塑着工程博士的内涵。

四　建构的典型化

为了更精细地体现导师们建构工程博士内涵的互动逻辑，笔者根据故事中所呈现的两条主线——导师们的解释主线即"科研诉求"，导师们的建构策略主线即"与应用结合"的情况——绘制了象限分布图（见图6-1）。需要解释的是，纵轴"与应用结合程度"包含了受访者在认知上的"应不应该结合""需不需要结合"和行动上的"有没有结合"三层意思。在划定受访者所在的位置时，对认知上的认识和行动上的实践进行了折中。

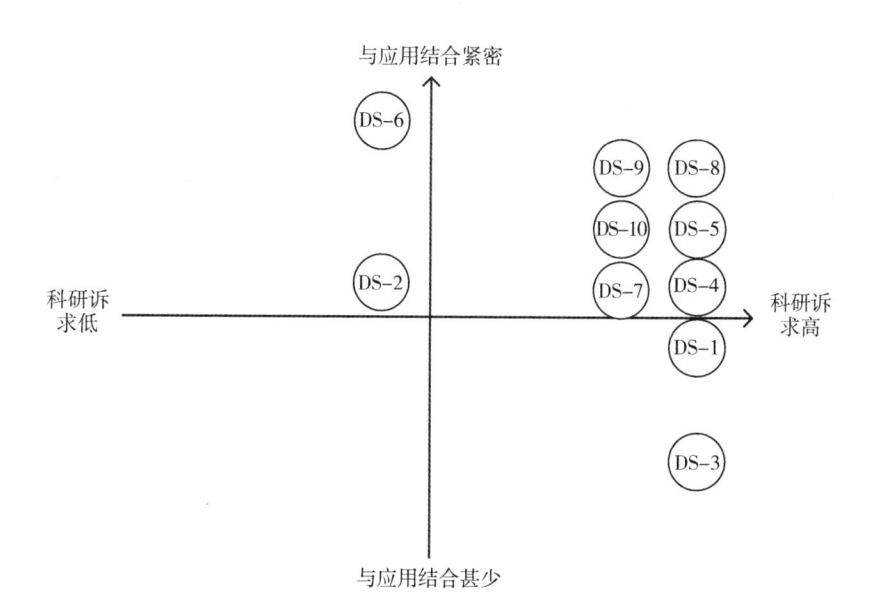

图6-1　受访导师对工程博士理解的分布

工程博士本土化内涵的认知与建构

从图6-1可以看出十名受访者关于工程博士建构的基本特征。根据象限分布情况，笔者将受访者的建构类型分为四种：科研诉求高—与应用结合紧密型（第一象限）、科研诉求低—与应用结合紧密型（第二象限）、科研诉求低—与应用结合甚少型（第三象限）、科研诉求高—与应用结合甚少型（第四象限）。

首先，科研诉求高—与应用结合紧密型（第一象限）。处在这一象限的导师具有较高的科研利益诉求，即希望工程博士能够产出一定的高质量产品，满足导师们的科研学术需求，但同时，工程博士也应当和产业有一定的结合。究竟是什么促使他们既能保持对工程博士学术标准的较高追求，又能和产业紧密结合呢？笔者发现，这有两点重要的基础：一是这六位导师的专业领域（机械工程、能源动力、交通运输等）是比较典型的应用基础研究，在工程博士设立之前就积累了一定的工程实践基础以及较强的基础应用融合研究实力；二是这些导师和学院具有与产业长期紧密合作的历史传统，具有产教融合研究的经验沉淀和基础条件。例如 DS-5 所在的学院建立时间并不长，和企业开展合作的历史积淀较少，但是自建立之初，整个学院就奠定了应用性、实践性的研究方向，导师们具有很强的与产业结合的需求。他提到"希望能多招一些在职的工程博士，因为他们有资源可以共享"。DS-4 一再强调："我本来干的就是实践应用项目，不管他是工程博士还是工学博士，都是要结合实践需求来开展研究的。"这位导师还透露说，正是由于他们和应用研究结合得紧密，所以才竞争不到各种人才的帽子，反而是那些纯做基础研究的海归们垄断了各类人才帽子。DS-8 本身就是在岗创业型的导师，除了担任导师以外，他自己也创办了公司，致力于智能医疗器械的研发，一边研发产品，一边孵化产品，因此更能将工程博士和企业进行深度的融合。

其次，科研诉求低—与应用结合紧密型（第二象限）。处于这个象限的导师对科研利益的诉求并不是很强烈，并不期望工程博士能给自己带来什么学术利益，其自身也能和产业进行较为紧密的合作。例

第六章　以学术研究为中心的专业逻辑：导师

如，DS-2本人是一位颇有名望的教授，已经具备一定的学术资本和文化资本，在学校也享有一定的地位和权力，因此对工程博士学术方面的诉求并没有像中年教师那样强烈。在他看来，加强校企联合培养博士确实是正确的方向，但是在具体的实践中所受到的影响因素比较多，对于在职工程博士的时间投入和学术底线持有一定的怀疑，但是他本人仍然会尽责做好导师工作。处于这个象限中的DS-6则是另外一种情况，他所带的工程博士属于独立运作的专项项目，在资金上由政府、企业联合出资，在培养过程的设计上由高校和企业共同参与，学校方面配备的导师只是其中的一个方面，因此实现了政策理想中的与产业紧密结合的目标。此时，导师对工程博士进行其学术上的指导只是一种应然的结果，由此实现了低利益—高应用的理想目标。这也是所有访谈对象中，唯一一个在实践上与政策预期较为接近的案例。从以上的分析不难看出，处于第二象限中导师的基本特征是，他们已经获得了相对稳定的关键权力和资本，并没有被裹挟到充满场域资本竞争体系当中。出现这种模式的偶然性成分较多，并没有体现出现阶段高等教育的普适性特征。

再次，科研诉求低—与应用结合甚少型（第三象限）。最开始，由于没有受访者处于该象限，笔者怀疑是访谈样本没有达到理论饱和的原因造成的，后来又增加了两位导师，情况依然如此。经过分析，发现真实原因主要有两个：一是现在高校的博士招生名额分配机制，不可能允许这类导师类型的存在。因为博士招生名额作为稀缺资源，其在配置过程中，利益刺激对导师的科研需求产生着重要影响。如果导师对工程博士没有任何利益诉求，既没有科研诉求也没有实践需要，只是单纯地等待被动分配招生名额的情况几乎是不存在的。二是科研诉求低的导师能够招收到工程博士，可能的原因是会像DS-2那样，已有雄厚的学术资本和权力，招收工程博士的需求主要是加强与企业资源和人力的链接，而非学术利益，还有就是满足政策关于校企合作培养的要求。也就是说，能够带工程博士的资格基本上是导师自己争取来的，必然带有某种利益取向，要么是科研诉求，要么是实践需要。

最后，科研诉求高—与应用结合甚少型（第四象限），这类导师对工程博士的学术产出有着极高的诉求，且受条件限制，并没有在实际培养中实现与产业应用的结合。经分析发现，处于这个象限的导师一般具有两个基本特征：一是导师本人偏向于基础性的理论研究，由于博士生源配置的原因而获得了工程博士的招收名额，因此采取与学术学位同样的培养方式。这类导师也是目前工程博士培养中较为常见的类型。二是导师所属的学科领域或者学院在传统上偏向于纯基础的理论研究，例如 DS-3 所言：" 我们学院是理科基础，偏向基础理论研究，我们的培养都停留在实验室。" 这类学院之所以招收工程博士，主要是因为学术博士名额的逐年减少，能够获取博士招生名额就成了关键目的，因此在招收工程博士之初没有考虑和应用结合的问题。这个类型也是目前偏向基础研究的学科或学院面临的主要问题，对他们来说，工程博士培养模式的转型需要更长的时间。

第五节　学生视角的反馈

为了与上述导师的内涵建构过程进行互动或验证，本部分根据两名在读工程博士的访谈资料以及 10 名已毕业工程博士的调查反馈情况，综合阐述学生对工程博士的学习体验。访谈的两名在读工程博士，一名为以应届生身份入学的全日制在读生，一名为以在职生身份入学的非全日制在读生。调查数据来自 2018 年全国离校毕业生调查。

（一）读博原因

"有名额就读了。" 在前面论述导师带工程博士的原因时显示，导师招收工程博士的一个核心原因是"名额"。同样，对于学生来说，尤其是应届生来说，有名额读工程博士是最主要的动机，例如受访者 XS-1 所言："我考虑得比较简单，正好老师有名额，然后就读了。

第六章 以学术研究为中心的专业逻辑：导师

因为我前期了解到，其实这个工程博士在读博期间，包括以后的工作，基本上是和学术博士一样的，没有什么影响。另外，就是录取要稍微宽松一些，竞争力小一些。"

"有读博情怀，正好有个机会。"受访者 XS-2 是某高校与地方共建研究院的一名工程技术人员，他自身在读硕士期间，看到班里读专业学位的硕士同学基本上和他们这些学术硕士一样，在就业等方面没有受到什么影响，并且入学和毕业要求更低，因此在受访者毕业参加工作后，就想着读个在职的工程博士，以实现自己的读博情怀。因此读博的直接动机就是获得博士学位。由于申请的学校正是自己硕士毕业的学校，因此对情况比较了解，所谓"正好有个机会"于是就申请读了。

（二）培养过程

"很难区分""都差不多""关键在导师""偏向工程应用""毕业要求稍低一些"是两名受访者对工程博士培养过程反馈的核心关键词。XS-1 谈道：

> 整体来讲，（和学术博士）是差不多的。就比如学术型博士，如果老师的横向项目比较多的话，那他也得做这种工程性的研究。说起来是培养类型不太一样，但是总体来说还是根据我们个人情况来因材施教吧。在课程与教学方面，据我了解好像也没有太大差别，我们一起上课、做实验等。在毕业论文质量方面，论文方面要稍微轻松一些。比如说，学术型博士的话要求会高一些，不过也不是绝对的，博士毕业不毕业，跟这个老师有很大的关系，老师觉得你做的这个东西已经达到了一个博士的要求，那就可以毕业了。从学校里边的硬性条件来讲的话，就论文的数量和论文质量方面，会有一点差别，学术型要3篇或者2篇SCI才能毕业，专博可能就需要1篇，或者说是两篇中文就可以毕业。总体上说，是要比学术型博士的论文在数量跟质量上要求低一些。

工程博士本土化内涵的认知与建构

XS-2对工程博士培养过程的期待是能够做更多的项目，顺利毕业，在谈到具体培养过程时，他这样说道：

> 我们没有特别大的不一样，反正就是我们工程博士的话，做项目会多一些，但主要偏向工程管理，但也可能是因为我以前有过工程管理的工作经验，所以对这一块儿承担得多一些，但差不多没有太明显的区别。导师的话，我主要就是跟着我工作上的导师做项目，论文由学校的导师指导，对我来说就是正常工作，反正就业我不担心，也不希望毕业去做纯研究的那种学术人才，所以我更乐意多做一些项目。

在调查方面，在学生对导师的指导评价——"导师对我的学术志趣养成发挥了重要影响""导师的研究领域和我的博士论文研究方向密切相关"题项，选择"非常同意"的频率最高。而在"导师对我的职业生涯规划提供了很好的指导"题项上，选择"非常同意"的频数最低。工程博士对课程和教学的评价过程，在"我希望开设更多专门针对博士生的课程"题项上，选择"非常满意"的频率最高。而在"所开设课程对我的博士论文写作帮助很大""我能方便地选修跨院系的课程"题项上，选择"非常满意"的频率较低。

（三）毕业后的就业期待

从学生理想的就业方向调研来看，10人中有8人想进入科研机构就职，也就是说，绝大多数工程博士学生毕业后并非想进入企业工作，而是想进入科研机构就业。当然，由于样本量有限，并不能充分说明问题，并且样本数据中所包含的在职学生数量只有1人，因此存在明显的偏差，仅作为导师建构结果的参考。

第六章 以学术研究为中心的专业逻辑：导师

小　结

本章以导师的视角，阐释了工程博士的直接培养者对工程博士内涵的理解与建构过程。

在工程博士定位方面，导师们的认知是多元且复杂的，个体之间甚至存在理解相左的情况。在阐述工程博士的学位特性时，导师们口中的工程博士定位围绕三个核心的关键点展开：工程博士的招收对象是否突破现有，工程博士发挥的应用价值是否突破现有，工程博士的培养与组织模式是否突破现有。这三个聚焦点夹杂在复杂的院系传统、个体特征、研究环境、专业类别当中，经过情境意义的链接进而输出不同的认知状态。总体来看，导师们对工程博士的认知有两个典型特点：一是普遍从工学博士这个基点出发，比较性地阐释工程博士的定位。因此在他们看来，工程博士的定位意义体现在与工学博士的区别上。二是依赖于工学博士的认知惯习，在价值判断上难以跳出导师自身的路径依赖，由此导致导师普遍对工程博士的学术标准产生困惑，对工程博士与工学博士的分类边界产生困惑。

在培养过程方面，导师们普遍认为，工程博士的培养方式与工学博士"基本都一样"。偏向应用研究的导师们对校企合作的愿望比较强烈，但在没有外力支撑的情况下，校企合作推动得并不十分理想。在培养对象上，一方面，部分导师希望能够招收一些在职工程博士，认为在职生能够带来企业行业资源和应用实践平台；另一方面，他们又认为在职工程博士的科研训练投入时间不足，难以减轻他们的科研压力。这两方面的现实困境，促使导师们做出折中的选择，即将在职生和应届生都纳入自己的研究团队，各取所长，共同推动学术研究的开展。

在出口质量方面，导师们主要通过知识类型、产出成果、质量判断、社会认可几个方面呈现其对工程博士的认知状态。在知识类型上，导师们认为，很难根据研究类型明确划分工程博士与工学博士的界限。在产出成果与质量判断上，导师们普遍困惑于如何判定工程博士的质量标准。由于工程博士的知识生产超出现有的"知识—创造—知识"的循环系统，对应用价值的判断缺乏相应的机制和规范标准，导师们普遍用学术标准上的"降一级"来衡量应用成果的价值和水平。由于学术标准上的"降一级"以及应用价值的模糊性，因此导师们普遍担心工程博士的社会认可度。

从建构过程来看，导师们的认知惯习、所处的条件处境、选择的行动策略在相互联动中形塑着工程博士的内涵。在认知惯习上，他们在学术训练和科研经验中形成的相对稳定的性情倾向系统以知觉、评判和行动发挥着作用，以学术逻辑图式赋予工程博士意义体系，捍卫着工程博士的学术本质。在处境条件上，以各种评价指挥棒为中心，导师们在奖励体系和科研评价系统中追求学术资本，获取相应的身份符号和学术地位；以职称和人才头衔为目标，在职称评审和人才遴选系统中追求身份地位及其象征的文化符号，获取立身行事的文化资本，即能够获取更多的学术资源和平台，招收更加优秀高质量的学生，能够在各种评审体系中具有话语权力，能够参与更高级别的权力圈子，甚至获取一定的行政权力，具有一定的学术影响力等。这些处境条件决定着导师们对工程博士认知的价值取向，赋予了工程博士特殊的内涵意义。在行动上，导师们以"科研诉求"为核心，以自身利益为行动策略形塑着工程博士的真实存在；在指导过程上，工程博士与工学博士在培养形式上高度合一，在研究选题上有微妙差异。

从建构结果来看，导师们对工程博士内涵的建构逻辑呈两条主线分布：一是他们的解释主线即"科研诉求"，二是他们建构的策略主线即"与应用结合的"的情况。根据这两条主线的象限分布，导师们的建构类型分为四种：科研诉求高—与应用结合紧密型（第一象限）、科研诉求低—与应用结合紧密型（第二象限）、科研诉求低—与应用结合甚少型（第三象限）、科研诉求高—与应用结合甚少型（第四象限)。结果显示,处于第一象限中的导师占受访者总数的五分之三,他们具有较高的科研诉求,希望工程博士能够产出高质量的成果,同时也和产业行业结合紧密。处于第二象限中的导师对科研利益的诉求不是很强烈,能和产业紧密结合,但这类导师都有外力支撑的条件(有名望的教授、对科研应用带有情怀,或者是外部资助的专项项目,企业行业、政府都有相应的投入,形成了独立的运作体系)。处于第三象限中的导师对科研的诉求低且与产业结合甚少,但在受访者群体中并没有出现,主要是因为工程博士的招生分配机制使这种情况很难存在,工程博士招生的先决条件是科研经费以及与产业行业合作的基础。处于第四象限中的导师对科研诉求较高,但受条件限制没有在培养上实现与产业应用的结合,处于基础研究向应用研究转变的过程中。

第七章　工程博士内涵建构过程的再审视

我们或许永远不能正确理解博士生教育，我们能够做的仅仅是重新审视我们的教育制度，调整我们的培养计划，确保博士学位获得者保持其独特的贡献能力，使其成为能满足不断变化的社会需要、具有高深专门技能的知识工作者。

——乔迪·尼克斯特（Jody Nyquist）[①]

前面几章从行动个案的角度阐述了不同群体对工程博士内涵的认知与建构过程，每个主体都表现出独自的个性与不同的看法。但是，通过碎片化的群体故事难以得到工程博士本土化内涵建构的整体概念，这需要具有透过现象看本质的功夫。要做到这些，需要抛开纷杂的资料，"闭上眼睛，用心思考：我究竟得到了一个怎样的故事？它的精华是什么……然后，用尽可能分析性的而非描述性的语言将故事呈现出来"[②]。

本章的任务就是以整体性的概念重新审视不同主体的建构机理，尝试生成更具概念化、理论化的理解。

[①] 金海燕、王沛民：《美国"重新规划 PhD"述略》，《高等工程教育研究》2004 年第 1 期。

[②] 曾妮：《被默许的误认——当代大学教师对教育者身份理解与建构的质性研究》，中国社会科学出版社 2020 年版，第 131 页。

第一节　生成核心类属：工程博士内涵的白描

质性分析中的"类属分析"指的是"在资料中寻找反复出现的现象以及可以解释这些现象的重要概念的一个过程"[1]，扎根理论的关键就是在不断的类属分析中建构数据资料所能呈现的核心意义和概念。在前几章的分析中，工程博士的内涵通过政策文本、导师、高校管理者、制度设计者的话语体系呈现出来，表现出动态性特征，同时又具有个性化的阐释。但当我们试着回答不同主体建构了什么样的工程博士内涵时，很难将这些较为分散的属性特征拼凑起来而得到整体性的概貌。这时，就需要通过理论编码将类属之间所存在的关系建立起来，寻找核心类属，把核心问题与现象之间的联系提取出来。核心类属既要囊括全部故事，又要具有一定的抽象面，这依赖于严密且层次分明的逻辑推理，透过已有资料的故事线看到本质，最终上升到一定的抽象性。笔者按照扎根理论的方法步骤，不断尝试理清建构工程博士的层次逻辑，通过分析性的故事线尝试勾勒工程博士内涵的类属结构框架。

受访者在谈到对工程博士的理解时，往往是从多维度出发的，可能会首先对工程博士的定位给出一个认知上的整体判断，也可能会直接表述在培养过程中所遇到的实际问题、面临什么样的情景等。相关的政策文本一般通过培养目标、培养过程、学位质量、质量保障等几个方面来阐述工程博士的内涵和意义；设计者们既会围绕工科博士制度体系以及国家发展战略来谈工程博士的战略定位和目标，也会根据具体问题谈改革的措施等；导师们一般是从操作层面讨论非常具体的培养过程的；高校管理者更多的是关注在院校层面如何贯彻落实政策要求等。面对不同视角、不同维度的阐述，如何将整个脉络串起来？

---

[1] 陈向明：《质的研究方法与社会科学研究》，教育科学出版社2000年版，第290页。

工程博士本土化内涵的认知与建构

为了解决教育与产业脱节的问题，中国设立了工程博士专业学位。在制度上通过培养目标、培养方式与学术学位工学博士分开设置来体现工程博士的内涵。然而，由于工程博士与工学博士存在边界不清的问题，在设立过程中存在不少争议。制度设计者群体内部对工程博士内涵的争议聚焦在定位、培养对象、培养方式、培养质量标准方面。随着工程博士培养试点的开展，政策逐渐与高校实际相融合，在培养目标、培养类型、人才规格方面逐渐具体化。在这个建构过程中，政策设计者对工程博士内涵建构的关键点聚焦在工程博士定位、培养和质量三个类属方面。

导师们基于科研评价系统、职称评审系统、人才遴选系统、学术训练体系等制度上的约束，对工程博士的建构呈现出认知和行动上的分离，并且不同专业、不同导师的建构具有多样化特征，主要围绕定位、培养和质量三个类属展开。高校管理者更多地从现有条件与政策执行角度来阐释工程博士的内涵，聚焦的核心点是工程博士的培养过程难以与工学博士相分离，只能以现有条件来建构工程博士实际执行中的内涵。比如，有管理者对工程博士内涵认知的理解是"与行业企业结合更紧密的学位"（初始编码在"功能、培养、定位"三者之间徘徊，再次编码确定为"功能"），这其中既包含对其定位的理解，认为"与产业紧密结合"是工程博士区别于其他博士的关键，也包括对其培养方式和培养质量的理解。

经过反复编码、推理、分析，不同主体对工程博士内涵的阐述包括工程博士的定位、培养和质量三个类属，主要围绕"工程博士不同于工学博士的阐述（独特性）""工程博士与产业结合的阐述（功能性）"两个核心属性展开。工程博士的独特性和功能性贯穿于不同主体的整个认知与构建过程当中，是工程博士性质或本质的体现。

工程博士建构的核心主线把其他层次的类属串成一个整体拎起来，起到了"提纲挈领"的作用，可以称其为工程博士内涵建构的核心类属。核心类属下面包含两个属性：第一个属性是独特性，即工程

第七章 工程博士内涵建构过程的再审视

博士是否能够从其他博士学位，尤其是工学博士中分离出来，使其独自成类。该属性包括应然的建构和操作上的实然建构两个层面，回答的是"工程博士是什么的"问题。第二个属性是功能性，即工程博士的价值规定性，聚焦工程博士与产业生产需求怎么链接、链接程度如何等问题，同样包括应然的建构和实然的建构两个层面，该属性回答的是"工程博士是干什么"的问题。支撑核心类属的是前面论述中的三个边缘类属：定位、培养过程、出口质量。

至此，笔者将工程博士内涵的理论建构过程展现为图7-1，包括一个核心类属、两个属性、三个边缘类属，这一系列建构在认知制度主义视角下的三个分析要素中完成，呈现出工程博士内涵在实践过程中的丰富性和复杂性。

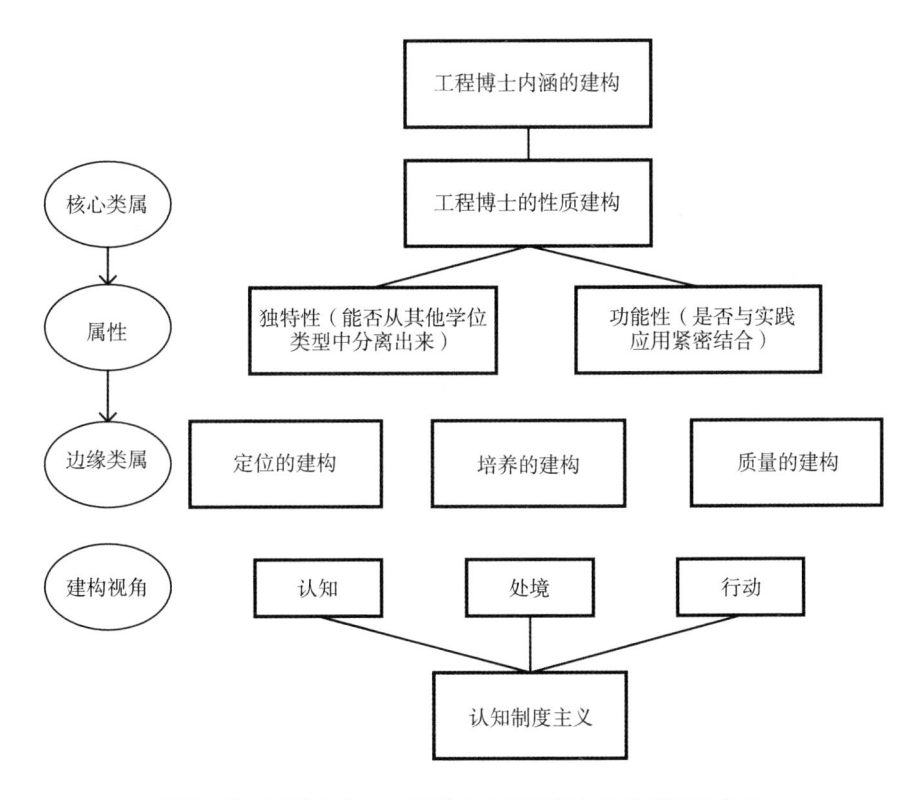

图7-1 不同主体对工程博士内涵理解与建构的理论结构

第二节 建构的类型化：工程博士内涵深描

一 建构分布

从上一节的理论提炼可以看出，工程博士的性质有两个核心属性：（1）工程博士的独特性，即工程博士能否自成一类的属性性质；（2）工程博士的功能性，即工程博士能否满足产业发展需求、满足需求的程度如何。这两个属性都属于连续变量，其交叉的位置就是不同主体实际上对工程博士内涵的建构。

为了更清晰地呈现出不同主体的建构结果，笔者将这两个属性的建构程度用象限分布图展现出来（见图 7-2）。需要解释的是，第一，不同主体的建构内容包含应然（主观认为）和实然（实际行动）两个部分，在划定他们建构的位置时，笔者对其主观认识和实际行动进行了融合，比如，某受访者认为，工程博士应该和企业联合培养，解决企业的问题，但在执行时没法实现，最终并没有和企业进行实质性的合作，那么在确定其在象限中的位置时，就进行了折中处理；第二，政策设计者是工程博士内涵的建构者，而高校管理者和导师是政策的执行者，对这两个持不同立场的群体所建构的结果是否具有可比性这个问题，笔者事先是存在疑惑的，后经分析发现，政策设计者也同样存在着应然和实然两个层面的建构，应然是对政策的解读，实然是对实际情况的理解。此外，大部分政策设计者也是高校管理者，大量的高校管理者参与了工程博士的设置和政策的完善，工程教育指导委员会成员中大部分来自高校领导层，因此他们的建构是在同一性上的差异，具有可比性。将不同主体的建构打乱放在一起，有助于完整呈现工程博士内涵的建构结果。第三，企业受访者的访谈材料以及从间接渠道获取的访谈材料（例如 ZF-8 至 ZF-12）并未完整涉及与工程博士内涵相关的内容，因此不在象限中体现。

从分布图中我们可以清晰地看出 30 名受访者对工程博士内涵建

第七章 工程博士内涵建构过程的再审视

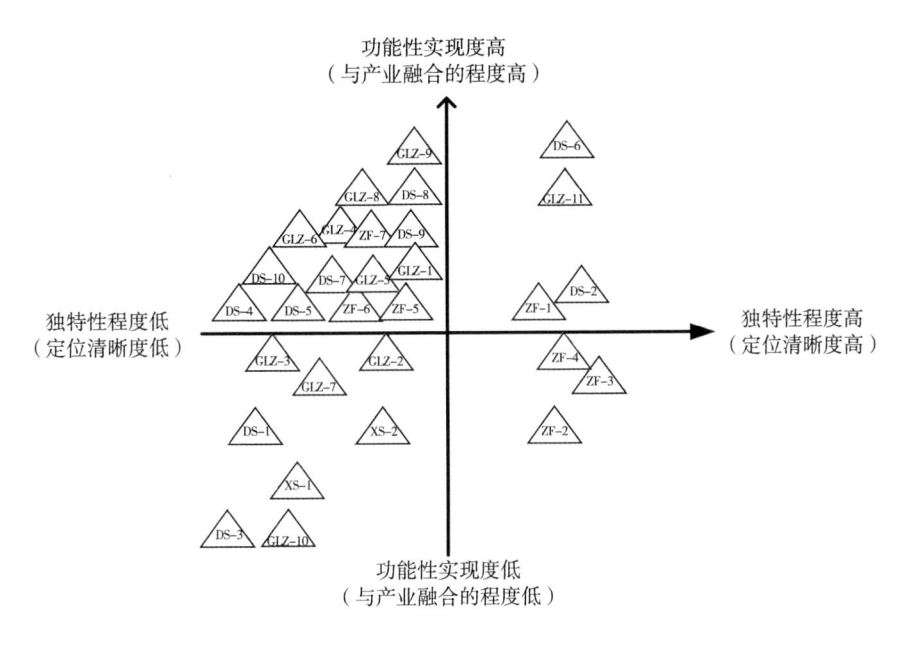

图7-2 不同主体对工程博士内涵的理解与建构分布

构的整体特征。按照象限分布情况，笔者将受访者的建构情况分为四种类型：独特性强—功能性强型（第一象限）、独特性弱—功能性强型（第二象限）、独特性弱—功能性弱型（第三象限）、独特性强—功能性弱型（第四象限）。

二 建构类型

如上所述，大部分受访者对工程博士内涵的建构处于第二象限区和第三象限区。有八名受访者认为工程博士的独特性定位不清，且与产业融合较少，工程博士与工学博士有显著的"同质化"特征。有15名受访者认为，工程博士的独特性定位不够明显，但与产业有一定的融合，功能性较强。经进一步分析发现，这个象限区的受访者主要涉及应用性较强的工程领域相关学科，并且所在高校重视工科研究生教育（包括学术学位工学博士）与行业企业之间的融合，具有长时期合作的传统，比如生物医药、机械工程、能源动力等。另外有四名受访者认为，工程博士独特性强，且与产业融合紧密；还有三名受访者认为，工程博士定位清晰，但是与产业融合不是特别紧密。为了更清晰地展现各个象限区的建构特征，下面将对每种类型进行阐述。

（一）独特性强—功能性强型

这一类型认为，工程博士的独特性定位清晰，与工学博士的边界清晰，能够自成一类，且实现了与产业的紧密结合，其办学现实与工程博士的政策理想较接近。有四名受访对象表现出对工程博士的双强型建构。

从具体分析来看，四位受访者的建构情况如下：从个人背景上看，有两位受访者作为政策设计者深度参与了工程博士的建设过程，从政策设计、培养方案到实际操作，他们不但对工程博士的初衷和目标了如指掌，并且在实践中身体力行，为推动工程博士教育发展做出了一些具体贡献。GLZ-11 是某高校工程博士中心的具体负责人，对工程博士教育怀着较高的个人情怀并身体力行地推动其发展；ZF-1 曾参与工程博士政策的设计，对工程博士的发展方向较为笃定，并且对工程博士授权高校的实际情况有一定的了解。DS-2 和 DS-6 所在的院系与行业建立了良好的研发合作关系，具有相当深厚的合作基础，DS-6 所在院系的工程博士项目在组织、制度、资源方面已经完全与学术博士分开，在运作经费上由多方参与资助，有充足的经费和单独的运作体系。DS-2 是常年与行业联系紧密的老教授，他所带的工程博士来自业内研究院所，有明确的研究目标。

从建构过程来看，GLZ-11 是这样对工程博士与工学博士的区别做出界定的：

从大学与企业的角度来看，工程博士与其他博士有显著的区别，我们从培养对象上就把工程博士和工学博士彻底分开了，我们的培养对象主要定位在工程领域具有丰富经验的在职人群上，这部分人都是国家重大专项中的核心人员，平均年龄40岁左右，

第七章 工程博士内涵建构过程的再审视

在读博之前已经是高级职称的人数占到了将近80%，培养这部分人的目标就是服务于创新国家驱动发展战略的，定位很清楚，这和培养20多岁应届生有明显的区别。

也就是说，GLZ-11所在高校在培养对象层面实现了工程博士与工学博士的彻底分离，在培养目标和培养方案的实施层面更具有自身的独特性：

> 我们对工程博士培养制定了专门的培养体系，不是说随便放到哪个院系去随大流一起培养的，我们是根据这个工程博士所做的项目需求、产业发展需要来分配相应专业的指导导师的。比如，一个电子信息领域的工程博士在解决重大项目过程中，他还需要相关土木、计算机等方面的指导，我们就又配了相应的导师组来共同指导，这完全是为着工程实践中的问题而进行指导和培养的。这样呢，他们才能凝聚成一股力量，攻克一个关键技术难题，做出一些跨界交叉融合创新的东西来推动产业的发展和进步，这不就实现了教育与产业的深度融合吗！

另外，在制度机制上，GLZ-11所在高校还建立了专门的工程博士教育中心，统一实施和协调工程博士的培养过程。因此，该校在培养对象、培养过程、制度保障层面都与工学博士相分离，建构了独自的体系。所以，在GLZ-11看来，工程博士的定位是非常清晰的，与产业的融合程度也是比较高的。ZF-1也认为："工程博士定位很清楚，培养目标、方案、结果出口都是结合产业发展需求而制定的相关政策，一些高校进行了很有意义的探索，虽然在和产业融合方面没有达到预期目标，但这个方向是肯定的，是要大力发展下去的。"可见，深度参与政策设计的工程博士教育参与者以及借助外部资源实现工程博士独立的导师，都表现出双强型的建构。

(二) 独特性弱—功能性强型

这一类型的受访者认为,工程博士与工学博士的边界不清,其独特性不强,但实践应用的功能性较强,能够与产业进行紧密结合。从图7-2中我们可以看出,有15位受访者表现出这样的建构理念。

从受访者个人背景来看,有六名导师、六名管理者、三名制度设计者处于这一象限。六名导师的研究领域分别是材料工程、机械工程、交通运输、能源动力和生物医药,他们所在的院系研究领域与应用连接比较紧密,对工程博士的诉求比较强烈。他们认为,这些来自行业的、在职的工程博士能够把实践中的问题带到研究中来,这部分导师对科研与应用结合的欲望较强,特别期望能够多招一些在职身份的工程博士。另外,这部分导师所带的学术学位工学博士,其研究类型也偏向于应用研究。因此在他们看来,工程博士和工学博士具有重合的部分,定位难以分清。六名管理者都是高校培养办的主要负责人,承担着院校层面工程博士培养政策设计、执行和实施情况的管理,他们在具体执行时的最大困惑是操作边界难以和工学博士分开,但身体力行地推动着工程博士培养与企业行业进行融合。在三名制度设计者中有两名身兼多重身份角色:教指委成员、高校管理者、导师,他们对工程博士与产业的融合非常认同,但在具体操作上,也对工程博士与工学博士之间的操作边界问题感到困惑。

在具体建构上,笔者对15位受访者的建构性话语资料进行了编码,其主要特征如下:首先,在工程博士独特性方面,他们都普遍表达了工程博士难以同工学博士相区分的事实,比如"我没有发现他(与工学博士)有什么区别,都是做科研项目,都是干活""操作上很难拿捏工程博士与工学博士的区别""工程博士还处在探索阶段,独特性还不够明显,这是个过程""我都是一块培养,一块做工程项目,唯一的就是对工程博士在学术理论上要求低一些""我觉得它应该和工学博士不一样,但是操作上很难做到,他也得做论文,也得被

第七章 工程博士内涵建构过程的再审视

抽检啊""相比较工学博士，我们只能让他和产业结合得更紧密一些，但是从知识边界上是很难分离的""反正都是带，实践应用研究和基础理论研究不都是研究吗，内核是分不清的""工程博士是个伪命题""工程博士定位不清楚，光形式上说与工学博士分开有啥用"。其次，在工程博士的功能性上，他们普遍认为，不管是工程博士还是工学博士，都是基于产业项目来做的，工科博士本身就具有应用性功能，纯基础的研究也是需要与产业结合的，凭空的研究很少，应用研究也一直都在做。比如，"这么多年来，那么多重大工程项目不都是我们工学博士基于应用需求来做的吗，设置工程博士又是干嘛呢""一部分工学博士本身就偏向于应用研究，再来个工程博士不也一样吗""工程博士的最主要特色就是与产业需求的融合""对于交通领域口来说，非常需要这些具有工作经验实践的人来读工程博士，加入我们的平台来解决实践应用问题，这是我们期待的转变"。

（三）独特性弱—功能性弱型

这一类型受访者认为，工程博士的定位模糊，与工学博士的边界不清，独特性不强，并且与产业结合较少。从图7-2中我们可以看出，有八位受访者（近1/4）表现出这样的建构。

从受访者背景来看，有两名导师、四名管理者、两名学生处于这一象限。两名导师的研究领域分别是化学和材料分子，研究方向比较偏向于前沿性的基础研究，他们招收工程博士的主要原因是学术学位工学博士的招生指标太少，但又强烈需要学生参与科研项目以缓解科研压力。四名管理者都是高校培养办的主要负责人或参与者，对院校层面工程博士培养的政策设计、执行和实施情况有深度参与。这些管理者所在高校的工程博士招生规模不大，近些年基本不超过30人，由于规模较小，一般放在具体院系和工学博士一起培养。在两名学生中，一名是应届身份全日制工程博士，一名是在职非全日制工程博士。

在具体建构上，笔者对他们的建构性话语资料进行了编码，其主要特征如下：首先，在工程博士独特性方面，八位受访者都普遍表达了工程博士独特性不强，和工学博士难以分开的事实。比如"我们主要是做基础研究的，培养都停留在实验室，主要是发高端的 Paper，对我们来说都一样""我们和学术型的没什么区别，都在一起上课，一起跟着导师做课题，（我读工程博士）主要是因为有名额""工程博士跟学术型博士的培养方案和出口应该是区别对待的，但是现在最大的困惑是工程博士毕业标准很难和学术博士分开啊，要么就质量放水，要么就一样，培养方面完全分开也是有难度的""我们在学校政策上引导让工程博士和工学博士分开，但是执行中很难不一样，我们的学术型博士承担了大量的军口应用项目，这些项目问题的解决不能只依靠在职工程博士啊，基础研究的东西是离不开的""从理念上可以把工程博士和工学博士分开，但是执行中操作的边界、质量的标准分不开啊""工程博士改革协调难度很大，培养规模小，相应的组织机构都缺乏，只能依靠学术型博士进行培养"，等等。其次，在工程博士的功能性上，这个象限的受访者普遍认为，只能根据现实条件来进行工程博士培养，在企业合作培养方面的执行和操作并不是很理想。比如，"我们政策引导上是想让工程博士和企业多深入合作，但是具体执行都在院系，要看导师的，导师如果做的横向项目多，那就和企业联系得多些""工程博士数量很少，招的这些工程博士大部分是在职读的，和学术性博士一起培养，就是毕业要求稍微低点""我们就是跟着导师做课题，如有需要就去企业参与实践，主要还是在学校，去企业做不了什么也学不了什么""去企业实习也是做研究，换个地方而已"。

（四）独特性强—功能性弱型

这一类型认为工程博士的定位清晰，独特性强，但与产业结合较少。有三位受访者表现出这样的建构理念，主要集中在政府官员群体。

第七章　工程博士内涵建构过程的再审视

从背景来看，这三位受访者以政策制定者身份参与或推动工程博士教育的建设和发展过程。一方面，他们参与了工程博士政策的制定、推动和管理过程，对工程博士的设置初衷、培养目标、未来发展有着更深入的认识和考虑；另一方面，作为政策设计的主要参与者，他们站在更高的全局的角度来考虑政策工具的作用，因此对工程博士的定位有着清晰的认识。

从建构过程来看，他们认为，工程博士的定位在方向上是确定的，对工程博士的培养实际上也有一定的了解。比如，"工程博士定位很清楚啊，它是为行业企业发展培养高层次应用型人才的，解决的是教育与产业之间脱离的问题，这是战略定位，是不容置疑的""工程博士定位很清楚，和其他专业学位一样，是为培养高层次、应用型的专门人才而设计的学位类型，它的目的就是实现产教融合。产教融合这个概念是一个理念性、系统性的整体性设计，把产业，包括行业部门、行业协会、企业等和教育融合起来系统开展，在这个理念下会配套一系列相关具体政策，在领域设置、培养模式、资源配置等方面引导高校和行业企业的融合"。

三　独特性定位的认同危机

从上述建构结果中我们可以看出，接近八成（23 名）受访者对工程博士内涵的建构结果处于第二象限和第三象限，他们普遍对工程博士的独特性定位持质疑态度，这也足以说明工程博士的独特性能面临着严重的认同危机。

"学位"在中国教育制度体系中具有规制性内涵。按照《中华人民共和国学位条例》的规定，"具有一定学术水平的公民，按照规定申请相应的学位"。《学位与研究生教育大辞典》对学位的定义是"授予个人的一种学术称号或荣誉称号，表示其受教育的程度或在某一学科领域已达到的水平，或是表彰其在某一领域做出的杰出贡献。可以看出，学位的核心是学术水平的程度，也可以理解为学术水平的最终评价尺度，是衡量教育质量的一种标志"[①]。从学位属性来看，学位内涵的发展不断发生着演绎，不同历史时期具有不同的存在形态。最早的博士学位内涵其实是特定职业的"许可证"，具有现代意义上专业学位博士内涵的特征，强调的是学位的职业资格属性，因此在世界范围内，专业学位博士主要集中在职业性较强的领域，比如法律、医学、神学、管理等领域。19世纪受德国洪堡理念的影响，世界各国纷纷建立了现代意义上的PhD学术学位博士，学术研究成为博士学位的核心。然而，在以学术研究为核心的学术学位博士的统领之下，专业学位博士作为博士学位内涵的一个分支从未消失，在不断发展中，不同国家不断丰富和发展着多样化的专业学位博士内涵，其主要特征是面向社会应用需求，培养特定职业领域的专门人才。

《中华人民共和国学位法草案（征求意见稿）》印发，明确了"学位分为学术学位、专业学位等类型"，赋予专业学位以合法性地位。然而，在过去的几十年里，受学位制度规制性的渗透，人们对博士学位的理解普遍带有一种学术价值取向的偏向，形成了对其他类型学位内涵理解的认知依赖。这种认知依赖使得不同主体在理解工程博士的内涵时，一方面脱离不了对学术价值的追求，另一方面又不由自主地寻求不同于学术学位工学博士的、属于工程博士自身的、具有独特性定位的学位属性。因此，工程博士的独特性定位就成了内涵建构的关键点。

四 结果检验

通过核心类属，我们对不同主体的建构结果进行了类型化的阐释，但还需要进一步对其进行检验。对于质性研究来说，检验方法一般包含两个方面：一是检验核心类属所提出的假设是否在个案访谈文本中得到验证；二是核心类属与边缘类属之间是否存在关联，其一致

[①] 秦惠民：《学位与研究生教育大辞典》，北京理工大学出版社1994年版，第1—2页。

性程度如何。

首先,针对本书而言,核心类属的假设是:工程博士的定位清晰、独特性强,同时,与实践应用结合紧密、功能性强。按照假设,根据工程博士的独特性强弱和功能性强弱两种情况,受访者的建构结果可以分为四种类型。上一节在阐述类型化的内容时,话语资料为四种建构结果提供了最基础的支撑。

其次,核心类属与边缘类属之间的关联性和一致性问题。笔者通过匹配检验方式列出相关的建构内容(如表7-1所示)。从表7-1中可以看出,整体而言,核心类属与边缘类属相关话语资料具有一定的自洽性,说明了工程博士内涵建构结果具有一定的效度和信度。

表7-1　　　　核心类属与边缘类属的匹配检验

核心类属建构类型	边缘类属的建构		
	定位的建构	培养的建构	质量的建构
独特性强—功能性强型	1."工程博士与其他博士有显著的区别" 2."我们从培养对象上就把工程博士和工学博士彻底分开" 3."工程博士定位很清楚"	1."我们制定了专门的培养体系" 2. 建立了专门的组织机构 3. 根据项目需要配备导师组	1. 解决工程实践中的问题 2. 成立工程专业学位委员会
独特性弱—功能性强型	1."都是干活,没什么区别" 2."操作上很难区分开" 3."定位不清,操作边界难分"	1."和行业结合紧密" 2."偏向应用基础研究" 3. 专项方式和行业联合培养	1."只能在选题上要求来自实践,但标准很难判定啊" 2."标准衡量有难度"
独特性弱—功能性弱型	1."没区别,多一个招生名额" 2."想分开但分不开" 3."理念上能分开,操作上分不开"	1."很被动,得想法子找企业合作" 2. 校企合作操作过程中没有共同利益点 3."课程体系完全一样"	1."标准没有建立,要么质量放水,要么就一样" 2."要求(比学术)稍微低一些"

续表

核心类属 建构类型	边缘类属的建构		
	定位的建构	培养的建构	质量的建构
独特性强— 功能性弱型	1."定位很清楚，毋庸置疑" 2."培养人才的规格不一样" 3. 教育与产业融合	1."高校和企业联合培养做得不够深" 2."产教融合的系列政策还在推进" 3."高校有等、靠、要的思想"	1. 学位质量标准需要进一步完善 2. 解决实践中的应用问题

第三节　专业学位博士内涵定位的形塑特征：双重错位

受访者在回答"工程博士是什么、为什么这样认为"的话语资料背后所阐释的意义体系或价值取向特征具有重要的意义，挖掘追踪工程博士内涵建构背后的意识体系，目的是尝试分析工程博士内涵实然存在的深层次归因，继而寻找能够解开工程博士教育发展和质量提升的钥匙。通过挖掘受访者建构过程中的潜意识体系，我们发现，不同主体对工程博士内涵的理解呈现出不同的价值取向体系，并且建构者自身所处的条件处境决定着他们的认知和行为，他们对工程博士理解的矛盾点正是工程博士政策理想与他们所处制度现实之间的碰撞。经进一步分析，我们可以归纳出工程博士内涵的形塑过程夹杂着明显的双重错位。一重错位是不同主体建构价值取向上的逻辑错位；另一重错位是受访者所处的制度环境与工程博士政策理想之间的错位。

一　不同主体建构价值取向上的逻辑错位

通过挖掘不同主体在建构过程背后的意识体系，我们发现不同主体建构价值取向上存在逻辑错位。制度设计者以教育的政治功能

第七章 工程博士内涵建构过程的再审视

为出发点，通过分类设置学位类型的改革模式继而调节博士教育与社会需求之间的脱节，因此他们对工程博士内涵赋予了"产教融合""应用型人才"等特征；高校管理者以政策的执行为出发点，他们比较重视资源获取、校本利益和执行过程中的权责边界，因此他们对工程博士内涵赋予了"理念上能分开，但操作上分不开"的特征；高校导师在科研及学术制度的约束中以学术研究为核心，围绕知识生产来培养工程博士，因此他们重视论文发表、学术成果及学术资本的获取。每个受访者都是基于自己所处的情境、关系网络、资本系统对工程博士进行建构并施于相关行动。根据前面几章不同主体对工程博士建构的过程叙述，笔者将其建构的特征整合如表7-2所示。

表7-2 不同主体对工程博士内涵建构的逻辑

主体	政策设计者	高校管理者	导师
定位的阐释	1. 不同学位类型 2. 不同培养模式 3. 不同质量规格	1. 政策阐释清晰 2. 执行操作模糊 3. 操作边界模糊	1. 跟着导师做科研 2. 解决一些应用问题，但最终要落到 Paper 上
培养的阐释	1. 校企联合培养 2. 校企导师组指导	1. 路径依赖 2. 未达到非改不可的条件 3. 校企合作含义不清	1. 强调学术训练但要求低 2. 课程教学与学术型相同 3. 指导模式与学术型相同
质量的阐释	1. 质量标准亟待建立 2. 不走老路子，面向应用实践	1. 设立专业学位评定委员会 2. 与上位政策一致 3. 质量标准模糊	1. 解决应用问题，学术标准稍低 2. 学术成果
实然行动	系列改革政策	1. 复制政策，文字表征 2. 折中调和，寻求规范	1. 与工学博士混合在一起 2. 学术水准要求稍低于工学博士

续表

主体	政策设计者	高校管理者	导师
制度逻辑	国家政策 Vs 执行（个体行动） 经济体制改革 Vs 教育改革（组织）	高校运行制度 Vs 个体 资源分配机制 Vs 高校	科研制度 Vs 绩效（个体） 人才制度 Vs 成果（个体）
建构逻辑	改制性逻辑 分类培养	规制性逻辑 政策执行	专业逻辑 科研体系

（一）制度设计者：以满足社会需求为目的的改制逻辑

从认知与初衷来看，"采取不同的方式，分成两个渠道进行人才培养"是制度设计者在学位制度建立之初就萌生的政策思路。支撑这一思路的有三点原因：一是人才规格的要求不同，早在1981年学科评议组第一次预备会议上，教育部领导就提出要重视和研究医学领域人才培养的不同规格问题，医生和医学原理研究者是不同的两类人才；二是国家经济社会发展需要高层次的应用型人才，与高校所需要的知识传导者、传承者，是两种不同的人才类型，应有不同的人才培养体系；三是教育服务于国家的定位，决定了教育必须满足社会经济建设需要，对此进行相适应的教育结构调整是教育管理者的责任。因此打破单一的学术型学位结构，建立与社会需求相适应的新型学位体系就成了教育改革者的政策初衷。

从条件与运用来看，"依托国家重大科技项目进行领军人才培养"是工程博士区别于传统学术型工学博士得以设立的根本点，也是工程博士最初的定位所在。依托国家重大科技项目培养领军人才有三个特征：一是工程博士在学位类型上属于专业学位，在学位类型上与工学博士分开；二是工程博士培养过程依托国家重大科技专项开展，与传统博士学术训练体系是分开的；三是培养对象主要聚焦于在职人员，即采取非全日制培养方式，招收具有工程实践经验、参与国家重大工程项目的人员进行培养，与传统本、硕、博连贯式的应届生培养系统

第七章 工程博士内涵建构过程的再审视

分开。

从行动与策略来看,"不同学位类型、不同培养模式、培养不同的人才规格"是设计者对工程博士定位的政策建构体系。通过设立单独的专业学位目录体系,实现在学位类型与学科授予目录上与已有学位的分离,继而取得其在场域位置中的合法性。通过改革工程博士培养模式,明确培养目标、培养对象、培养方式、学位质量来促使校企合作,继而与传统高校的培养模式有所区别。通过质量规格和论文选题使得工程博士与传统工学博士体系相分离。根据政策设计者的建构过程,笔者将政策设计者的逻辑路径加以展示(如表7-2所示)。

(二)高校管理者:以规范性执行为目的的规制性逻辑

高校管理者是工程博士政策在院校实施的重要组织者、执行者和协调者。

工程博士在定位上的规制性调和。工程博士的定位在政策话语和学术话语中,对"名的含义"有清晰且丰富的解读,但在涉及"事物的位置、界限、独特性"且能够支撑其"归为不同的类"时却是矛盾的、模糊的、解释不清的。当这些看似清晰的政策文字与高校的工学博士培养实践相碰撞,高校管理者就对工程博士的定位加入了操作层面的重新建构:根据招生对象类型确定其定位。一部分高校根据院校实际情况,只招生来自企业的工程博士(也即将工程博士定位在职后教育上)。另一部分高校按照实际需求既招收来自企业的工程博士,也招收刚毕业的应届生,将工程博士的定位理解为既有职前教育。因此,2018年对工程博士的政策进行了微调,明确工程博士可以有全日制和非全日制两种学习方式,打破了2011年设置工程博士时要求只招收来自企业在职生的限制。

培养模式改革的规制性调和。在政策上,2018年颁布的《工程类博士专业学位研究生培养模式改革方案》有三个核心特征:一是校企合作培养;二是建立校企导师组,三是学位论文与工程实践相结合。高校开展工程博士培养模式改革的动机取决于"是否到非改不可的程度"的临界点判断。由于改革缺乏资源支撑，又加上工程博士规模比较小，因此政策理想与高校实际之间尚有一定的距离。在校企合作培养上，执行政策需要相应的操作形式作为支撑，但校企合作不仅包括形式上的合作，而且包括知识上的、隐性的融合。对于博士层次的培养而言，更重要的是实现知识上的融合，即把企业遇到的实践问题转化为科学研究问题。因此，高校在校企合作问题上，一方面探索各种形式的合作，包括建立双导师制、企业实习实践制、专项项目等。另一方面，高校也给予导师一定的权限，关注更多元的校企合作形式。在改革行动上，高校根据自身院校情况以及外部资源支撑情况，对工程博士培养模式进行了不同程度的改革。

质量标准建构的规制性调和。按照政策要求，高校纷纷设立了专业学位指导委员会或学术评定委员会，以建立专门的工程博士质量评价体系。但在操作上，工程博士学位质量标准的判定仍然存在较大的模糊性。最终反映在现实中则表现为名义上有政策文字作为表征，但实际上按照比工学博士学术标准"降一级"来实施。

总的来说，规制性逻辑始终贯穿于整个建构过程中。高校管理者作为上级政策与下级执行中间的夹心层，对工程博士的定位理解既夹杂了政策意涵，也糅合着高校执行的实际，因此对工程博士的理解多偏向于折中与调和的思路。高校管理者希望工程博士不仅仅是一种政策上得到名位的分类，还应当给予配套的资源和权力的支撑体系。如果仅有前者，那么在实际执行中，复制政策、注重形式化执行就会成为主要的行动内容。

（三）导师：以科研体系为中心的专业逻辑

资源稀缺情境下招生指标的获取。工程博士主要通过两个渠道获得导师们的关注，一是来自合作单位的、有攻读博士意向的在职人员。导师的科研项目需要与企业建立连接，把企业行业的实践需求带到研究中，这是导师在研究上对工程博士的诉求之一。二是在学术型博士招生指标稀缺的状况下，将工程博士作为替补。越是顶尖的高

第七章 工程博士内涵建构过程的再审视

校,导师对博士生的诉求就越强烈,大量的科研任务需要博士研究生的参与,因此就出现了导师用科研项目资金来"投资"博士招生名额的现象。科研博士就是导师通过向学校缴纳一定的费用争取来的招生名额。

科研杠杆下的科研生力军。导师们作为专业人员,其专业符号的象征是拥有学术资本,即可以通过立项获得更多的资金、可以招收更多的博士生、可以在各种话语体系中梳理权威、可以具有更广泛的影响力。可以说,学术资本是导师们的生命线,只有通过科研立项和奖励获得资金,才能获得知识生产与创造的平台和资源;只有进行知识生产与创造,才能产生有影响力的科研成果;只有产生了相应量级的科研成果,才能获得相应的"身份符号(比如职称、帽子、头衔等)"和一定的"学术资本"地位(比如获得更多的项目、建立自己的团队、吸引更多的优质学生、具有广泛的影响),如此循环下去。一切的根基都在于科研成果,因此,博士生作为导师科研成果的主要生力军,其所产出的学术成果是导师们判断工程博士质量和意义的潜在法则。

职称晋升下的学术成果诉求。"都是要干活(做科研项目)的"是大部分导师对博士意义建构的基本出发点。这种建构来自场域的情境现实:一是学术惯习让他们用学术的思维图式来建构工程博士,认为不管是什么类型的博士,进行学术训练都是博士培养最基本的环节。学术训练意味着参与大量的科研项目研究,产出高质量的科研成果。二是职称评审压力下的学术成果诉求,这是导师们最直接的利益所在。职称评审和人才遴选体系是导师获取立身行事的"文化资本"的主要渠道,近些年来,随着职称评审的内卷化,高校对教师们的学术成果产出要求越来越严,在量化评价中逐步加码加价,使得老师们不得不囿于发表论文的困境当中。因此,职称评审系统对质量、数量、年龄的追求将教师们带入了快速、高效的论文发表时空中,导师对工程博士的期待无疑也陷入学术成果产出的漩涡中。

随着国家"破五唯"政策的逐步深入推进，科研评价系列、职称评审和人才遴选体系都进行着相应的调整，工程博士能否从中脱钩，我们拭目以待。

二 割裂的制度体系与专业学位博士政策理想之间的错位

专业学位博士制度的确立，是在政策理想的推动和指引下逐渐形成的，政策的理想有两个主要特征。第一，带有对现存学术型工学博士培养问题的纠正之心或者是"补短板"之势。其内含的基本逻辑是：现有工学博士体系不能很好地满足社会发展需求，需要重新设立一个新型的学位以满足其需求，是一种增量改革的政策问题模式。因此在方向上是想通过新模式推动旧模式的变革。第二，具有重新开辟一种新的学位类型，与工学博士分类定位、分类培养的目的，以丰富学位体系。试图在现存工学博士培养体系之外找到一个可开辟的口子，以一种新的路径、新的模式、新的方法实现博士教育与社会需求之间的融合。因此工程博士最后以重大工程项目为依托，将工程博士的定位聚焦在企业中的创新领军人才培养范围内。在方向上是想建立一种新的博士培养模式。这样的政策理想带有"既要……也要"的特征，既要纠正目前学术博士与应用实践的偏离，也要建立新的模式、新的制度代替原有的培养体系。

然而，这两种"既要……也要"的政策期望所面临的另一端（实践领域）却是几十年来围绕学术学位博士教育建立的科研制度、学术制度、人才制度、学科管理制度等相对分割却成体系的制度系统，这些割裂的制度体系经过相应的评估评价的强化致使其中的利益关系更加牢固且深化，牵一发而动全身，在实际运行过程中与工程博士的政策理想相互碰撞，这个碰撞的背后就是两者之间相互错位的关系，不但阻碍着专业学位博士的发展，而且在某种程度上强势同化着专业学位博士的最初理想。归纳起来，这些错位体现在两个方面：首先是以科研绩效评价为核心的科研制度、学术制度（包括科研项目管理、

第七章　工程博士内涵建构过程的再审视

科研绩效评价、学术成果发表及鉴定、学术职称、人才头衔，等等）与社会发展需要及具体实践应用之间的冲突和错位；其次是行业企业运作体系与高校人才培养体系之间的割裂和错位。这些错位关系夹杂在复杂的互动、认知的博弈和微妙的策略施展中，在形塑着专业学位博士内涵定位的同时，也阻碍着专业学位博士教育制度的变迁与发展。

（一）科研系统、学术秩序与工程博士培养目标之间的错位与冲突

首先，在严格学术训练下求得教职的导师们，对博士的培养方式拥有相对稳定的性情倾向系统。第一，博士培养是一套标准严格的学术训练体系，这个训练体系需要博士投入大量的时间和精力去解决至少一项学术、实践或前瞻创新问题，通过学术问题的探讨，实现对思维的训练，包括创新性思维、逻辑思维、系统思维、问题意识等，没有经历过学术训练的博士自然是达不到博士这个头衔的。但工程博士，尤其是非全日制在职攻读的工程博士，能否实现学术训练目的，在有些导师看来是要打问号的，也容易被导师们排斥（排除有精力、有时间而且能投入的学生）。第二，学术训练的核心是学术创造和学术产出，在知识生产系统框架内，学术产出的知识体系是通过论文、著作、发明等一系列学术圈子规训的方式呈现的。知识的创造性需要通过这种方式得以实现，无论是实践应用中的问题，还是基础领域的理论前沿问题，都要以某一种知识方式体现出来，得到同行的认可，这就是知识生产的系统循环。而工程博士的培养目标是实践应用领域的高层次应用型人才，实践应用中的知识生产超出了传统的知识生产系统，比如一个装备设计、一个应用产品，在现有的评价体系下往往容易被忽视和产生标准漂移（偏向学术系统的知识产出评价）。要解决这一问题，就需要丰富学术训练系统，建构新的与知识生产模式Ⅱ相配套的训练系统。第三，以科研绩效为中心的人才制度、职称制度、科研评价制度让导师以及学校的主要精力统一到论文发表这一核心动力上，与工程博士实践应用的目标相背离，致使工程博士政策目

标的实现举步维艰。

其次,科研评价系统与工程博士应用成果质量的分离。科研评价系统与学术成果产出紧密捆绑的事实,让导师们的主要精力集中在科研产出上,博士生作为导师的主要学术生力军自然承担着高水平学术成果产出的压力。外部的评估评价与资源配置、学校内部的科研绩效和奖励、招生指标的配置等无不与学术产出相关,在这样的情形下,工程博士以解决实践应用问题的定位就显得苍白无力。需要说明的是,最近一年出台的系列"破五唯"政策正在扭转这种局面,让我们对工程博士的发展充满期待。

(二)行业企业运作体系与高校人才培养体系之间的割裂和错位

工程博士教育制度设计的初衷是加强高校与行业企业之间的联系,因此,工程博士的核心特征就是实行校企联合培养,这是区别于学术学位工学博士的典型标志。然而,在访谈中发现,不同主体都谈到了校企合作中的难题,例如,制度设计者ZF-1提到"工程博士选择了一条比较难走的路,但校企合作培养又是不得不走的路,这里边,一是高校和企业有着不同的体制机制,相应的运作方式和制度体系是分割的,这就需要发挥高校的主动性;二是能够支撑工程博士人才培养的高端研发性质的企业像华为那样的毕竟少"。高校管理者GLZ-3也提到"这两个体系没有利益的共同点,甚至在某些方面是相左的两个方向,怎么扭在一起?那现在高校是主动的,企业是被动的(无奈的语气)"。工程博士导师DS-1也谈到"如果企业那边重视还好说,在领导啊、资源平台方面啊能提供一些帮助,有些真实的合作,但这方面我们把控不了,我们能做的就是按照我们的方式和现有的条件培养学生"。企业方面的相关人员提到"企业肯定是追求利益回报的,没有利益那肯定会死掉的……影响校企合作的关键说白了就是钱"。

因此,校企合作之所以难的背后其实是两种制度模式、运作模式之间的错位,以及利益交点的缺乏:企业以利益为核心的运作制度体系，高校以人才培养为核心的主体体系。当两者共同融入工程博士培养过程中时，权责边界、资源分配、合作模式、组织文化以及国家层面的协调政策都成为合作成效的影响因子。

具体来讲，校企合作背后的制度错位体现在三个方面。一是体制机制不同，相应的制度体系不一样，高校以人才培养为核心的制度体系包括科研系统、教职系统、院系系统等围绕人才的产出、知识的生产而设计，具有公益性特征；而企业以盈利性的产品效益为核心，其相应的制度体系是产品生产、销售、运营等围绕经济效益而设计，具有盈利性特征。因此两者的运行路线、激励机制完全不同。二是两个主体的利益诉求不同。高校强调人才培养与知识生产，企业强调资本利益和实际效益。两者虽然都需要人才，但对人才的质量规格判断是不完全一致的，企业需要实操型人才，高校生产的是知识型人才，两者之间的交集缺乏相应的孵化平台。三是对知识创造的需求不同。高校在评价文化的强化下重视论文产出和科研成效，企业重视实操和实践技能。例如，企业受访者提到"高校和我们对知识的理解是不一样的，我们一般有两派：一个是学术派，另一个是实战派。我们要求你不能光写出来，重要的是要干出来、说出来。因此高校里边的一些东西到企业后，它想在企业土壤里生长、发芽，情况是不一样的，我们曾经就出现企业导师和高校导师因为观点不同而吵起来的情况"。

第四节　建构过程的互动行为模式及面临的困境

基于认知制度主义视角，不同主体通过认知、处境、行动三要素之间的互动，完成了对工程博士内涵的建构。也就是说，每个主体对工程博士内涵的建构过程都包含着三个基本要素：（1）工程博士的内涵是什么？即认知的生成性能力；（2）为什么这样理解？即权力、资源条件下的背景关系；（3）工程博士是怎么建构的？即主客体在实践中的互动体系。这三个基本要素之间的互动过程揭示了不同主体进行建构时的行为特征。这三大要素以相互独立或相互强化的方式，构成一个强有力的分析空间，既能容纳并展现工程博士内涵建构背后的结构性力量，同时又具有一定的弹性和包容性。

一 行为模式

建构过程的互动，既包括建构要素之间的互动，也包括不同主体之间互动的两个方面。具体而言，不同主体对工程博士内涵建构的行为有三种类型：价值理性型、价值理性与工具理性混合型、工具理性型；三个不同主体之间的互动是通过制度执行层面"自上而下"以及制度完善层面"自下而上"模式完成的。双向的能动性互动共同推动着专业学位博士研究生教育制度的发展和变迁（见表7-3）。

表7-3　　　　不同主体建构过程的互动模式及其特征

	制度设计者	高校管理者	导师
建构要素特征	认知：整体、引领、积极探索 处境： 1. 位置：国家 2. 角色：顶层（最多人的利益） 3. 制度领域：教育 行动：协调、决策	认知：局部、被动、探索 处境： 1. 位置：学校 2. 角色：中介 3. 制度领域：校本 行动：建制、调和、政策执行	认知：个体、被动、发散 处境： 1. 位置：个人 2. 角色：践行者 3. 领域：学科或学院 行动：默认、执行、灵活
建构过程的主要行为模式	价值理性型	价值理性与工具理性混合型	工具理性型
主体间的传播特征	符号：政策、条例、改革方案 关系：权力	符号：方案、办法、规定、通知等 关系：运行系统、管理机制	符号：价值观、指导方式 关系：身份、话语权力
主体间的互动模式		制度执行：自上而下 制度完善：自下而上	

第七章 工程博士内涵建构过程的再审视

(一) 价值理性型

马克斯·韦伯认为,在社会学视角下人的行为是行动者赋予主观意义的、服从一定目的或体现一定意义的行为。根据"理性人"的预设,韦伯将人合乎理性的行为划分为价值理性和工具理性,并赋予其解析社会现象的功能。

所谓价值理性,即"价值是合乎理性的,通过有意识地对一个特定的举止——伦理的、美学的、宗教的或做任何其他解释的——无条件的固有价值的纯粹信仰,不管是否取得成就"[①]。简言之,就是人们赋予某种行为以绝对价值,不计后果地遵从某些价值信念而行事的行为。专业学位博士的价值理性在于人们对其价值和意义的创设与坚守(为经济社会发展培养高层次应用型人才),并将其作为专业学位博士存在合理性的价值标准。

制度设计者在专业学位博士内涵的建构过程中,表现出"价值理性"的行为模式。制度设计者坚守的绝对价值是:专业学位博士是连接社会应用实践需求的主要渠道,需要通过培养高层次应用型、复合型人才来满足经济社会发展需要。在这一价值信念下,制度设计者通过分类设置学位类型、增量改革、试点培养等方式打破传统的学术学位博士教育系统。例如,ZF-2说:"工程博士的定位很清楚啊,它是为行业企业发展培养高层次应用型人才的,解决的是教育与产业之间脱节的问题,这是战略定位,是不容置疑的。"他们注重这一纯粹的价值合理性,而相对性地忽视操作过程中的现实实践问题。例如,ZF-1说:"问题肯定是有的,学校要去想办法,不能光等靠要。"ZF-4说:"产教融合是一个理念性、系统性的概念,需要配套相应的政策支持,慢慢来"。

价值理性是制度设计者建构专业学位博士内涵的核心轴,也是改

[①] [德]马克斯·韦伯:《经济与社会》(上卷),林荣远译,商务印书馆1997年版,第56页。

革的终极方向。从建构特征来看,制度设计者的认知具有整体性、引领性、积极探索的特点。在处境上,制度设计者在制度位置中代表国家的整体利益,考虑的是最广大人民群众和国家经济社会发展的利益,坚守的是普适性、引领性的纯粹价值合理性。制度设计者试图通过一项教育领域的制度体系为切口,解决国家发展的问题。在行动上,制度设计者作为专业学位博士制度的发起、形成和完善的决策者和协调者,统领并不断协调完善着专业学位博士的价值体系和发展方向。他们通过政策、条例、改革方案等符号系统,以权力捍卫并传递着这个价值体系的理念。总之,制度设计者在认知、处境、行动三要素互动中呈现出典型的"价值理性"行为模式,追求的是专业学位博士的社会功能价值体系。

(二) 价值理性与工具理性混合型

按照马克斯·韦伯对社会行为的分类,价值理性和工具理性是两种不同思维取向的社会行为,作为概念性工具对社会行为和社会现象做出因果解释。价值理性追求纯粹的价值合乎理性行为,而工具理性追求实现目的行之有效的手段,关注所选手段是否是最有效、成本最小而收益最大的。也就是说,价值理性是形而上的价值体系建构,而工具理性则是形而下的操作层面的运行体系建构。

高校管理者作为专业学位博士政策执行的中介枢纽,他们一方面要吃透政策意涵,另一方面要结合实际,制定操作层面的规制体系。因此,高校管理者对专业学位博士内涵的建构过程属于糅杂价值理性和工具理性的混合模式。在认知上,他们认同专业学位博士的应用价值属性,理解专业学位博士的设置理念,一旦进入操作的执行层面,他们就会陷入理性与现实的碰撞与困境中。

> 从大的方面来讲,我们对专业学位博士设置是认可的,也非常认同分类培养的理念,但是我们在学校具体执行的时候呢,确实遇到了不小的困难……比如我们对工程博士和工学博士区分的

第七章 工程博士内涵建构过程的再审视

界限在哪里,其实不是很清楚,理念上我们都能分开,但真正下到院系去、下到人才培养实际中去、下到各个科研项目里边去,你要定性它是工程博士还是工学博士是很难的。(GLZ-3)

只有在困境中,高校管理者作为中介协调的角色才能凸显出来,开始重视各种政策执行手段。高校管理者既追求价值理性的合理方向,也追求工具理性行之有效的操作手段。体现在最终的行动上,高校会根据自己的实际处境和现实条件,产生不同的行动策略和实践案例:有的实施模仿性建制,有的从微层次上改革培养过程,有的重构组织机构以实现行政体系的独立,有的借助外力实现实质性改革,等等。这些策略和操作都是在坚守价值理性的基础上配以工具理性的行为进行的。

从建构过程来看,高校管理者的认知具有局部性、被动性、实践探索式的特点。在制度运行体系中,高校管理者是承上启下的联结者,其核心的职责是让国家的政策执行落地。在制度传播体系中,高校管理者基于校本的实施方案、办法、规定、通知等符号系统,通过管理运行体系,向全校师生传递着专业学位博士的内涵体系。高校管理者被制度塑造的同时,也推动着制度的变迁。

(三) 工具理性型

"工具理性"被马克斯·韦伯称为目的合乎理性,"即通过对外界事物的情况和其他人的举止的期待,并利用这种期待作为'条件'或者作为'手段',以期实现自己合乎理性所争取和考虑的作为成果的目的"[1]。简言之,就是人们为达到某种目的,通过计算、预测后果、合乎理性地权衡选择最有效、成本最小而收益最大的手段进行行动。价值理性和工具理性都是合理性范畴,"价值理性指向实然状态的既

---

[1] [德] 马克斯·韦伯:《经济与社会》(上卷),林荣远译,商务印书馆1997年版,第56页。

存事实，回答'是什么'的问题，追求事物的最大效用性和功利性的理性形式；而工具理性指向应然状态的价值旨归，回答'应当如何'的问题，致力于为主体设定一套行动的手段、原则、理想等，为实践提供终极关怀的理性形式"[1]。

作为专业学位博士教育制度实践的直接参与者和最后一公里的践行者，导师们对专业学位博士的理解和建构，最能直接反映专业学位博士教育的真实存在。从建构过程来看，他们的认知具有个体的、被动的、发散性特点，在制度处境中，他们是专业学位博士的指导者或引路人，以培育者的个体角色形塑着专业学位博士的真实存在。然而，个体角色犹如冰山的一角，其背后是庞大的科研系统和学科体系，科研制度、评价制度、职称制度、人才制度、学科制度等无不渗透在导师个体的角色符号当中，操控着个体角色的认知、思想和行动。一方面他们有着自己的理性认知，捍卫着自身身份符号背后的价值体系，另一方面他们又身不由己，被各种制度和文化牢牢操控着。当专业学位博士内涵到达导师这一层面时，在认知、处境和行动的发酵过程中，他们通过认知理性、利益算计、目的手段的反复权衡，其工具理性的行为模式就已经跃然纸上。以某一权衡过程为例。"我这再有5年如果评不上教授基本就没戏了。评教授、评职称都是需要Paper的，博士生还能帮忙发一些……研发我也想搞，但等我先把教授位置弄到了，才有精力去做这些事情。"（DS-3）"不管你是什么类型的博士，到我这都是来干活的（做科研）。"（DS-4）"我现在特别希望啥呢？就是能通过工程博士把行业的实践应用资源带过来，也可以促进我们这边学术博士的培养，通过结合，借助他们的一些东西来把我们的研究往上推。"（DS-5）在制度传递过程中，导师们通过价值观和指导方式的符号系统，通过身份和话语权力形塑着工程博士

---

[1] 高盼：《从工具理性僭越到价值理性回归："微时代"大学生思想政治教育的困境与出路》，《现代职业教育》2021年第27期。

的实际存在。

最后需要说明的是,虽然在专业学位博士内涵的建构过程中,不同主体呈现出了不同的行为模式,但这并不是绝对对应或一致的关系。工具理性和价值理性只是相对分化的结果,事实上,两者之间是辩证统一的关系。首先,价值理性更为根本,对工具理性具有引领和统摄作用,而工具本身从设计到应用都负载着价值,是为价值理性服务的,如果价值理性失去工具理性的支撑,那么其自身将失去存在的根基。因此,两者是相互依赖、相互补充、辩证统一的关系。本书呈现的不同互动模式,主要目的是更有力地呈现出不同主体的建构互动过程以及他们的主要行为模式。

二 行动困境

通过以上论证我们可以清晰地看出,专业学位博士内涵的形塑过程,不仅在主观认知和条件处境方面存在着双重错位,而且不同主体的理性行为模式是不同的。这些错位和不同夹杂在专业学位博士的实践操作中,一些难以逾越的现实困境就体现出来。归纳起来主要有以下四大行动困境。

行动困境一:工程博士与工学博士分类培养在操作中的边界模糊性

首先,工程博士与部分工学博士在定位上的重合。根据《中华人民共和国学位条例(2004年修正版)》的规定,授予博士学位应达到的学术水平除了"掌握坚实宽广的基础理论和系统深入的专门知识、单独从事科学研究工作的能力外",还包括"在科学或专门技术上做出创造性的成果"以及第十三条"对于在科学或专门技术上有重要的著作、发明、发现或发展者,经有关专家推荐,学位授予单位同意,可以免除考试,直接参加博士学位论文答辩。对于通过论文答辩者,授予博士学位"。可以看出,在专门技术上的创新、发现和发明,既包含在工程博士的学位内涵中,也包含在工学博士的学位内涵中。另外,如国务院学位委员会第六届学科评议组2014年编著的《一级学

工程博士本土化内涵的认知与建构

科博士、硕士学位基本要求》①，对机械工程学科的描述是：

> 机械工程是以相关的自然科学和技术为理论基础，结合生产实践经验，研究各类机械在设计、制造运行和服务等全寿命周期中的理论和技术的工程学科。该学科的基本任务是应用并融合机械科学、信息科学、材料科学、管理科学、数学、物理、化学等现代科学理论与方法，对机械结构、机械装备、制造过程和制造系统进行研究，研制满足人类生活、生产和科研活动需求的产品和装置，并不断提供新设计和制造的新理论与新技术。该学科具有理论与工程实践相结合、学科交叉以及为其他科学领域提供技能技术的特点。

可以看出机械工程一级学科的应用实践性特点与专业学位的机械工程类别基本重合。同时，在学位的基本知识、素质、能力要求上也与工程博士有诸多重合，例如，科学研究能力中"具有独立分析和解决机械工程科学与技术问题的能力，在相应的研究领域具有创新能力"，学术创新能力中"能针对所研究的实际工程领域发现问题、提出问题；具有独立分析与综合、系统运用理论知识解决机械设计、制造和服役等复杂实际工程问题的能力"，等等。

其次，工程博士与工学博士两种学位在改革方向上的一致性。博士教育综合改革的方向是加强教育与产业之间的融合，学术型博士的改革路径呈现出与工程博士趋合的特点。如在学术型博士综合改革中，企业订单式定向培养、校企联合专项培养、多学科交叉培养、科研实践等都是基于学术型工学博士进行的改革尝试②，与工程博士理

---

① 国务院学位委员会第六届学科评议组：《一级学科博士、硕士学位基本要求》（上册），高等教育出版社2014年版，第275页。

② 教育部博士研究生教育综合改革专栏，Http：//Www.Moe.Gov.Cn/s78/A22/A22_Ztzl/Ztzl_Bsyjsjyzhgg/。

念相吻合。

最后，根据研究类型将工程博士与工学博士进行分类引发受访者的质疑。根据2018年中国R&D经费投入情况，科研经费用于应用研究的比率高达48.52%（接近一半），并且R&D成果应用的经费数额也不少。也就是说，国家通过资金协调的方式引导高校进行应用性研究的方向是明确的，基础研究和应用研究各半的趋势是明显的。因此，单纯把工程博士的知识结构划为应用性研究，来试图与工学博士区别开的说法是和现实存在矛盾的，因为占比95%左右培养规模的工学博士本身就包含基础研究和应用研究。把基础性研究和应用性研究作为知识分类的标尺引起了受访者的质疑。实际上，在解决应用问题上，更多的是需要基础研究与应用研究的结合而非分离，比如华为在与某高校洽谈中提到的"大学里面的教育是从Idea开始，然后到Paper，个别的老师会做到Demo，大学里面最擅长做的就是Idea到Paper，剩下的是企业要参与做的事情，把一些Idea和Paper落地实施变成Product，然后形成一些Industry"。多位受访者也表示，在解决工程实践问题时，更需要基础研究和应用研究的人组成团队，共同应对实践中的复杂性，而不是分开来各干各的。基础研究与应用研究之间更多的时候是相辅相成、互为支撑的关系。

行动困境二：工程博士培养目标与科研系统、学术秩序的冲突性

首先，经过严格的学术训练后才求得教职的导师们，对博士的培养方式拥有相对稳定的性情倾向系统。第一，博士培养是一套标准严格的学术训练体系，这个训练体系需要博士投入大量的时间精力去解决至少一项学术性、实践性、前瞻创新性的问题，通过学术问题的探讨，实现对思维的训练，包括创新性思维、逻辑思维、系统思维、问题意识等。没有经历过学术训练的博士自然是无法获得博士头衔的。在有些导师看来，工程博士，尤其是非全日制在职攻读的工程博士，能否实现学术训练目标是要打问号的，这类博士生也容易被导师们排斥（排除有精力、有时间而且能投入的学生）。第二，学术训练的核心是学术创造和学术产出,在知识生产系统框架内,学术产出的知识体系是通过论文、著作、发明等一系列学术圈子规训的方式呈现的。无论是实践应用中的问题,还是基础领域的理论前沿问题,最终都要以某一种知识方式体现出来,得到同行的认可,这就是知识生产的系统循环。而工程博士在解决实践应用问题过程中所生产的知识超出了这一体系。以装备设计、应用产品制造为例,他们在现有的评价体系下往往容易被忽视,或者出现标准漂移(偏向学术系统的知识产出评价)。要解决这一问题,就需要丰富和完善学术训练与评价系统,建构新的与知识生产模式Ⅱ相配套的训练系统、评价系统。

其次,科研评价系统与工程博士应用成果质量的分离。科研评价系统与学术成果产出紧密捆绑在一起,引导导师们将主要精力投入在科研产出上。高水平学术成果产出的压力,自然落到了博士生身上。外部的评估评价与资源配置、学校内部的科研绩效和奖励、招生指标的配置等无不与学术产出相关,在这样的情形下,工程博士以解决实践应用问题的定位就显得苍白无力。已经出台的系列"破五唯"政策正在扭转这种局面,让我们对工程博士的下一步发展充满期待。

行动困境三:校企合作培养操作路径的难以界定性

首先,对于"校企合作如何落地",有受访者认为,校企合作的操作概念不能只停留在物理空间的接触层面,而更应该聚焦在知识空间上,注重与产业需求的融合,尤其是博士阶段的校企合作尤其如此。过于强调物理层面的接触,会造成具体操作中的形式化问题,为了形式上的合作而合作,真正的校企合作,因受复杂情境的影响而具有弥散性特点,比如,一位受访者就表示:"目前很多人把校企合作理解成两个主体必须有物理层面的接触,博士生必须去企业实习,以某种正式的形式确定下来,就会出现为了政策规定而应付的形式主义。工程博士的研究确实需要和实践结合起来,但不能仅限于物理的空间,应该强调的是知识空间和需求空间上的融合。"

其次,诸如"高校与企业如何合作、达到什么程度才是合作、合

第七章　工程博士内涵建构过程的再审视

作是否一定会培养出高质量的工程博士"这一系列问题都是具体实施中面临的操作层面的问题。工程博士要解决的问题不是简单的"怎么操作",而是核心技术、关键技艺上创新的问题。"飞机并不是靠科学设计出来的,相反,它是靠技艺设计的。工程以科学为基础,但科学与工程产品之间必须借助工程师的技艺才能连接起来,正是工程师的创造性和建构性知识才使那一技艺得以实现。"[①] 因此,无论是校企联合培养还是师徒制培养,知识创新、技术突破都始终贯穿在博士人才培养体系当中。而目前的知识创新与技术突破主要是通过科研项目得以实现的,工程博士更是如此。如果简单地抛开知识创造,只强调物理层面的校企合作,那么,博士生攻读工程博士学位的动机就会受到质疑。这也是导师和高校管理者们在工程博士培养模式操作层面面临的难题。

行动困境四：工程博士质量标准的含糊性

工程博士质量及其判断标准一直存在争议,一类受访者认为,工程博士的学位质量或学术产出不应该看学术论文,而应该看是否解决了企业的应用问题,是否对行业发展做出了贡献,是否研发出了新的产品,等等；另一类受访者觉得不管是工程博士还是其他类型的博士,首先得具有博士应该具有的创新性知识、逻辑性思维和一定的问题意识,这些以高深知识为底蕴的魂如果没有了,工程博士只能是一张高级技术证书而已。第一类人的看法存在的问题是：如果工程博士解决了企业的问题就能毕业,那么如何判定该问题的深度达到了工程博士应该具有的质量水准,如何判断新产品对行业的贡献？第二类人的看法存在的问题是：如何体现与工程博士对应用领域的创造和贡献。

总的来说,目前工程博士质量及其判断标准存在两个核心问题。

[①] Walter G. Vincenti:《工程师知道什么以及他们是如何知道的》,周燕、闫坤如、彭纪南译,浙江大学出版社2015年版。

工程博士本土化内涵的认知与建构

首先,工程博士的知识生产系统与学术学位博士知识生产系统不完全相同,但质量评价的内容和方式基本类似。工程博士的知识生产或者是技术生产,属于知识生产模式Ⅱ情境下的知识产出,主要特征是:

> 第一,知识生产是在以实践问题为中心的跨学科的、应用情境中进行;第二,在应用情境下,实践中的问题难以仅仅用科学和技术术语进行解释,应用环境中的知识传播,默会知识(也即技艺)比明言部分更为重要;第三,在质量控制模式上,传统的同行评议方式已不能适应知识生产模式Ⅱ中的知识评价,将会是更加综合的、多维度的、多主体参与的质量评价模式。[①]

应对这些变化需要采取积极的措施,目前的工程博士还处于探索的初期阶段,但知识生产模式的问题已经开始显现。比如,有管理者反馈说:

> 我们学校要求是至少有18个月的工程实践,这些工程博士都下到项目单位参与实践,但是后来发现,这些工程博士在知识上既不够学术,在工程实践领域也不够专业……再者,这些工程博士参与重大工程专项研究,到底是不是真正地解决了关键技术的突破,多大的突破才能够得上博士学位质量,是不是和行业企业紧密连接这些都不好判断啊!

其次,现有的博士质量评价体系对工程博士教育模式创新具有一定的抑制性。目前的全国博士学位论文抽检、院校的工程博士学位论

---

① [英]迈克尔·吉本斯、卡米耶·利摩日、黑尔佳·诺沃提尼等:《知识生产的新模式:当代社会科学与研究的动力学》,陈洪捷、沈文钦等译,北京大学出版社2011年版。

文评价基本上都是仿照学术型博士建立起来的，质量评价标准大同小异，主要以高校导师为主体的评价者，使得工程博士的质量建构仍然依赖于现有的学术型质量评价体系。造成学术共同体形成了对工程博士的质量"既不够学术，也不够专业"的隐性判断，促使导师在评价时采取"学术上降一级"的操作。最终，本该比工学博士质量更高的工程博士质量标准变成了四不像的次等品，对工程博士的社会声誉产生了负面影响。

在工程博士设置之前，本身就含有应用性功能的工学博士为什么与社会需求脱节？对此，笔者认为，这是由于评价体系和知识生产体系未能跟上知识生产模式Ⅱ的发展。如果新设置的工程博士不能很好地解决深层次的核心问题，再设置一个新的学位类型，是否就能解决教育与产业脱节的问题呢？总而言之，根源性的矛盾在于博士教育未能对知识生产模式转型做出相应的调整和积极的建构。

第八章 结论与建议

  瞄准科技前沿和关键领域,深入推进学科专业调整,提升导师队伍水平,完善人才培养体系,加快培养国家急需的高层次人才,为坚持和发展中国特色社会主义、实现中华民族伟大复兴的中国梦作出贡献。

——习近平总书记对研究生教育工作的指示

  本章将从理论性探讨回到现实,结合研究的主要结论,试图对专业学位博士内涵体系的完善提出实践层面的政策建议,并指出研究的不足与未来可继续深入的研究方向。

第一节 研究结论

  本书对工程博士本土化内涵的认知与建构过程进行了剖析和解读,探讨了工程博士内涵的属性结构,呈现了不同主体在建构工程博士内涵过程中"认知、处境、行动"之间的互动,揭示了专业学位博士定位模糊的现实逻辑,归纳了专业学位工程博士教育实践过程中的现实困境。

  需要说明的是,本书虽然以工程博士为例,但探讨的内涵定位与认知建构是专业学位博士的基础性问题。尽管专业学位博士在不同领域存在着实践上的差异,但这个基础"共性"是相通的。总体而言,

第八章 结论与建议

本书的主要研究结论如下：

第一，工程博士内涵的概念框架通过其"独特性"（即能否独自成类）和"功能性"（即是否与应用紧密结合）呈现出来，不同主体对其内涵的认知是通过"定位""培养过程""出口质量"三个边缘类属进行描述建构而成的。

通过理论编码，工程博士内涵的本土概念最终通过其核心类属"独特性"（即能否独自成类）和"功能性"（即是否与应用紧密结合）呈现出来，这两个核心类属是工程博士的内涵性质所在，也是工程博士定位的核心，影响着对其他几个方面的认知。不同主体对两个核心类属的认知是通过"定位""培养过程""出口质量"三个边缘类属进行描述而建构的。不同主体通过复杂的互动、认知的博弈和微妙的策略施展，共同构成了专业学位博士内涵的实践场域。

第二，受访者对工程博士定位的理解存在偏差，专业学位博士定位的模糊性较大。

根据专业学位博士内涵定位的两个核心属性交叉形成的象限分布，即"独特性"与"功能性"程度，受访者对工程博士内涵建构的结果有四种类型：独特性强—功能性强型（即内涵定位清晰）、独特性弱—功能性强型（即内涵定位模糊）、独特性弱—功能性弱型（即内涵定位失效）、独特性强—功能性弱型（即内涵定位模糊）。结果显示，有 23 名受访者（近 8 成）对工程博士的独特性定位存有疑惑，即工程博士的定位存在一定程度的认同危机。具体而言，建构结果如下：（1）有 8 名受访者认为，工程博士的独特性和功能性都比较弱（处于第三象限），说明工程博士的定位存在失效情况。（2）有 15 名受访者认为，虽然工程博士的独特性较弱，但功能性强，与应用结合较紧密（处于第二象限）。经进一步分析发现，这些受访者所在高校一直注重工科博士（包含工学博士）与行业企业之间的融合，比如生物医药工程、机械工程、能源动力等领域。（3）有 4 名受访者认为，其独特性和功能性都比较强（处于第一象限），这一类受访者深度参与工程博士改革过程,对工程博士定位较为笃定,并对工程博士的改革身体力行;(4)有3名受访者认为,工程博士的定位较为清晰,但与应用融合的程度不够(处于第四象限)。

第三,专业学位博士定位模糊的背后是双重错位①关系的形塑。

首先,不同主体在建构价值取向上的逻辑错位。工程博士内涵的建构同时受到三种价值逻辑的形塑:制度设计者以满足社会需求为目的的"改革逻辑"、高校管理者以规范性执行为目的的"规制性逻辑"、高校导师以学术研究为中心的"专业逻辑"。具体而言,制度设计者强调分类设置学位类型,通过增量改革来调节博士教育与社会需求之间的关系,重视产教融合;高校管理者强调政策执行和运行的规范统一,希望既能对上位政策有所回应,又能对学校的整体利益有所折中调和,重视资源获取、校本利益和权责边界;高校导师强调知识生产、科研绩效和学术资本的获取,重视学术成果和创新发明的产出。三种不同建构价值取向下的认知偏差,夹杂在复杂的互动、认知的博弈和微妙的策略施展中,对工程博士内涵的阶段性构型起着关键作用。

其次,割裂的制度体系与专业学位博士政策理想之间的错位。一是以知识生产为核心的学位制度体系与以应用人才培养为核心的专业学位博士之间的错位;二是以学术研究为核心的科研系统及学术制度(包括科研项目管理、科研绩效评价、学术成果发表及鉴定、学术职称、人才头衔等)与专业学位博士实践应用之间的冲突和错位;三是行业企业运作体系与高校人才培养体系之间的割裂和错位。这些模块化的制度体系塑造着嵌入其中的人,进而塑造着专业学位博士制度的发展与变迁。

双重错位使得工程博士的政策理想与现实实践之间矛盾突出,两

---

① 文中的逻辑错位有两层含义:一是指从不同位置、立场或角度对某个事物进行阐述,彼此的理解或行动在空间上分散错位存在;二是指某种现象或事物脱离原本或应有的位置,造成功能发挥与设想的结果之间的错位。

第八章 结论与建议

者之间的张力构成专业学位博士研究生教育发展的现实场景。

第四，不同主体对专业学位博士内涵建构的互动行为有价值理性型、混合型和工具理性型。在相互交错中，工程博士的实践者面临着四大行动困境。

"理性"是工程博士内涵建构行为的基本假设。根据不同主体的建构特征，其互动行为有价值理性型、混合型和工具理性型。制度设计者以政策、条例为传播方式捍卫着专业学位博士的价值理性；高校管理者以校本的方案、办法、规定为传播方式融合了国家层面的价值理性与校本层面的工具理性；高校导师以价值观、指导方式为传播方式践行着专业学位的工具理性。这些交错的行为模式通过制度执行层面的"自上而下"以及制度完善层面的"自下而上"在互相博弈中影响并推动着专业学位博士研究生教育制度的发展和变迁。

在专业学位博士内涵的具体实践过程中，基于不同的互动模式以及双重错位的客观现实，工程博士教育实践者面临着难以逾越的行动困境：（1）工程博士与工学博士分类培养边界的模糊性。首先，两者存在定位重合的情况，尤其是在某些应用型功能较强的高校和学科中，比如生物医药、能源动力、机械工程等领域；其次，在应用实践环境中，知识分类上的应用研究和基础研究不能绝对割裂开来，而是需要融合解决实践中的问题。（2）工程博士培养目标与科研系统、学术秩序的冲突性。首先是学术训练体系与工程博士实践应用体系相冲突，学术训练体系强调长时期的投入、创新性思维训练、问题意识感知等，而实践应用强调系统的感知和技艺的生成；其次是科研评价体系与工程博士的应用成果产出之间的冲突，科研评价强调学术成果的产出，是知识创新，工程博士强调成果的应用，是技术创新。（3）校企合作培养操作路径的难以界定性。校企合作并非只有物理空间上的合作，更多的是知识空间和需求空间上的融合，企业实时性加入培养过程存在一定的难度。（4）工程博士质量标准的含糊性。工程博士质量标准难以从现有的学术博士路径中脱离出来，与应用性知识生产模式转型相配套的评价体系尚未建立,在国家论文质量抽检的影响下,工程博士的质量标准与学术学位大同小异。

第二节 政策建议

结合本书的主要发现以及对研究结论的思考,笔者提出以下政策和实践的建议。

一 专业学位博士定位的理念性重构

本书研究表明,专业学位博士独特性定位的核心问题是,在操作上难以与学术学位绝对区别开来,其特色和独特性定位受到普遍质疑,表现在两个学位的知识结构难以根据学位类型分开、学科基础一致、质量内核一致上。要在政策上突破这些实际操作中面临的现实问题,需要对专业学位博士定位理念进行丰富和深化。

首先,跳出二元认知藩篱,从强调"绝对分类"转移到"目标导向"的定位理念上来。在访谈中笔者发现,不同主体对专业学位博士的认知是从与学术学位的区别来完成其独特性建构的,纷纷陷入二元分离的认知结构当中。在二元分离的认知结构下,他们无限追求两个学位类型之间的差异和实践过程中的割裂。然而,随着社会的发展,学科交叉、学科融合已成为创新驱动、创新发展的主要路径。就专业学位博士和学术学位博士而言,两者的底色是"博士学位",统一性是概念的基础,有必要从过于强调两者的绝对化分离转向融合的发展方向。

因此,在政策上,丰富工程博士的定位理念,就是要坚守专业学位为国家经济社会发展需要培养创新型、复合型、应用型人才这个初心,在此基础上,认清现阶段专业学位博士与学术学位博士之间的弥散性特征,不应陷入绝对二元分类的局面中,应加快建构与知识生产模式转型相配套的系统性顶层设计。

其次,在具体操作上,第一,进一步深化专业学位博士需求导向的发展理念。澄清博士学位的多样性特征,加强引导,强调专业学位博士与学术学位博士融合模式下功能职能的分离,避免陷入谁高谁低、绝对分离的二元对立模式中。

第二,加快建构以职业导向为核心的定位体系,建立职业取向和职业资格连接的具体实施办法,让专业学位博士的培养过程与职业资格要求衔接起来,由行业和高校共同确定专业学位博士的职业资格条件和知识层次结构,继而搭建起培养过程与出口资格标准一体化的专业学位博士体系。

第三,清醒认识专业学位博士发展的阶段性特征,在探索阶段的初期,以开放、包容、宽松的政策环境为其发展提供探索的空间,避免路径依赖下的制度强化,扼杀专业学位博士的创新式发展。

二 专业学位博士教育制度的系统性重构

本书研究表明,在培养过程中,专业学位博士面临的核心问题是,政策理想与模块化、分散化制度现实之间的矛盾与碰撞:科研系统(评估评价、科研绩效)与专业学位博士应用性能的冲突,产业、高校体制的不同与校企合作培养的摩擦。如何在政策上突破这些难题,既需要认知上的转变,也需要操作上对制度进行整体性、系统性设计。

首先,在认知层面,深入认识专业学位博士发展背后的核心推动力量是知识生产模式的转型。在知识生产模式Ⅰ阶段,知识生产是在学科的、认知的语境中进行的,培养的是知识生产者、高校和科研机构的后备人才。而知识生产模式的转型是指:知识生产开始转向以实践问题为中心,在跨学科、应用情境中进行,知识的应用性更加凸显。这个转变被迈克尔·吉本斯等称为"知识生产模式Ⅱ"阶段。[①] 随之需要转变的是知识生产过程的组织模式、知识的传播方式及路径、知识生产者的身

---

① [英]迈克尔·吉本斯、卡米耶·利摩日、黑尔佳·诺沃提尼等:《知识生产的新模式:当代社会科学与研究的动力学》,陈洪捷、沈文钦等译,北京大学出版社2011年版。

份角色多样性、知识评价和质量控制模式。这些与知识生产模式转型相配套的制度体系建设，是专业学位博士发展的地基和基础性保障。

其次，在具体操作上，第一，打破模块化管理壁垒，优化顶层教育管理机制协同，加强制度融合和资源整合。首先，加强政策管理协同，建立顶层管理部门的融合机制。例如，在工程领域，建立全国工程博士教育中心，集中协调行业部门、教育部门、人力资源部门、财政部门的权力，打造集中化的资源平台，从顶层管理层面为高校与企业的合作培养提供平台支撑、财政支撑和制度保障。继而让高校和企业从各自利益局面中解脱出来，能够共同在关键核心技术的研发和突破上拧成一股绳，为国家的科技创新和技术进步共同发力。其次，进一步扩大专业学位博士教育规模。工程博士的招生数据显示，2012—2018年，全国工程博士招生每年不超过323人，平均每所高校（当时25所）招生不到13人。2018年增长到2118人，平均每所高校为51人。规模大小直接影响其培养的模式，容易造成路径依赖，致使专业学位博士离不开学术学位博士的培养路径。

第二，转变校企合作理念，进一步丰富并创新产教融合以及校企合作培养的渠道、路径和方法。首先，在理念上，转变对校企合作内涵的认识，从强调物理层面的接触性合作，转变到强调教育和产业结合的成果与成效上来，在博士层面尤其如此。其次，加强导师层面与产业行业的合作能力，从导师科研评价机制、人才选拔体系、职称评审体系改革方面入手，让导师从学术论文中解放出来，充分调动并激发导师们的创造活力，让导师们成为与企业链接的多元化桥梁。例如，在工程领域，以解决工程实践中的问题为导向，瞄准科技前沿和关键领域，以需求为牵引，强调校企融合的结果与成效而非合作的过程，进而激活高校的创新热情，创建多样化的合作模式。

第三，系统性设计与知识生产模式转型相配套的专业学位博士教育制度体系。首先是知识生产者角色定位的制度性重构。在知识生产模式Ⅱ的环境下，知识生产者的身份不再局限于高校或科研院所内的

第八章 结论与建议

某一学科专业，不同的知识从业者因为解决实践中的复杂问题通常在不同的地点，围绕不同的问题，组合成不同的团队，这样的知识生产团队呈现出很强的"异质性"特征，需要对他们的身份与角色定位进行前瞻性探索与设计。其次是知识传播路径的制度性重构。在新的知识生产模式中，知识以各种载体在大范围、多样化的生产场所和应用环境之中进行传播，而不再局限于学术发表、出版机构等传播途径，其弥散性和默会性特征凸显，如何创新性地设计相应的知识传播路径和方式需要进行前瞻性的探索。最后是知识成果鉴定系统的制度性重构。在新的知识生产模式下，知识成果形式多样，如何设计相应的成果鉴定体系也至关重要。

三 评价标准体系的建构

本书研究表明，在出口质量方面，专业学位博士面临的核心问题是专业学位博士质量标准尚未建立、现有的质量评价体系对专业学位博士质量标准的创新具有一定的抑制作用。那么，如何在政策上突破这些难题，需要尽快对评价指挥棒体系进行整体性、系统性设计。

首先，尽快建立专业学位博士质量标准及评价体系。专业学位博士质量评价事关人才培养成效，专业学位博士以实践应用为主要研究选题，其产出成果类型多样，知识生产系统与学术学位不尽相同。因此，政策层面应尽快建立专业学位博士学位质量的评价标准体系，明确评价主体、内容和方式。跳出现有的评价范式，让大量实操和专业性强的专家队伍加入质量评价和监督体系中，创建适合专业学位产出成果的评价标准和操作体系。鼓励高校建立多样化的评价模式，集过程评价与结果评价于一体，探索应用场景中知识产出的形式和标准，建立不同产出成果的基本质量标准，引导专业学位博士在实践中创新，从现有的唯论文质量评价体系中解脱出来。同时，在质量标准尚在探索的阶段，应充分发挥高校自身的创造性和质量保障能力，避免陷入以学术学位质量评价标准来衡量专业学位博士质量的局面。

其次，系统性设计专业学位博士质量保障体系。建立专业学位博士质量的外部监督机制，通过专业认证、应用成效评估等方式促进专业学位博士教育质量的提升。此外，系统性研究设计知识生产模式转型下的专业学位博士质量监控及产出成果的鉴定体系，包括应用场景知识生产过程质量监控、应用性知识生产的标准、应用性知识传承等方面。

第三节 研究创新点

在选题视域上，本书第一次系统、立体地呈现了不同主体对中国专业学位博士内涵的本土化理解和建构过程，丰富了专业学位博士教育的研究视角。国内关于专业学位博士内涵的相关研究一方面过于笼统，并未具体深入实践中不同主体对其内涵的真实建构上来，往往是学理上的探讨多一些；另一方面又过于散碎，往往从某一个视角（比如学生视角、课程视角、导师指导视角等）以某高校实践案例来展现工程博士内涵更微观的层面。本书第一次以质性的敏感视角系统化地展现不同主体对工程博士内涵的建构过程、逻辑和困惑，将有助于推进大家对专业学位博士真实状况的了解。

在专业学位教育理论及相关概念上，本书通过扎根理论开创性地提出了专业学位博士内涵的本土化概念框架及类属结构，以及不同主体建构过程的行动逻辑及互动模式，丰富了专业学位博士内涵理论研究。一是基于扎根理论方法提出了专业学位博士内涵的概念框架和类属结构，专业学位博士内涵的核心属性即第一层是"独特性"（即能否独自成类）和"功能性（即是否与应用结合）"，通过其定位、培养过程、出口质量三个边缘类属被显示出来；第二层是"属性"视角下对工程博士独特性和功能性的建构；第三层是"核心类属"下对工程博士性质的整体建构。二是在建构结果的呈现上，通过象限分布方式展示工程博士内涵建构的立体式结果。三是基于认知制度主义视角提出了工程博士内涵建构过程的理论解释框架，通过分析制度建构过程中三个基本要素，即认知要素（动机、价值观等）、条件处境要素（制度、情境等）、行动策略要素（行动措施、利益关系等），来探索不同主体对专业学位博士内涵建构的过程脉络、互动逻辑和行为方式。

在研究资料上，本书以大量鲜活的访谈材料呈现了不同主体对工程博士的真实看法，客观展示了专业学位博士的真实存在，深层次剖析了专业学位博士发展所面临的深层次困境。本书以专业学位博士教育关键的参与者——制度设计者、导师、高校管理者三个群体为研究对象，配以少量的学生和企业人员为补充，鲜活地呈现了31位受访者、5位间接研究对象的口述资料，立体式地展现了工程博士教育实践场域中的人、物、观念、权力、资本、行动等的互动现场，为工程博士内涵研究提供了丰富的本土资料。

在研究结论及政策建议上，本书揭示了专业学位博士定位模糊背后的错位逻辑及形塑特征，所发现的若干结论及观点为充分理解专业学位博士在中国的"本土化"生长过程提供了认知视角，并在认知和操作层面上提出了相关政策建议。专业学位工程博士的发展事关中国基础工程领域的创新发展，一直以来，大家对专业学位的理解充满争议，工程技术领域的"卡脖子"问题屡屡向我们提出警醒和试问：我们的教育为什么培养不出大量尖端核心技术人才？本书虽然微不足道，但希望研究中呈现出来的某些现象能够激起读者的思考，能为工程博士教育的发展贡献一点微薄的力量。

第四节　研究的不足与展望

一　研究不足

首先，企业作为工程博士重要的参与对象，由于现实条件的限制，本书的样本中只包含1名企业管理人员，因此并未将之作为单一的主体结构进行整体论述，仅仅将其作为高校论述中的支撑性材料，这对研究的广度有一定的影响。

其次，本书主要是基于某访谈时间"点"上的横向研究，并没有实现时间跨度上的纵向跟踪。并且近两年正是国家系列政策出台的时期，影响工程博士教育发展的系列重要文件纷纷发布，例如《专业学位研究生教育发展方案（2020—2025）》《深化新时代教育评价改革总体方案》《关于全面深化新时代教师队伍建设改革的意见》《关于深化高等学校教师职称制度改革的指导意见》《关于加强新时代高校教师队伍建设改革的指导意见》等，这些文件将会对评价体系、科研体系和教师体系产生重要影响，也将对受访者的认知建构产生一定的影响。这些变化势必会使研究发现带有某些时空局限性。简言之，也就是不同主体对工程博士的建构，是发展性的而不是固定性的，是建构性的而不是武断性的。虽然笔者在访谈中尽量通过前瞻性的问题将"发展性与阶段性结合"，但受限于时间跨度，没能放在发展体系中进行系统构建。

二 进一步研究的方向

首先，行业企业是工程博士教育中的重要参与对象，但本书呈现的结果显示，企业并不是特别积极，高校也没有觉得企业的参与有多么重要。因此，下一步的研究可以主要聚焦行业企业视角，挖掘产教融合的深层次困境和逻辑。

其次，工程博士生作为主要的受教者，首批试点阶段的、以国家科技重大项目为依托的在职工程博士已经陆续毕业（2012—2020），这个在职群体对工程博士又是如何进行意义建构的？他们有着哪些认知特点？对工程博士教育的实际反馈如何？这也是另一个需要进一步研究的方向。

最后，进一步的追踪研究也是一个方向，随着这两年政策的逐步实施，不同主体的认知也在动态中进一步发展着，从历史发展的角度对不同主体的建构过程进行追踪研究也是一个很有意思的选题。

参考文献

中文文献

(一) 专著类

陈洪捷等:《博士质量:概念、评价与趋势》,北京大学出版社 2010 年版。

陈向明:《质的研究方法与社会科学研究》,教育科学出版社 2000 年版。

陈学飞、林小英、茶世俊:《教育政策研究基础》,人民教育出版社 2011 年版。

工程与公共政策委员会、国家科学院、国家工程院等:《重塑科学家与工程师的研究生教育》,徐远超等译,科学技术文献出版社 1999 年版。

郭强:《知识与行动的结构性关联:吉登斯结构化理论的改造性阐述》,上海大学出版社 2009 年版。

国务院学位委员会第六届学科评议组:《一级学科博士、硕士学位基本要求》(上册),高等教育出版社 2014 年版。

何东昌等:《中华人民共和国重要教育文献(1998—2002)》,海南出版社 2003 年版。

胡甲刚、刘亚敏:《专业学位研究生培养模式改革》,科学出版社 2017 年版。

全国专业学位研究生教育指导委员会:《专业学位类别(领域)博

士、硕士学位基本要求》，高等教育出版社2015年版。

研究生专业学位总体设计研究课题组：《开创我国专业学位研究生教育发展的新时代：研究生专业学位总体设计研究报告》，中国人民大学出版社2010年版。

曾妮：《被默许的误认——当代大学教师对教育者身份理解与建构的质性研究》，中国社会科学出版社2020年版。

中华人民共和国教育部科学技术司：《2017年高等学校科技统计资料汇编》，高等教育出版社2018年版。

（二）译著类

［法］帕特里夏·H.桑顿、［加］威廉·奥卡西奥、［加］龙思博：《制度逻辑：制度如何塑造人和组织》，汪少卿、杜运周等译，浙江大学出版社2020年版。

［法］皮埃尔·布迪厄：《实践感》，蒋梓骅译，译林出版社2017年版。

［法］皮埃尔·布迪厄、［美］华康德：《实践与反思——反思社会学导引》，李康、李猛译，中央编译出版社1998年版。

［美］W.理查德·斯科特：《制度与组织——思想观念与物质利益》，姚伟、王黎芳译，中国人民大学出版社2010年版。

［美］伯顿·R.克拉克：《高等教育系统：学术组织的跨国研究》，王承绪等译，杭州大学出版社1994年版。

［美］道格拉斯·诺斯：《理解经济变迁过程》，钟正生、邢华、高东明等译，中国人民大学出版社2013年版。

［美］华勒斯坦等：《学科·知识·权力》，刘健芝等译，生活·读书·新知三联书店1999年版。

［美］塔尔科特·帕森斯：《社会行动的结构》，张明德等译，译林出版社2003年版。

［美］唐纳德·A.舍恩：《反映的实践者——专业工作者如何在行动中思考》，夏林清译，教育科学出版社2007年版。

[美] 唐纳德·A. 舍恩：《培养反映的实践者：专业领域中关于教与学的一项全新设计》，郝彩虹、张玉荣等译，教育科学出版社 2008 年版。

[美] 希拉·斯劳特、拉里·莱斯利：《学术资本主义》，梁骁、黎丽译，北京大学出版社 2014 年版。

[美] 詹姆斯·J. 杜德斯达：《21 世纪的大学》，刘彤、屈书杰、刘向荣译，北京大学出版社 2020 年版。

[美] 朱丽叶·M. 科宾、安塞尔姆·L. 施特劳斯：《质性研究的基础：形成扎根理论的程序与方法》，朱光明译，重庆大学出版社 2015 年版。

[英] 安东尼·吉登斯：《社会的构成：结构化理论大纲》，李猛泽译，生活·读书·新知三联书店 1998 年版。

[英] 迈克尔·波兰尼：《个人知识——迈向后批判哲学》，许泽民译，贵州人民出版社 2000 年版。

[英] 迈克尔·吉本斯、卡米耶·利摩日、黑尔佳·诺沃提尼等：《知识生产的新模式：当代社会科学与研究的动力学》，陈洪捷、沈文钦等译，北京大学出版社 2011 年版。

[美] Edward F. Crawley、Johan Malmqvist、Soren Ostlund 等：《重新认识工程教育：国际 CDIO 培养模式与方法》，陆小华、顾佩华等译，高等教育出版社 2009 年版。

[美] Miles, Matthew B. , Huberman A. Michael：《质性资料的分析：方法与实践》，张芬芬、卢晖临译，重庆大学出版社 2008 年版。

[美] Vincent, Walter G. ：《工程师知道什么以及他们是如何知道的》，周燕、闫坤如、彭纪南译，浙江大学出版社 2015 年版。

（二）学术论文类

别敦荣：《专业学位研究生教育的特性及其质量标准的学理探析》，《研究生教育研究》2013 年第 3 期。

别敦荣、赵映川、闫建璋：《专业学位概念释义及其定位》，《高等教育研究》2009 年第 30 卷第 6 期。

陈洪捷、沈文钦：《全国研究生教育大会专家谈》，《研究生教育研究》2020 年第 5 期。

陈伟、裴旭、张淑林：《对中国开展工程博士专业学位研究生教育有关问题的探讨》，《中国高教研究》2006 年第 12 期。

陈希：《澳大利亚专业博士教育发展研究》，硕士学位论文，华中师范大学，2016 年。

陈至立：《在国务院学位委员会第二十二次会议上的讲话》，《学位与研究生教育》2006 年第 3 期。

仇国芳、张文修：《工程博士专业学位设置初探》，《学位与研究生教育》2004 年第 5 期。

邓光平、郑芳：《"专业"与专业学位设置》，《江苏高教》2005 年第 5 期。

邓锐：《医教协同下临床医学博士专业学位研究生培养模式的思考》，《中国高等医学教育》2017 年第 3 期。

邓艳：《关于中国设立工程博士专业学位的博弈分析》，《吉林教育学院学报》2012 年第 28 卷第 6 期。

何爱芬、陈洪捷：《工程博士培养模式改革的院校行动：基于文本的计量分析》，《学位与研究生教育》2021 年第 10 期。

胡莉芳：《美国专业学位研究生教育规模变迁研究（1971—2012 年）》，《中国高教研究》2016 年第 2 期。

黄宝印：《中国专业学位教育发展的回顾与思考》（上），《学位与研究生教育》2007 年第 6 期。

黄宝印：《中国专业学位教育发展的回顾与思考》（下），《学位与研究生教育》2007 年第 6 期。

黄宝印：《中国专业学位研究生教育发展的新时代》，《学位与研究生教育》2010 年第 10 期。

黄宝印、陈艳艳：《美国第一职业学位的培养模式及特点》，《中国高等教育》2007年第11期。

黄宝印、唐继卫、郝彤亮：《中国专业学位研究生教育的发展历程》，《中国高等教育》2017年第2期。

黄国勤、朱才朝、林超：《工程博士专业学位研究生培养实践案例分析》，《教育教学论坛》2019年第7期。

金海燕、王沛民：《美国"重新规划PhD"述略》，《高等工程教育研究》2004年第1期。

靳冬欢、吴丹、杨俊：《工程博士学位标准制定的探索及建议》，《高等教育研究学报》2018年第41卷第2期。

李文君：《如何培养工程技术领军人才——访谈科技部政策法规司体制改革处副处长唐玉立》，《教育与职业》2012年第28卷。

李雪辉、顾剑秀、罗英姿：《专业学位博士生培养模式的双元性创新》，《中国农业教育》2019年第20卷第3期。

梁德东、赵玥：《面向需求的工程博士专业学位研究生培养模式探析》，《吉林省教育学院学报》2018年第34卷第4期。

林小英、薛颖：《大学人事制度改革的宏观逻辑和教师学术工作的微观行动：审计文化与学术文化的较量》，《华东师范大学学报》（教育科学版）2020年第38卷第4期。

刘国瑜：《论专业学位研究生教育的基本特征及其体现》，《中国高教研究》2005年第11期。

罗英姿、陈尔东：《欧洲博士培养新动向及启示：基于ESF实证研究的思考》，《中国高教研究》2019年第10期。

罗英姿、李雪辉：《中国专业学位博士教育面临的问题与改进策略——基于"全国专业学位博士教育质量调查"的结果》，《高等教育研究》2019年第11期。

罗英姿、李雪辉：《专业学位博士研究生培养的路径依赖及其优化》，《学位与研究生教育》2018年第5期。

石中英：《论专业学位教育的专业性》，《学位与研究生教育》2007年第 1 期。

宋妍：《从个体认知调整理解制度变迁过程》，《制度经济学研究》2013 年第 5 期。

孙友莲：《实践中的质量保证：教育博士"专业性"》，《教师教育研究》2014 年第 26 卷第 5 期。

汪志强：《中国工程博士研究生教育发展问题研究》，硕士学位论文，华东师范大学，2018 年。

王顶明、李莞荷、戴一飞：《程序性知识与过程性知识：专业学位教育中的实践性知识》，《北京大学教育评论》2018 年第 4 期。

王继成、张福军、栾旭：《新工科背景下的工程博士培养模式研究》，《教育教学论坛》2020 年第 25 期。

王建梁、姚林：《澳大利亚专业博士的发展、挑战、应对策略——以教育博士项目为例》，《研究生教育研究》2017 年第 5 期。

王丽萍：《工程博士培养模式国际比较研究》，硕士学位论文，天津大学，2016 年。

王亚杰、田华、陈岩：《工程博士中心的定位及影响力——基于英国产业博士中心的分析》，《高等工程教育研究》2016 年第 5 期。

王征：《工程博士教育试点办学的基本探索与改革建议——基于浙江大学的案例分析》，《学位与研究生教育》2016 年第 2 期。

吴敏、姚云：《美国专业博士学位的学科与规模特点研究》，《学位与研究生教育》2018 年第 8 期。

吴卓平：《工程博士培养模式研究》，博士学位论文，大连理工大学，2016 年。

肖凤翔、董显辉、付卫东等：《工程博士专业学位研究生培养现状及应注意的问题》，《学位与研究生教育》2014 年第 3 期。

肖凤翔、张永林：《基于"双元经验"的工程博士创新能力培养研究》，《高等工程教育研究》2017 年第 3 期。

肖凤翔、张宇、赵美蓉：《英国工程博士研究生招生经验及其教育效果》,《高等工程教育研究》2015 年第 5 期。

熊倪娟、袁本涛:《教育博士培养模式:问题与变革》,《高等工程教育研究》2015 年第 4 期。

徐铁英:《专业学位教育的双重取向:内涵与启示》,《研究生教育研究》2016 年第 1 期。

徐湘林:《"摸着石头过河"与中国渐进政治改革的政策选择》,《天津社会科学》2002 年第 3 期。

晏鹰:《基于个体认知调整的自发扩展制度发育及演化研究》,博士学位论文,南京理工大学,2010 年。

杨斌:《专业学位教育的再认识与再进军》,《中国高等教育》2017 年第 2 期。

姚林、王建梁:《三重视角下的英国专业博士学位教育发展研究》,《清华大学教育研究》2018 年第 4 期。

于爱国、梁德东、刘一心:《工程博士专业学位研究生培养的探索与实践——以吉林大学先进制造领域为例》,《科教导刊》(下旬)2017 年第 7 期。

翟亚军、王战军:《中国专业学位教育主要问题辨识》,《学位与研究生教育》2006 年第 5 期。

张振刚:《开展工程博士专业学位教育的对策研究》,《中国高等教育》2007 年第 18 期。

赵美蓉、潘峰、武悦等:《工程博士专业学位研究生培养方案的创新探索与实践》,《天津大学学报》(社会科学版)2015 年第 1 期。

赵沁平:《研究生教育领域仍需摸着石头过的三条河》,《研究生教育研究》2019 年第 1 期。

赵世奎、郝彤亮:《美国第三代专业博士学位的形成与发展:以理疗、护理专业博士为例》,《北京大学教育评论》2014 年第 12 卷第 4 期。

赵兴祥:《基于 EIP-CDIO 理念的应用型工程人才培养模式探索》,

《管理（理论探索）》2018年第22期。

钟尚科：《完善中国工程博士专业学位教育制度与措施之探讨》，《高等工程教育研究》2013年第4期。

钟尚科、杜朝辉、邵松林等：《英国工程博士专业学位研究生教育的研究》，《学位与研究生教育》2006年第7期。

钟尚科、张卫刚、姚训等：《美国工程博士专业学位研究生教育的研究》，《学位与研究生教育》2006年第8期。

钟晓征、刘惠琴、杨静：《工程博士培养初探》，《研究生教育研究》2013年第1期。

邹香云、程宜：《工程博士培养质量保障体系初探——以华中科技大学机械学院为例》，《继续教育》2013年第27卷第8期。

[美] 菲利普·G. 阿特巴赫、别敦荣、陈丽：《美国博士教育的现状与问题》，《教育研究》2004年第6期。

（三）新闻、报刊类

本报记者：《让企业成为工程博士的摇篮》，《经济日报》2012年4月16日。

本报记者：《专业博士扩招，数量和质量如何保证"并驾齐驱"》，《光明日报》2020年10月21日。

本报记者：《专业学位研究生教育迈向新征程》，《中国教育报》2020年10月19日。

教育部：《探索培养工程技术领军人才新模式——面向国家科技重大专项培养工程博士校企对接会召开》，2012年，Http://Old.Moe.Gov.Cn//Publicfiles/Business/Htmlfiles/Moe/Moe_1485/201203/133410.Html。

《工程博士培养匆忙上马，发展走向令人忧虑》，《中国青年报》2012年9月，科学网（Http://News.Sciencenet.Cn/Htmlnews/2012/9/269640.Shtm）。

（四）政策文献

国务院：《关于印发〈中国制造 2025〉的通知》，2015 年 5 月，Http：//Www. Gov. Cn/Zhengce/Content/2015 – 05/19/Content_9784. Htm？ Gs_ Ws = Tsina_ 635676330957801580。

国务院办公厅：《关于深化产教融合的若干意见》，2017 年 12 月，Http：//Www. Gov. Cn/Zhengce/Content/2017 – 12/19/Content_ 5248564. Htm。

国务院学位委员会：《关于对工程专业学位类别进行调整的通知》，2018 年 3 月，Http：//Www. Moe. Gov. Cn/Srcsite/A22/Yjss_ Xwgl/Moe_ 818/201803/t20180326_ 331244. Html。

国务院学位委员会：《关于印发〈工程博士专业学位设置方案〉的通知》，2011 年 3 月，Http：//Www. Moe. Gov. Cn/Srcsite/A22/Moe_ 833/201103/t20110308_ 117376. Html。

国务院学位委员会：《关于印发〈关于调整医学学位类型和设置医学专业学位的几点意见〉的通知》，1998 年 2 月，Http：//Www. Moe. Gov. Cn/Srcsite/A22/s7065/199802/t19980204_ 163521. Html。

国务院学位委员会、教育部：《关于修订印发〈学位授权点合格评估办法〉的通知》，2020 年 11 月，Http：//Www. Moe. Gov. Cn/Srcsite/A22/Yjss_ Xwgl/Moe_ 818/202101/t20210115_ 509951. Html。

国务院学位委员会、教育部：《关于印发〈专业学位研究生教育发展方案（2020—2025）〉的通知》，2020 年 9 月，Http：//Www. Gov. Cn/Zhengce/Zhengceku/2020 – 10/01/Content_ 5548870. Htm。

国务院学位委员会办公室：《关于转发〈工程类博士专业学位研究生培养模式改革方案〉及说明的通知》，2018 年 5 月，Http：//Www. Moe. Gov. Cn/s78/A22/A22_ Gggs/A22_ Sjhj/201805/t20180511_ 335693. Html。

教育部：《关于加强博士生导师岗位管理的若干意见》，2020 年 9 月，Http：//Www. Moe. Gov. Cn/Srcsite/A22/s7065/202009/t20200927_

491838. Html。

教育部：《关于印发〈硕士、博士专业学位研究生教育发展总体方案〉、〈硕士、博士专业学位设置与授权审核办法〉的通知》，2010年9月，网络信息，Http：//Www. Cdgdc. Edu. Cn/Xwyyjsjyxx/Gjjl/Zcwj/268313. Shtml。

教育部：《国务院学位办负责人就工程博士专业学位研究生教育有关情况答记者问》，2012年7月，Http：//Www. Moe. Gov. Cn/Jyb_Xwfb/s271/201207/t20120717_139517. Html。

教育部：《国务院学位委员会办公室、教育部学位管理与研究生教育司负责人就调整工程专业学位类别答记者问》，2018年3月，Http：//Www. Moe. Gov. Cn/Jyb_ Xwfb/s271/201803/t20180326_331237. Html。

《教育部关于开展研究生专业学位教育综合改革试点工作的通知》，2010年5月，Http：//Www. Moe. Gov. Cn/Srcsite/A22/Moe_826/201005/t20100507_91987. Html。

教育部：《学位授予和人才培养学科目录（2018年4月更新）》，2020年9月，Http：//Www. Moe. Gov. Cn/s78/A22/Xwb_Left/Moe_833/201804/t20180419_333655. Html。

《教育部印发〈关于破除高校哲学社会科学研究评价中"唯论文"不良导向的若干意见〉的通知》，2020年12月，Http：//Www. Moe. Gov. Cn/Srcsite/A13/Moe_2557/s3103/202012/t20201215_505588. Html。

教育部：《专业学位设置审批暂行办法》，1996年4月，Http：//Old. Moe. Gov. Cn//Publicfiles/Business/Htmlfiles/Moe/Moe_621/200410/2752. Html。

教育部、工业和信息化部、中国工程院：《关于加快建设发展新工科实施卓越工程师教育培养计划2.0的意见》，2018年10月，Http：//Www. Moe. Gov. Cn/Srcsite/A08/Moe_742/s3860/201810/

t20181017_ 351890. Html。

教育部、人力资源社会保障部：《关于深入推进专业学位研究生培养模式改革的意见》，2013 年 11 月，Http：//Www. Moe. Gov. Cn/Srcsite/A22/Moe_ 826/201311/t20131113_ 159870. Html。

教育部、中国工程院：《关于印发〈卓越工程师教育培养计划通用标准〉的通知》，2013 年 12 月，Http：//Www. Moe. Gov. Cn/Srcsite/A08/Moe_ 742/s3860/201312/t20131205_ 160923. Html。

教育部等六部门：《关于加强新时代高校教师队伍建设改革的指导意见》，2021 年 1 月，Http：//Www. Moe. Gov. Cn/Srcsite/A10/s7151/202101/t20210108_ 509152. Html。

中共中央、国务院：《深化新时代教育评价改革总体方案》，2020 年 9 月，Http：//Www. Moe. Gov. Cn/Jyb_ Xxgk/Moe_ 1777/Moe_ 1778/202010/t20201013_ 494381. Html。

中共中央、国务院：《中国教育现代化 2035》，2019 年 2 月，央广网，Http：//China. Cnr. Cn/News/20190224/t20190224_ 524519965. Shtml。

中共中央办公厅、国务院办公厅：《关于印发〈关于分类推进人才评价机制改革的指导意见〉的通知》，2018 年 4 月，Http：//Www. Moe. Gov. Cn/Jyb_ Xxgk/Moe_ 1777/Moe_ 1778/201804/t20180413_ 333039. Html。

中共中央办公厅、国务院办公厅：《关于印发〈加快推进教育现代化实施方案（2018—2022 年）〉的通知》，2019 年 2 月，Http：//Www. Gov. Cn/Xinwen/2019－02/23/Content_ 5367988. Html。

外文文献

Abukati, A., David, S., "Quality Assuring the Professional Doctorate：Challenging Traditional Precepts through the Supervisors'/Advisers' Lens," *Quality Assurance in Education*, 27（3），2019.

Akay, A., "A Renaissance in Engineering PhD Education," *European Journal of Engineering Education*, 33 (4), 2008.

Ansari, F., "Knowledge Management 4.0: Theoretical and Practical Considerations in Cyber Physical Production Systems," *Ifac-Papersonline*, 52 (13), 2019.

Arthur, W. B., *Increasing Returns and Path Dependence in the Economy*, Ann Arbor: University of Michigan Press, 1994.

Becher, T., *Professional Practices: Commitment and Capability in a Changing Environment*, Routledge, 1999.

Bennett, Z., Graham, E., "The Professional Doctorate in Practical Theology: Developing the Researching Professional in Practical Theology in Higher Education," *Journal of Adult Theological Education*, Volume 5, 2008.

Bhamidimarri, R., Liu, A., *Engineering and Enterprise: Inspiring Innovation*, Switzerland: Springer International Publishing, 2016.

Blackman, T., "The Professional Doctorate and the 21st Century University," *Wbl E-Journal International*, 1 (6), 2016.

Boud, D., Fillery-Travis, A., Pizzolato, N., et al., "The Influence of Professional Doctorates on Practice and the Workplace," *Studies in Higher Education*, 43 (5), 2018.

Brazziel, M. E., Brazziel, W. F., "Factors in Decisions of Underrepresented Minorities to Forego Science and Engineering Doctoral Study: A Pilot Study," *Journal of Science Education and Technology*, 10 (3), 2001.

Brew, A., Boud, D., Unnamgung, S., "Influences on the Formation of Academics: The Role of the Doctorate and Structured Development Opportunities," *Studies in Continuing Education*, 33 (1), 2011.

Buss, R., Zambo, D., Painter, S., et al., "Examining Faculty Member Changes in An Innovative Educational Doctorate Program," *Innovative Higher Education*, 38 (1), 2013.

Cadgs, "Guidelines on Professional Doctorate," Australia: Caddgs (Council of Australian Deans And Directors of Graduate Studies), 1999.

Carpenter-Davis, C. A., "A Study of the Implementation of the Missouri Statewide General Education Policy at Four-Year Public Institutions of Higher Education," University of Missouri-Columbia, 2005.

Chancellor of the Duchy of Lancaster, "Realising Our Potential—A Strategy for Science, Engineering and Technology," a Roport Presented to Parliament by the Chancellor of the Duchy of Lancaster, 1993.

Charity, I., PhD and Professional Doctorate: Higher Degrees of Separation, University of Northumbria at Newcastle (United Kingdom), 2010.

Charmaz, K., *Constructing Grounded Theory: A Practical Guide through Qualitative Analysis*, Sage Publications Inc., 2014.

Chiteng, Kot F., "Emergence and Growth of Professional Doctorates in the United States, United Kingdom, Canada and Australia: A Comparative Analysis," *Studies in Higher Education*, 3 (37), 2012.

Costley, C., Lester, S., "Work-Based Doctorates: Professional Extension at the Highest Levels," *Studies in Higher Education*, 37 (3), 2012.

Crossouard, B., Pryor, J., "Becoming Researchers: A Sociocultural Perspective on Assessment, Learning and the Construction of Identity in a Professional Doctorate," *Pedagogy, Culture & Society*, 16 (3), 2008.

David Scott, Andrew Brown, *Professional Doctorates: Integrating Professional and Academic Knowledge*, Berkshire England: Society for Research in Higher Education & Open University Press, 2004.

Elena, Prieto, Holbrook, A., Bourke, S., "An Analysis of Ph. D. Examiners' Reports in Engineering," *European Journal of Engineering*

Education, 41 (2), 2015.

Epsrc, "Engineering Doctorate," Online (Https: //Www. Epsrc. Ac. Uk/Skills/Students/Coll/Engdoctorate).

Fink, D., The Professional Doctorate: It's Relativity to the PhD and Relevance for the Knowledge Economy, *International Journal of Doctoral Studies*, 2006 (1).

Glaser, B. G., Strauss, A. L., *The Discovery of Grounded Theory: Strategies for Qualitative Research*, Chicago: Aldine Publishing Company, 1967.

Grimm, K., "Assessing the Industrial PhD: Stakeholder Insights," *Journal of Technology and Science Education*, 8 (4), 2018.

Hancock, S., Walsh, E., "Beyond Knowledge and Skills: Rethinking the Development of Professional Identity during the Stem Doctorate," *Studies In Higher Education*, 41 (1), 2016.

Hum, G., "Workplace Learning during the Science Doctorate: What Influences Research Learning Experiences and Outcomes?" *Innovations in Education and Teaching International*, 2015, 52 (1).

Jarvis, P., *Professional Education*, London: Croom Helm Ltd., 1984.

Jeremi S. London, Monica F. Cox, Ahn B., "Motivations for Pursuing An Engineering PhD and Perceptions of Its Added Value: A U. S. -Based Study," *International Journal of Doctoral Studies*, 9, 2014.

Jones, M., "Contemporary Trends in Professional Doctorates," *Studies in Higher Education*, 43 (5), 2018.

Klenowski, V., Lunt, I., "Enhancing Learning at Doctoral Level through the Use of Reflection?" *Assessment & Evaluation in Higher Education*, 2008, 33 (2).

Kuhtmann, M. S., *Bridging the Gap between the Theory and Practice of Developmental Advising: A Comparative Analysis of the Implementation Process of Institutional Advising Policy*, Boston College, 2006.

Lester, S., "Conceptualizing the Practitioner Doctorate," *Studies in Higher Education*, 29 (6), 2004.

Lidia, Borrell-Damiana, Brownb, T., Dearing, A., et al., "Collaborative Doctoral Education: University-Industry Partnerships for Enhancing Knowledge Exchange," *Higher Education Policy*, 23, 2010.

Lundgren, Resenterra M., Kahn, P. E., "The Organisational Impact of Undertaking a Professional Doctorate: Forming Critical Leaders," *British Educational Research Journal*, 2019, 45 (2).

Maxwell, T., Kupczyk-Romanczuk, G., "Producing the Professional Doctorate: The Portfolio as a Legitimate Alternative to the Dissertati," *Innovationas in Education and Teaching International*, 46 (2), 2009.

Maxwell, T., "From First to Second Generation Professional Doctorate," *Studies in Higher Education*, 28 (3), 2003.

Maxwell, T., "Towards a Reconceptualisation of the Doctorate: Issues Arising from Comparative Data Relating to the Edd Degree in Australia," *Studies In Higher Education*, 1997 (22).

Mcsherry, R., Bettany-Saltikov, J., Cummings, E., et al., "Are You Measuring the Impacts and Outcomes of Your Professional Doctorate Programme?" *Studies in Continuing Education*, 41 (2), 2018.

Miller, P., Selvanathan, A., Meredith, G. *"Introduction" in Transnational Doctoral Education and Research: An Asian Focus*, Nsw: Southern Cross University Press, 2012.

Neumann, R., "Doctoral Differences: Professional Doctorates and PhDs Compared," *Journal of Higher Education Policy and Management*, 27 (2), 2005.

Philpott, C., "The Importance of Students' Motivation and Identity When Supervising Professional Doctorate Students a Reflection on Traditional and Professional Routes," *Practitioner Research in Higher Education*, 1

(9), 2015.

Pierson, P., "Increasing Returns, Path Dependence, and the Study of Politics," *American Political Science Review*, 94 (2), 2000.

Pratt, N., Tedder, M., Boyask, R., et al., "Pedagogic Relations and Professional Change: A Sociocultural Analysis of Students' Learning in a Professional Doctorate," *Studies in Higher Education*, 40 (1), 2013.

Roberts, A. G., "Industry and PhD Engagement Programs: Inspiring Collaboration and Driving Knowledge Exchange," *Perspectives: Policy and Practice in Higher Education*, 22 (4), 2018.

Robinson, C., "The Landscape of Professional Doctorate Provision in English Higher Education Institutions: Inconsistencies, Tensions and Unsustainability," *London Review of Education*, 16 (1), 2018.

Sambrook, S., Stewart, J., "Developing Critical Reflection in Professional Focused Doctorates: A Facilitator's Perspective," *Journal of European Industrial Training*, 32 (5), 2008.

Sense, A. J., "Work-Based Research Degrees: Systematic Cultivation through a University-Industry Network Space," *Studies in Higher Education*, Volume 41, 2016, Issue 6.

Servage, L., "Alternative and Professional Doctoral Programs: What Is Driving The Demand?" *Studies in Higher Education*, Volume 34, 2009, Issue 7.

Strauss, A., Corbin, J. M., *Basics of Qualitative Research: Grounded Theory Procedures and Techniques*, Sage Publications Inc., 1990.

Taylor, J., "Quality and Standards: The Challenge of the Professional Doctorate," *Higher Education In Europe*, 33 (1), 2008.

Throy Alexander Campbell, M. Adamuti-Trache, "Science and Engineering Doctorate Recipients Entering the Labor Market: Income Disparities for Underrepresented Minorities," *Career and Technical Education Research*, 41 (2), 2016.

Tom, Bourner R., "Professional Doctorates in England," *Studies in Higher Education*, 1 (26), 2001.

Weick, K. E., Sutcliffe, K. M., "Organizing and the Process of Sensemaking," *Organizaiton Science Informs*, 2005, 16 (4).

Weick, K. E., "The Collapse of Sensemaking in Organizations: The Mann Gulch Disaster," *Administrative Science Quarterly*, 1993 (38).

Wellington, J., Sikes, P., "'A Doctorate in a Tight Compartment': Why Do Students Choose a Professional Doctorate and What Impact Does It Have on Their Personal and Professional Lives?" *Studies in Higher Education*, Volume 31, 2006, Issue 6.

Westcott, E., "A Professional in the Dock," *Times Higher Education Supplement*, 1997 (16).

Winter, R., Griffiths, M., Green, K., "The 'Academic' Qualities of Practice: What Are the Criteria for a Practice-Based PhD?" *Studies in Higher Education*, 25 (1), 2000.

附录 A 研究对象名录

表 A.1　　　　　　　文本资料中的关键对象名录

序号	编号	身份信息	数据来源
1	ZF-8	政府管理部门领导	文本
2	ZF-9	政府管理部门领导	讲话
3	ZF-10	工程博士设置论证者	文本
4	ZF-11	科技部政策法规司	媒体报道
5	ZF-12	工程博士设置论证者	文本

表 A.2　　　　　　　　访谈对象名录

序号	受访者编号	受访者信息	访谈时间及方式
1	ZF-1	政府管理部门领导	2020年11月17日 面对面访谈
2	ZF-2	政府管理部门领导	2020年11月17日 面对面访谈
3	ZF-3	政府管理部门领导	2020年12月10日 电话访谈
4	ZF-4	政府管理部门领导	2020年10月21日 面对面访谈
5	ZF-5	政府管理部门领导	2020年10月22日 面对面访谈

附录 A 研究对象名录

续表

序号	受访者编号	受访者信息	访谈时间及方式
6	ZF & GLZ-6	工程教指委委员、院士	2020年12月11日 面对面交流
7	ZF & GLZ-7	工程教指委委员、院士	2021年1月30日 会议座谈
8	DS-1	材料科学领域副教授、工程博士导师	2020年4月5日 电话访谈
9	DS-2	材料科学领域教授、工程博士导师	2020年12月4日 电话访谈
10	DS-3	化学领域副教授、工程博士导师	2020年12月3日 电话访谈
11	DS-4	机械工程领域副教授、工程博士导师	2020年12月15日 电话访谈
12	DS-5	交通工程领域教授、工程博士导师	2020年12月23日 电话访谈
13	Ds & GLZ-6	能源动力领域副教授、副院长、工程博士导师	2020年12月23日 面对面访谈
14	Ds & GLZ-7	电子信息领域教授、副院长、工程博士导师	2020年12月27日 电话访谈
15	DS-8	生物医药领域副教授、工程博士导师	2020年12月30日 电话访谈
16	Ds & GLZ-9	交通工程领域教授、院长、工程博士导师	2021年2月1日 电话访谈
17	DS-10	网络信息安全领域副教授、工程博士导师	2021年5月8日 电话访谈
18	XS-1	机械工程领域应届生身份、全日制工程博士在读	2020年4月5日 面对面访谈
19	XS-2	电子信息领域非全日制在职工程博士在读	2020年4月6日 电话访谈

续表

序号	受访者编号	受访者信息	访谈时间及方式
20	GLZ-1	华东地区某工程博士授权高校专业学位处领导	2020年4月、7月、12月 多次电话+在线交流
21	GLZ-2	西南地区某工程博士授权高校培养办领导	2020年4月10日、25日 多次电话+在线交流
22	GLZ-3	华东地区某工程博士授权高校培养办领导	2020年4月14日 面对面访谈
23	GLZ-4	华北地区某工程博士授权高校培养办领导	2020年6月15日 面对面访谈
24	GLZ-5	东北地区某工程博士授权高校培养办领导	2020年6月17日 电话访谈+在线交流
25	GLZ-6	华北地区某工程博士授权高校培养办领导	2020年11月8日 面对面访谈
26	GLZ-7	华北地区某工程博士授权高校培养办人员	2020年11月10日 面对面访谈
27	GLZ-8	华北地区某工程博士授权高校专业学位办公室人员	2020年11月17日 面对面访谈+多次在线交流
28	GLZ-9	华北地区某工程博士授权高校培养办已退休领导	2020年12月5日 面对面访谈
29	GLZ-10	某工程博士授权高校外省地研究院培养办人员	2020年12月10日 电话访谈+在线交流
30	GLZ-11	华北地区某工程博士授权高校工程博士管理领导	2020年12月16日 电话访谈+多次在线交流
31	Qy-1	吉利控股浙江汽车工程学院领导	2020年12月21日 面对面访谈+电话+邮件

说明：ZF指制度设计者；DS指导师；XS指学生；GLZ指高校管理者；Qy指企业；Ds & GLZ指既是导师也是高校管理者；ZF & GLZ指既是制度设计者也是高校管理者。

附录 B　访谈提纲

一　针对制度设计者

1. 您对工程博士教育怎么理解?

2. 您怎么理解工程博士的政策目标?设置工程博士的初心是什么?

3.《工程博士专业学位设置方案》中最主要的特点就是要求与企业联合培养,但是具体怎么培养、采取什么样的方式进行在文件中并没有清晰阐述,当时的政策是出于什么样的考虑?

4. 高校反馈说,2018 年之前工程博士的招收对象只针对承担国家重大科技项目的在职人员,但是政策解释文本中并没有体现,当时是什么样的情况?

5. 2018 年新发布的工程博士培养模式改革政策相比《工程博士专业学位设置方案》进行了部分调整,明确可以有全日制和非全日制两种学习方式,这个变化的考虑是什么?

6. 有学校反馈说,校企合作方面存在很多难题,政策上对校企合作的标准有相应要求吗?

7. 工程博士质量标准在政策上是怎么考虑的?

二　针对高校管理者

1. 您对专业学位工程博士是怎么理解的?

2. 您对校企合作培养是如何理解的?在合作过程中遇到什么问题没有?

3. 您在制定学校的工程博士培养政策过程中，主要考虑哪些关键点？为什么？

4. 请问贵校目前工程博士的招生规模有多大？校领导是否重视？培养经费是怎么保障的？

5. 请问贵校在工程博士教育方面都实施了哪些措施？遇到哪些改革难点？对目前的培养体系是否满意？

6. 您对工程博士的学位质量怎么理解？标准是什么？

7. 您认为工程博士有何特点？还需要国家层面给予什么样的政策支持或改革支撑？

三　针对导师

1. 您对专业学位工程博士是怎么理解的？

2. 您认为工程博士与工学博士在知识结构上有区别吗？区别是什么？

3. 您是怎么指导工程博士的？与学术博士有什么不同？

4. 您招收工程博士的原因是什么？为什么选择带工程博士？

5. 您招收的工程博士都是什么身份？在职的还是应届生？

6. 在指导工程博士的过程中，您有没有感觉一些政策是很难执行的？

7. 您对工程博士学位质量标准怎么理解？怎么判定他达到了毕业条件？

8. 您认为工程博士还需要国家层面什么样的政策支持或改革支撑？

四　针对学生

1. 您对工程博士是怎么理解的？

2. 您选择读工程博士的原因是什么？

3. 在学习过程中，导师怎么是指导的？与工学博士相比有什么特殊的地方？

4. 在课程学习上，你们的课程与那些学术博士分开吗？

5. 请问校外导师怎么参与你们的指导？

6. 你们的选题必须来自工程实践项目，是吗？研究过程中要去企业吗？

7. 请问你们的毕业标准是怎么要求的？

五 针对企业

1. 请问您和高校合作培养工程博士是基于什么样的考虑？

2. 您觉得工程博士在解决实践问题时，达到什么水平才算得上合格？怎么判定它的质量？

3. 咱们企业导师在合作培养中扮演什么角色？在培养工程博士方面起了什么作用？

4. 您认为在和高校合作过程中顺利吗？有没有什么困难？

5. （追问备选）您认为校企合作破局的点在哪？

附录 C　工程博士学位授权点分布

表 C　　　　　　　　　　　工程博士学位授权点分布

学位授予单位名称（41）	工程博士专业学位授权点（150）
北京大学	电子信息
	机械
	材料与化工
清华大学	电子信息
	机械
	材料与化工
	资源与环境
	能源动力
	土木水利
北京航空航天大学	电子信息
	机械
	材料与化工
	能源动力
	交通运输
北京理工大学	电子信息
	机械
	材料与化工
	能源动力

附录 C 工程博士学位授权点分布

续表

学位授予单位名称（41）	工程博士专业学位授权点（150）
天津大学	机械
	资源与环境
	能源动力
	土木水利
吉林大学	机械
	资源与环境
	能源动力
哈尔滨工业大学	机械
	资源与环境
	能源动力
	土木水利
	交通运输
同济大学	电子信息
	机械
	材料与化工
	资源与环境
	能源动力
	土木水利
	交通运输
上海交通大学	电子信息
	机械
	材料与化工
	能源动力
	交通运输

工程博士本土化内涵的认知与建构

续表

学位授予单位名称（41）	工程博士专业学位授权点（150）
复旦大学	电子信息
	材料与化工
	生物与医药
东南大学	电子信息
	机械
	材料与化工
	能源动力
	交通运输
浙江大学	电子信息
	机械
	材料与化工
	资源与环境
	能源动力
	土木水利
	交通运输
	生物医药（2020年增列）
中国科学技术大学	电子信息
	机械
	材料与化工
	资源与环境
	能源动力
山东大学	机械
	材料与化工
	资源与环境
	能源动力
	生物与医药
	交通运输
	电子信息（2020年增列）

附录C 工程博士学位授权点分布

续表

学位授予单位名称（41）	工程博士专业学位授权点（150）
中国海洋大学	资源与环境
华中科技大学	电子信息
	机械
	材料与化工
	能源动力
	交通运输
中南大学	机械
	材料与化工
	资源与环境
	生物与医药
	交通运输
华南理工大学	电子信息
	机械
	材料与化工
	资源与环境
	土木水利
重庆大学	机械
	资源与环境
	能源动力
	土木水利
	交通运输
四川大学	电子信息
	材料与化工
	资源与环境
	生物与医药

续表

学位授予单位名称（41）	工程博士专业学位授权点（150）
电子科技大学	电子信息
	机械
	材料与化工
	交通运输
西安交通大学	电子信息
	机械
	材料与化工
西北工业大学	电子信息
	机械
	材料与化工
	能源动力
	交通运输
国防科技大学	电子信息
	机械
	能源动力
北京交通大学	电子信息
	机械
	交通运输
燕山大学	机械
大连理工大学	电子信息
	机械
	材料与化工
	土木水利
东北大学	电子信息
	材料与化工
	资源与环境
	能源动力

附录C 工程博士学位授权点分布

续表

学位授予单位名称（41）	工程博士专业学位授权点（150）
哈尔滨工程大学	机械
	能源动力
东华大学	机械
	能源动力
南京航空航天大学	电子信息
	机械
	能源动力
合肥工业大学	机械
	能源动力
郑州大学	机械
	交通运输
武汉大学	电子信息
	资源与环境
	土木水利
湖南大学	机械
	能源动力
	土木水利
中山大学	资源与环境
	生物与医药
西南交通大学	机械
	能源动力
	交通运输
昆明理工大学	资源与环境
西安电子科技大学	电子信息
	机械

续表

学位授予单位名称（41）	工程博士专业学位授权点（150）
中国石油大学	资源与环境
	能源动力
中国科学院大学（2020年增列）	材料化工（2020年增列）

说明：本表数据截止日期为2020年12月30日。

后　　记

本书是在我的博士学位论文基础上修改完成的，也是国家自然科学基金重点项目"面向国家重大需求的研究生教育治理体系"的研究成果。本书的写作过程是一场旷日持久的人生修炼。先是认为发现了一个可大有作为的研究选题，而后逐渐跌入广袤世界的无限空间，经历了革新思维图式的阵痛与纠结，体验了打破认知边界的惊喜与煎熬，在不断的怀疑、混乱、摇摆和自我否定中艰难前行，直到成稿的最后一刻，才体会到了"众里寻他千百度，蓦然回首，那人却在灯火阑珊处"的释然。

本书的完成得益于北京大学教育学院老师们以及师兄姐妹们的帮助、鼓励与指导，得益于工作单位领导与同事们的指导、支持与帮助，得益于父母、爱人、孩子们的付出、投入与无私的爱。没有他们，我的博士论文难以被评为北京大学教育学院优秀博士学位论文，此书也就难以付梓。

感谢我的博士导师陈洪捷教授，恩师博通古今中外，平易谦和，常以"问题启发式"的指导让我一次次扎进知识的海洋里探个究竟。感谢沈文钦老师提供了大量的英文研究资料，以及对选题、理论文献、研究框架等方面的指导与帮助；感谢蒋凯老师帮助理清研究思路并提供相关纸质研究资料；感谢阎凤桥、刘云杉、文东茅、朱红、郭建如、施晓光、蔡磊砢、马万华、展立新、岳昌君、林小英、杨钋、张冉、黄福涛、孙建荣、秦春华、马莉萍等老师带来的精彩课堂，他们提供了大量的研读文献、典型案例和实操练习，让我们在短时间内学习到大量前沿知识的同时，也受到诸多启发。

这本著作能够顺利完成还要感谢教育部学位中心这些年来对我的关心和培养，感谢中心领导黄宝印、任增林和亓彦伟主任给予的支持、指导、鼓励和帮助；感谢研究发展处乔文君、李屏、陈泳均及各位同事给予的理解和支持；感谢韩菲、高扬处长及专业学位小伙伴们给予的鼓励和建议。

感谢北京航空航天大学赵世奎教授、上海大学刘海波教授、北京理工大学曾妮、东华理工大学游艺、北京联合大学周华丽老师给予的无私帮助、鼓励和指导；感谢一起奋战的伙伴冯志国、陈葆华、张华、黄翔、刘彦军带来的团队力量，是你们，让艰难的日子有了光。

感谢我的31名访谈对象，是你们撑起了此项研究。你们的坦诚和真实无时不在鞭策着我勇敢前行，不断告诫自己要尽力将你们高屋建瓴般的见解和躬身实践的经验思考，真实、科学、不偏不倚地表达出来。考虑到保密原因，在此不再一一点名致谢。

本书难免存在一些瑕疵，敬请各位专家和读者批评指正。

2023年6月21日